Elsbeth Schütze

Der Sprung ins volle Leben

wellhöfer VERLAG

Wellhöfer Verlag
Ulrich Wellhöfer
Weinbergstraße 26
68259 Mannheim
Tel. 0621/7188167
www.wellhoefer-verlag.de

Titelgestaltung: Uwe Schnieders, Fa. Pixelhall, Mühlhausen
Lektorat: Nicole Fieber, Ulrich Wellhöfer
Satz und Layout: Bittner-Dokumedia, Hoisdorf

ISBN-Nr. 978-3-939540-03-8

Inhalt

Manne, der Lebenskünstler

1. Lieber Manne, Du bist fort, Du hast mich verlassen

Du bist fort, Du hast mich verlassen. Es hilft mir wenig, zu wissen, dass Du nicht gerne von uns gegangen bist. Du bist fort, endgültig.

Meine Aufgabe ist es, hierzubleiben, mit dem Leben fertig zu werden, ohne Dich.

Wusstest Du besser als ich, dass wir, Deine Söhne und ich, weiterleben können ohne Dich?

Ich konnte es mir nicht vorstellen, auch nicht, als Du hundertdreiundzwanzig Tage im Koma lagst.

Du warst da, ich konnte mit Dir reden, Dich fühlen, Dich anfassen.

Ich spürte Deine Anwesenheit.

Ich war jeden Tag bei Dir, es war ein wirklich heißer Sommer. Die Klimaanlage im Krankenhauszimmer war nicht schlecht, so wohltemperiert ließ sich die Hitze aushalten. Ich habe mir jeden Tag gewünscht, dass Dein Körper wieder die Funktionen übernimmt, die er all die Jahre Deiner schweren Belastung übernommen hatte, aber Dein Körper wollte nicht mehr.

Du solltest wieder alleine atmen, mich ansehen, mit mir sprechen.

Ohne Maschine.

Egoismus?

Ein Leben ohne Dich?

Unvorstellbar.

Lagst Du hundertdreiundzwanzig Tage im Koma, um unseren Kindern, Deinen Geschwistern, Freunden und mir die Gelegenheit zu geben, Abschied von Dir zu nehmen, uns daran zu gewöhnen, ohne Dich zu leben?

Abschied!

Du wusstest, wie schwer es mir fallen würde, alleine zu leben, ohne Dich als Gesprächspartner, ohne Deine Nähe und Gegenwart.

Ohne all die tausend Kleinigkeiten, die das Leben mit Dir lebenswert und Dich liebenswert machten.

Warum ich diesen letzten Brief an Dich schreibe, wurde ich gefragt. War nicht alles gesagt zwischen uns?

Doch, ich glaube schon.

Danken möchte ich Dir, dass ich mit Dir leben, Dich lieben durfte. Vor allem, dass ich mit Dir geistig wachsen durfte, für das Vertrauen, das Du mir in all den Jahren geschenkt hast.

Danken möchte ich Dir für Deine Liebe, für unsere gemeinsamen Tränen aus Freud und Leid, für unsere große Familie, das Lied auf Deinen Lippen, für Dein Lachen – oh, wie mir Dein Lachen fehlt!

Dieser Brief ist ein Abschiednehmen hier auf der Erde von Dir.

Zwanzig Jahre wurden uns geschenkt.

Zwanzig Jahre – ist das eine lange Zeit?

Nicht, wenn man am Grab eines geliebten Menschen steht und Abschied nimmt.

Manne, mein Manne, wir haben uns viele Briefe geschrieben in Zeiten, in denen wir getrennt waren. Heute werde ich wohl den letzten Brief an Dich schreiben.

Eine Säule aus Naturstein

Wie kam ich eigentlich dazu, Dich „Mäusle“ zu nennen?
Dich, den Großen, Starken, der für viele ein Vorbild war.

Da passt schon eher die Säule aus Basalt zu Dir, welche ich als Grabstein für Dich ausgesucht habe. Eine Säule aus Naturstein, mit Rissen, Kanten und Macken, *aber einzigartig*.

Ein makelloser Stein, glatt geschliffen und auf Hochglanz poliert, hätte weder zu Dir, noch zu mir gepasst. Ich habe diesen Stein gesehen und gewusst: Das ist unser Stein. Der sieht aus wie mein Manne. Nur – der Stein ist schlanker als Du, das musst Du zugeben.

Eine Säule: stark, sie kann tragen, kann halten, kann belastet werden – harter Stein!

Wie Du – e*inzigartig*.

Aber am liebsten hätte ich Dir einen Baum gepflanzt, bzw. Deinen Körper unter einem starken, mächtigen Baum begraben, unter einer Linde.

Unter einer Linde, die frei und mächtig in einem Park steht. Seit Jahrhunderten Freund und Liebling der Menschen.

Der Baum der Liebe wird sie genannt, denn sie trägt Tausende kleiner Herzen an ihren Zweigen. Die Biegsamkeit des Lindenbastes und des Holzes scheint der Linde ihren Namen gegeben zu haben. Auch Du warst weich, biegsam, bist in Deinen Lebensstürmen ganz schön geschüttelt worden. Nicht nur Stürmen, auch Orkanen hast Du standgehalten und hast dabei Deine Richtung gefunden. Du hast Gott gefunden.

So, wie die mächtige Linde dem Himmel entgegen wächst und den Liebenden, die in ihren Stamm ihre ewige Liebe einritzen, Schutz und Geborgenheit spendet und doch unbeirrbar ihren irdischen, ihren auferlegten Weg geht: Zu wachsen, groß und stark zu werden, den Stürmen standzuhalten, ohne zu brechen. Zu schützen, was in ihren Ästen Schutz sucht. Zu hören, was unter ihrem Blätterdach gesprochen wird, ohne es je weiterzutragen.

So war auch Dein Leben. Du hast Menschen Schutz und Geborgenheit gegeben, obwohl Du körperlich völlig hilflos warst.

Gelähmt bis zum Hals.

Du hast Dich von nichts und niemandem von *Deinem* Weg abbringen lassen.

Nicht Gott, sondern die Menschen haben Dich gefällt.

Sie haben Deinen Lebenswillen zu sehr gebogen wie einen Ast. Du bist daran zerbrochen. Gott hat Dir angeboten, zurück in Deine geistige Heimat zu kommen. Du hast dieses Angebot angenommen, und ich kann es verstehen.

Du hast Dich nicht angepasst. Du wurdest zu teuer.

Bist Du geflohen?

In eine andere Welt?!

Eine heile Welt!?

In der es für Dich keinen Rollstuhl mehr gibt, keine Hilflosigkeit, keine Abhängigkeit!

Hattest Du keine Kraft mehr zu kämpfen?

Keine Zukunftsaussichten mehr?

Keine Helfer mehr?

Nach siebenunddreißig Jahren.

Siebenunddreißig Jahre Leben im Rollstuhl, in vollkommener äußerlicher Abhängigkeit.

Warum es nur noch so wenige Lindenbäume gibt? Sie wollen frei stehen, frei sein, lieben die Geselligkeit der Menschen, so wie Du.

Aber sie vertragen den Gestank nicht, nicht die Abgase, den Schmutz, den Dreck, den die Menschen produzieren, da bekommen sie keine Luft mehr. Auch Dir ist die Luft weggeblieben.

Auch Du bist an den Abgasen der Menschen erstickt.

Die Lindenbäume müssen sich aus der Welt zurückziehen und nehmen dabei ein Stück Liebe mit, die sie den Menschen über lange Zeit geschenkt haben.

So wie Du!

Du sagtest einmal: „Die Bäume, die wir so sehr lieben, sie erfüllen ihren Lebenszweck. Nur der Mensch hält sie davon ab, macht sie krank und müde. Können Menschen ohne die Bäume, ohne die Natur leben? Nein, das können sie nicht! Trotzdem zerstören wir sie. Indem wir die Natur töten, töten wir auch uns. Das Ungleichgewicht in der Natur, vom Menschen erzeugt, hat auch den Menschen ergriffen."

Auch Dich haben Menschen in Unwissenheit und Gedankenlosigkeit zerstört.

Nicht Gott, sondern Menschen. Du hast nicht mehr in ihr Schema gepasst, Du hast Dich nicht angepasst, Du wurdest für unsere Gesellschaft zu teuer. Du warst nicht mehr finanzierbar. Wie entsorgt man so einen Menschen, der nicht mehr in das System passt, weil zu teuer, nicht manipulierbar?

Würde man denn einen anderen Haushaltsvorstand einer fünfköpfigen Familie fragen, ob er nicht in ein Pflegeheim umziehen wolle, dort sei er billiger – und das, obwohl er eine Arbeitsstelle hat?

Du warst damals ganz ruhig, aber mein Herz schlug mir bis zum Hals. Der Dame vom Gesundheitsamt war es unangenehm, sie mochte Dich. Doch auch sie tat nur ihre Pflicht.

Ich zog es ins Lächerliche.

„Klar, wir ziehen alle um, wir nehmen die Kinder und Oma mit. Und unseren Hund Ouzo sowieso."

Ich lachte. Du warst immer noch ruhig. Ich traute mich nicht, Dir in die Augen zu schauen, wollte den Schmerz, der sich dort spiegelte, nicht sehen. Jeder im Raum konnte spüren, wie die Worte Dich verletzten. Wer wagte es, Dich so zu demütigen?

Das war der Anfang vom Ende.

O ja, der Lindenbaum war Dein Baum.

Ein Weg, den wir gemeinsam gegangen sind

Als wir uns kennenlernten, hatte jeder auf seine Weise an Gott geglaubt, wir haben selten darüber gesprochen. In den fast zwanzig Jahren, in denen wir zusammen waren, zusammen gewachsen sind, in denen wir eine große Familie gründeten, in denen wir Krankheit und Tod bekämpften, Freud und Leid zusammen teilten, haben wir auch einen gemeinsamen Weg zu Jesus Christus gefunden, einen Weg, den wir zusammen gegangen sind. Wir haben uns öffentlich zu unserem Glaubensweg bekannt, konnten zusammen beten, singen, flehen und haben die Bedeutung des *Vater unser* erkannt: *Dein Wille geschehe* ... Welche zentrale Bedeutung hatte dieser Satz für unser gemeinsames Leben und hat es darüber hinaus!

Immer wieder waren wir an einem Punkt in unserem Leben angekommen, an dem uns kein Mensch helfen konnte, nur Gott.

Es waren stürmische Zeiten, die wir zusammen verbrachten.

Es gab Zeiten, in denen wir uns sehr nahe waren. Es gab Zeiten, da ist so vieles auf uns eingestürmt, in denen wir als Familie wie eine Front gegen das Unwetter, das uns bedrohen wollte, fest zusammenhielten, wie eine Gruppe Bäume, die sich immer tiefer und fester im Boden verwurzelt, um dem Unwetter zu trotzen.

Wir waren zwei starke Persönlichkeiten, als wir uns kennenlernten, und deshalb hat es oft geblitzt und gedonnert. Ich hatte schon ein sehr ereignisreiches Leben hinter mir und freute mich, meinen Kopf auf Deine breite Brust legen zu dürfen. Aber das sollte nicht heißen, dass ich Dir das Ruder in unserem Lebensschiff ganz übergebe.

Wir haben gelernt, jedem seinen Freiraum zu lassen.

Wir arbeiteten und lebten beide zu Hause.

Jeder von uns hatte sich sein Leben eingerichtet, seine Gewohnheiten, seine kleinen und großen Vorlieben gepflegt. Du warst es gewohnt, Deine Bedürfnisse zu formulieren und sie von Deinen Helfern umgesetzt zu bekommen.

Bei mir war das anders. Ich war es gewohnt, einsame Entscheidungen zu treffen, nur das zu tun, was ich alleine umsetzen konnte – und ich hatte nicht Dein lebenspositives, unerschütterliches Selbstbewusstsein.

In unserer gemeinsamen Beziehung nahm ich mich immer wieder zurück und vertraute darauf, dass Du meine Bedürfnisse „erahnst".

Das konnte nicht funktionieren.

Wir hatten in den ersten Jahren deshalb oft Streit, bis ich gelernt hatte, von Anfang an zu sagen, was ich will und fühle.

Die Liebe war stärker als unser Stolz. Wir wurden in all den Jahren ein Paar, das lernte, sich von nichts und niemandem von „unserem gemeinsamen Weg" abbringen zu lassen.

Wir wollten Kinder Gottes sein, in einer Welt, in der die göttlichen Gesetze oft als langweilig spröde galten. Dass wir diesen Gottesweg zusammen gehen durften, das war unser gemeinsames Schicksal. Für das, was wir auf dem Weg erlebt haben und was uns in Gottes Arme führte, sind wir beide dankbar. Starken Persönlichkeiten fällt die Demut oft schwer, wir hatten sie beide auf unserem Stundenplan.

Es ist mir auferlegt, jetzt ohne Dich meine Lebensaufgabe zu vollenden.

In den fast zwanzig Jahren, in denen wir zusammen lebten, wuchsen wir so eng zusammen, dass es mir jetzt sehr schwer fällt, ohne Dich zu leben. Zwei Bäume, die sehr eng stehen und deren Stämme sich berühren, deren Wurzelwerk dicht verwoben ist. Ihre Kronen sind zu einer Krone geworden, bieten Schutz und Heimat, Sicherheit und Stabilität. Fällt man nun einen Baum, beschädigt man den zweiten, man reißt ihm Wurzelwerk ab, durchtrennt lebenswichtige Adern. Die Krone muss sich von den verschlungenen Ästen und Zweigen des anderen Baumes lösen, der noch steht.

Dieser ist nicht gefällt worden, er steht, hat eine neue Aufgabe. Er wird neue Wurzeln bilden, neue Äste treiben, er trotzt dem Wind und dem Sturm.

Es war wie ein Orkan, als Du nicht mehr sichtbar für mich da warst. Dennoch wusste ich Dich gesund zu Hause. Und das gönne ich Dir von ganzem Herzen.

Unser gemeinsames Leben war geprägt durch die Belastungen, die ein jeder von uns in die Familie mitbrachte. Wir lernten mit den Schwächen und Stärken der einzelnen Familienmitglieder umzugehen.

Unsere Familie war auch geprägt durch unsere Helfer

Unsere Familie war auch geprägt durch unsere Helfer. Die Männer, die Dir Deine Füße und Hände ersetzten, brachten auch ihre eigenen Gedanken, Gefühle und Probleme mit. Sich auf den jeweiligen diensthabenden Zivildienstleistenden einzustellen, war nicht immer einfach. Sie waren ja so unterschiedlich. Wir waren bemüht, uns zu merken, wer zum Frühstück nur Marmelade, wer nur eine bestimmte Wurstsorte, wer Tee, wer Kaffee bevorzugte, wer Vegetarier war, wer nur einen bestimmten Saft trinkt und wer nur Wasser. Das war aber nur ein Teil dessen, um das wir uns bemühten. Bei einigen stimmte die Chemie zwischen uns einfach nicht. Bei den meisten Zivis und Helfern freuten wir uns, wenn sie kamen. Bei anderen, wenn sie gingen. Einige konnten es besonders gut mit Oma, andere wiederum mit unseren Kindern.

Der Zivildienst wurde zeitlich von der Regierung immer mehr gekürzt. Das heißt, dass wir in immer kürzeren Abständen immer mehr Zivildienstleistende bekamen. Bis es zum Schluss keine mehr für Dich geben sollte. Wieder standen harte Auseinandersetzungen mit dem Sozialamt an.

Seit siebenunddreißig Jahren warst Du rund um die Uhr von Zivildienstleistenden versorgt worden, nun würde es bald keine mehr für Dich geben. Freie Helfer bei der Evangelischen Gesellschaft, mit der Du seit siebenunddreißig Jahren zusammengearbeitet hattest, wurden zu teuer.

Die Stadt drängte auf eine billigere Lösung.

Billigere Arbeitskräfte aus dem Osten Deutschlands wurden Dir angeboten. Zwei gestandene Männer eine Woche lang und billiger als die jungen Helfer, die Du bis jetzt hattest.

Du wolltest aber gar nichts angeboten bekommen. Schon gar keine „gestandenen Männer“.

Du hattest „Deine jungen Männer“, alles sollte so bleiben, wie es war. Neue Helfer einzulernen wurde Dir ohnehin mit den Jahren ein Graus. Du sagtest einmal zu mir: „Wenn ich mich von jedem so waschen und anziehen lassen würde, wie jeder denkt, es sei so recht, wäre ich schon lange tot.“ Entschuldige, Manfred, damals verstand ich nicht, wie Du das meintest.

Aber irgendwann begriff ich, dass Du recht hattest, Dein Körper war nicht so robust und unverwüstlich, wie er aussah.

Du bist geflohen, in eine andere Welt!

Eine heile Welt!

In der auch Du heil sein darfst!

In der es für Dich keine Hilflosigkeit, keine Abhängigkeit, keinen Rollstuhl mehr gibt.

Eine gerechte Welt! Der Kämpfer in Dir hatte keine Kraft mehr, zu kämpfen, Du hattest keine Zukunftsaussichten mehr für Dich gesehen.

Keine Zivildienstleistenden (Zivis) mehr, die Dir Arme und Beine waren.

Nach siebenunddreißig Jahren! Das konntest Du nicht verkraften. Siebenunddreißig Jahre im Rollstuhl und in vollkommener Abhängigkeit. Du warst der Erste in Deutschland, der zu Hause von einem Zivi versorgt wurde. Du hast die Individuelle Schwerstbehinderten-Betreuung (ISB) ins Leben gerufen. ISB gab es vor Deinem Besuch in Bonn nicht.

Kannst Du Dich noch erinnern, wie alles anfing?

Kannst du Dich noch erinnern, wie alles anfing? Damals, im Sommer 1977, begann ich im Stadtteil Fasanenhof in der Wohnanlage für behinderte Menschen zu arbeiten. An meine ersten Arbeitswochen kann ich mich noch gut erinnern. Mein größter Herzenswunsch war in Erfüllung gegangen. Ich war Heilerziehungspflegerin und hatte mir damit einen meiner größten Lebensträume verwirklicht. Konnte man glücklicher sein als ich damals? Ich wusste genau, dass Gott gewirkt hatte, sonst hätte ich das nicht geschafft.

Der kleine Stadtteil Stuttgarts eignete sich ideal dafür. Ein Haus, in dem so viele Menschen im Rollstuhl leben, braucht auch eine bestimmte Infrastruktur. Der Hof hat zwei Zugänge, einmal von der Straße aus, der zweite zu einer Fußgängerzone, die fast durch den ganzen Ort führt. Von dieser Fußgängerzone aus gelangt man zum Einkaufszentrum, zur evangelischen und katholischen Kirche mit Kindergarten, zur Ganztagsschule und zu zwei Restaurants. Alles ohne Stufen, alles wie ausgerichtet für diesen Bau. Schwieriger war es in den ersten Jahren, wenn man die Fußgängerzone verließ und über die Straße wollte. Es gab an den Kreuzungen wenig abgeflachte Bürgersteige, aber Gott sei Dank gibt es Autos, und an vielen Einfahrten sind die Bürgersteige abgeflacht. Aber die Stadt gab sich viel Mühe. Es gab im Laufe der Jahre mehr als eine Begehung, um vernünftige Übergänge zu schaffen, da, wo sie gebraucht wurden. Was uns besonders gut gefiel und mir heute noch gefällt, sind die vielen Bäume, die es in unserem Stadtteil gibt. Leider werden immer mehr geopfert, weil immer mehr gebaut wird. Die Vielfalt der Bäume und Büsche ist wunderschön.

Ahorn, Buche, Kastanie, Birke, Eiche, Pappel, Rhododendron, Weißdorn, Holunder, Haselnuss. Hab' ich welche vergessen?

Auf der einen Seite des Stadtteils führt die Autobahn nach München vorbei, an einer zweiten Seite die Schnellstraße nach Tübingen. Der Stuttgarter Flughafen ist zwar nur zehn Minuten von uns entfernt, aber außer den Hubschraubern der Polizei, die zum Autobahnkreuz unterwegs sind, bekommen wir nicht viel vom Fluglärm mit. Das hohe Verkehrsaufkommen um uns herum und die dadurch hohe Luftverschmutzung wurden durch die vielen Bäume und Grünanlagen etwas gemildert. Inzwischen wurden viele Grünflächen für Neubauten geopfert.

Jetzt war ich nicht mehr das arme behinderte Mädchen, das meine Mutter am liebsten in die Sofaecke gesetzt hätte, damit es nicht hinfällt und sich an den Kanten des Lebens stößt. Nun war ich hier in der „Schauwohnung" unseres Hauses. Hier wurden die Gäste hereingeführt, es wurde ihnen erklärt, was diese Wohnungen von anderen normalen Wohnungen unterscheidet. Alles im Haus ist mit dem Rollstuhl befahrbar. Die Eingangstür öffnet sich automatisch, zwei Aufzüge sorgen dafür, dass Hausbewohner und Gäste in großzügigen Kabinen bis ins Restaurant, ins Hotel und in die 49 Wohnungen gebracht werden können. In Ein- bis Vierzimmerwohnungen, die breitere Türen und eine befahrbare Dusche aufweisen, finden nun Menschen mit Handicaps und ihre Familien ein neues Zuhause. Durch die neue, barrierefreie Heimat beginnt für viele ein neues Leben. Nicht mehr warten zu müssen, bis jemand Zeit hat oder kommt, um den Rollstuhl samt Inhalt auf die Straße zu tragen, selbständig im Rollstuhl das Haus verlassen zu können, um in der Fußgängerzone bis zum Einkaufszentrum zu fahren. Eine neue Welt erschließt sich für viele. Ist es draußen ungemütlich, verwehrt der Schnee dem Rollstuhlfahrer das Verlassen des Hauses, so kann er den Winter im Restaurant des achten Stocks trotzdem genießen mit Blick auf die Schwäbische Alb, einem guten Essen und einem „Viertele". Im Erdgeschoss wartet ein Schwimmbad auf seine Gäste, natürlich behindertengerecht. Über einen Hausruf kann pflegerische Hilfe in Anspruch genommen werden.

Mit der Idee, in diesem Haus eine Kurzzeitpflege und eine Tagesstätte für Kinder und Jugendliche mit Behinderungen zu integrieren, hatte man einen Arbeitsplatz für mich geschaffen. Und damit hatten wir eine Chance, uns kennenzulernen.

Es gab und gibt viele Eltern, die ihr behindertes Kind zu Hause pflegen. Sie brauchen eine Pause. Ein Kind mit einer Behinderung hat in seiner Familie in der Regel immer Vorrang.

„Kurzzeitunterbringung“ hieß also das Zauberwort. Da würde ich arbeiten. Noch waren keine Kinder, keine Hausbewohner da.

Es gab eine „Schauwohnung“ die den Besuchern gezeigt wurde, in der wir zu endlosen Besprechungen saßen:

„Wer wohnt künftig in dieser Wohnung?“, fragte ich neugierig Frau Örtle. „Hier wird Herr Schütze einziehen, er liegt zur Zeit noch in der Uniklinik für Querschnittsgelähmte in Heidelberg“, bekam ich zur Antwort.

„Und was fehlt ihm?“, fragte ich weiter.

„Er verlor ein Bein und lag lange im Koma, aber er wird es schaffen.“

Ich überlegte, wie wohl dieser Herr Schütze die Wohnung einrichten würde. Damals lebte ich in einer winzigen Zweizimmerwohnung mit Kohleofen und einem Fünf-Liter-Warmwasserboiler.

„Hey, fang nicht an zu träumen und lass es sein, die Wohnung im Geiste hier einzurichten, ein Herr Schütze wird in ihr wohnen, nicht Du“, maßregelte ich mich selbst, als ich wieder einmal in dieser Wohnung zu einer Besprechung saß.

Was mir von seinem Schicksal erzählt wurde, berührte mich. Was musste dieser Mensch erleiden? Mit menschlichem Leid so umzugehen, dass es mich berührt, dass es mich dazu anregt zu helfen, den Menschen zu sehen, mit all seinen Charaktereigenschaften – das wollte ich lernen. Ich wollte aber nicht *mitleiden,* nicht das Leid in mich aufnehmen. Belastungen, Behinderungen, Handicaps, das waren *Äußerlichkeiten,* das war das, was man mit den Augen sah. Ich wollte hinter die Dinge sehen, ich wollte den Menschen in die Seele schauen.

Die Wohnungen wurden von den ersten Mietern bezogen. Die „*Kurzzeit*“ – das waren ich und mein Team.

Die „Kurzzeit“ bekommt ihr erstes Kind

Michael M. war acht Jahre alt, als wir ihn aufnahmen. Als erstes Kind der „Kurzzeit“ ging er in die Geschichte des Hauses ein. Er blieb bis zum Ende der Schulzeit bei uns. Seine Mutter war gestorben, und sein Vater musste arbeiten. Wo sollte der Junge nach der Schule hin? Du kannst Dich bestimmt noch an ihn erinnern. Er war dünn und lief immer auf den Zehenspitzen, gewann den Kampf mit dem Gleichgewicht immer und immer wieder. Er hatte ein sonniges Gemüt, ein liebes freundliches Gesicht und die abstehendsten großen Ohren, die ich je gesehen habe. Er hatte eine leichte sprachliche Behinderung und eine hohe Stimme. Wir hätten uns kein lieberes Kind zu Beginn unserer neuen Arbeit wünschen können. Seine liebenswerte Art hat uns hoch motiviert. Jetzt, nach achtundzwanzig Jahren, hatte ich wieder Kontakt zu ihm. Durch einen Sturz über eine Türschwelle ist er bis zum Hals querschnittsgelähmt, so wie Du.

Der Alltag begann, es war ein spannender Alltag. Die „Kurzzeit“ war in einer Vierzimmerwohnung im ersten Stock untergebracht. Jeweils acht Wohnungen verschiedener Größe waren auf einem Stockwerk. Eines Tages sah ich, dass zwei Türen weiter Herr Schütze einzog.

„Schön, dass Sie wieder gesund sind und bei uns einziehen“, begrüßte ich Dich, als ich nachmittags zum Dienst kam und Dich vor der Türe traf. Du brummtest irgendwas in Deinen Bart. Ich machte mir nicht viel Gedanken um Dich. Ich hatte bestimmt den Kinderwagen mit „Peterle“ geschoben, einen langen Wickelrock an und einen großen Hut auf dem Kopf. Ich konnte spüren, wie Du dachtest: „Wie läuft die denn herum!“

An meiner Hand lief die fünfjährige Sonja, die erst ein paar Monate bei mir war. Ich kam stets mit meinen zwei Pflegekindern zum Dienst. Sonja würde gleich ins Haus gegenüber springen und ihre Freundin Anna besuchen.

Die Zeit verging.

Peterle war gestorben. Annerose brauchte Intensivpflege, Sonja ging zu ihrer Mutter zurück. Mein Michael und ich blieben übrig von unserer Großfamilie. Die große Vierzimmerwohnung brauchten wir nicht mehr, und so zogen wir im Haus um in eine kleinere Dreizimmerwohnung.

Unter uns wohnte nun dieser Herr Schütze, mit dem mich, außer einem „Grüß Gott“ auf dem Gang, nichts verband. Du saßest, wenn ich Dich auf dem Gang oder im Hof traf, in einem großen elektrischen Rollstuhl: Ein mächtiger Mann mit nur einem Bein, breiten Schultern, schwarzen Haaren, einem Vollbart, mit blauen Augen und den schönsten Lachfältchen drum herum, die ich je sah. Deinen Rollstuhl lenktest Du mit Deinem rechten Handrücken.

Manchmal stand ich auf dem Balkon und beobachtete Dich heimlich. In Deinem Rollstuhl sitzend saßt Du vor einem Stativ und hattest einen Pinsel im Mund. Das Bild konnte ich nicht sehen, nur Deine Bewegungen mit dem Kopf. Der Pinsel war sehr lang, ich konnte die Konzentration spüren, mit der Du gearbeitet hast. Bewegt hat sich nur Dein Kopf, und später erfuhr ich von Dir, dass Du dich nicht nach vorne beugen konntest. Dadurch war der Radius für Deine Pinselbewegungen sehr begrenzt.

Ich stand immer noch auf dem Balkon und bewunderte Deine Ausdauer und Dein Geschick. Du riefst einen Namen, den ich nicht verstand. Ein Zivi mit langen dichten Lockenhaaren, die er zu einem Pferdeschwanz zusammengebunden hatte, kam aus dem Zimmer, ein Glas in der Hand. Er nahm Dir den Pinsel aus dem Mund, legte ihn beiseite und führte das Glas an Deine Lippen, ließ Dich trinken. Dein Kopf ging nach hinten, Deine Augen wanderten nach oben und blieben an meinem Gesicht hängen. Wir grüßten uns mit einem Nicken, ich zupfte verlegen an den Blumen in den Balkonkästen herum. Ich wusste, Du lebst alleine und wirst rund um die Uhr von Zivildienstleistenden betreut. Was mochte das für ein Leben sein, überlegte ich.

Du warst seit unserer ersten Begegnung freundlicher geworden, Deine Krankenhausblässe verlor sich. Wir unterhielten uns kurz vor und im Aufzug, wenn wir uns zufällig trafen. „Er ist nett und hat liebe Augen“, überlegte ich, „aber was mache ich mir Gedanken um diesen Mann?“ – Die Kinder riefen, ich hatte ihnen versprochen ...

Einmal in dieser Zeit hörte ich frühmorgens jemanden um Hilfe rufen. Zuerst konnte ich nicht orten, woher die Stimme kam. Ich hatte frei, und eigentlich hätte ich mindestens noch drei Stunden schlafen können. Jetzt wieder! Da ruft jemand um Hilfe. Aber wo?

Ich öffnete das Schlafzimmerfenster. Genau unter meinem Schlafzimmer war ja Dein Schlafzimmer. Jetzt hörte ich es ganz deutlich!

Ich rief, so laut ich konnte: „Ich habe Sie gehört, Herr Schütze, ich hole Hilfe! Hören Sie mich?" Ich hörte ein leises, aber deutliches „Ja."

Ich überlegte, wenn Du um Hilfe rufst, musste mit Deinem Zivi etwas nicht in Ordnung sein. Du kannst die Tür nicht öffnen, also brauchten wir einen Schlüssel.

Schnell rief ich den Nachtdienst des Hauses an, und wir trafen uns vor Deiner Wohnungstür. Die meisten Mieter hatten beim Nachtdienst einen Wohnungsschlüssel hinterlegt, falls man in Notfällen wie diesem in die Wohnung musste. Dein Zivi lag vor Deinem Bett und kam gerade zu sich. Er war zu schnell aufgestanden, nachdem Du geklingelt hattest. Er war an Dein Bett gekommen, um Dich zu drehen. Sein Kreislauf versagte, und er fiel vor Deinem Bett in Ohnmacht.

Du hast Dich bedankt, und wir sind wieder gegangen, nachdem wir „Deinem Mann" ein Glas Wasser gebracht hatten. Ich versprach Dir, mich später noch einmal telefonisch zu melden, um zu fragen, wie es dem jungen Mann geht.

Herzklopfen und Schmetterlinge im Bauch

Im Sommer 1984 kamen wir uns bei einem Essen mit gemeinsamen Freunden näher, der mächtige Mann und ich. Die Männer in unserem Haus saßen einmal in der Woche beim Stammtisch. Wir hatten zu dieser Zeit im achten Stock ein Restaurant.

Männergespräche.

Ihre Frauen beschlossen, während dieser Zeit zusammen zum Italiener zu gehen.

Frauengespräche.

Ich war zwar ein Single, wurde aber trotzdem von den Frauen eingeladen und freute mich darüber. Herr Schütze bekam mit, dass die Frauen zum Italiener gehen wollten und fragte bei ihnen an, ob er ihnen als männliches Wesen seinen Schutz anbieten dürfe.

Keiner von uns konnte wissen, dass wir in diesem Lokal einmal unsere Hochzeit, unsere Familienfeiern wie Taufe und Konfirmation unserer Kinder feiern würden. Das dauerte noch.

Nichts ahnend was die Zukunft uns bringen möge, trafen wir uns also auf der Terrasse „unseres" Lokales, und ich weiß noch, ich hatte mächtigen Hunger.

Du wurdest von den Frauen akzeptiert und durftest mit. Wir

saßen nebeneinander und ich fragte Dich, ob ich Dir das Essen reichen darf. Ich durfte.

Menschen das Essen zu geben, gehörte für mich zu meinem Alltag. Nur hatte ich dabei normalerweise kein Herzklopfen. Warum klopfte mein Herz so laut, dass ich Angst hatte, Du könntest es hören, wenn ich Dir die Gabel zum Mund führte?

Während des Essens erzähltest Du mir, dass Du einen Blumenstock hast, dessen Blätter sich an der Decke entlang hangelten und dort befestigt seien. Der Blumentopf dieser doch großen Pflanze sei nun zu klein. Er stehe auf einem Brett, das an der Wand festgemacht ist, versuchtest Du mir zu erklären. Leider sei dieses Brett nicht groß genug, um darauf umzutopfen. Dein Helfer kann nicht gleichzeitig die Pflanze halten, die Erde wechseln und das Ganze in einen größeren Topf verfrachten. Er hat nur zwei Hände. Keine Ahnung, wie man so was macht. Lächelnd schautest Du mir in die Augen.

„Ich komme und schaue mir das an", lachte ich. „Das bekommen wir schon hin."

Es war schon spät, als wir nach Hause aufbrachen. Mir war heiß, und trotzdem fröstelte ich. Ich hatte nichts zum Überziehen dabei. Du batest Deinen Zivi, er möge mir doch Deinen Pulli zum Umhängen geben. Dankend nahm ich ihn an, und eingehüllt in Deinen Duft ging ich wie auf Wolken an diesem herrlichen Sommerabend nach Hause. Leise raschelten die Blätter der Bäume. Ich hatte das Gefühl, sie singen uns ein Lied.

Ein paar Tage später besuchte ich Dich.

Wir topften den Blumenstock um, es war gar nicht so schwierig. Es war ein wunderschöner Stock, mit langen Trieben und großen Blättern, den Deine Männer schon an der Decke mit kleinen Haken festgemacht hatten.

Du besuchtest mich und fühltest Dich bei mir wohl.

Wir schlichen umeinander herum, wie die Katzen um den heißen Brei.

Aber dann machte ich zuerst einmal Urlaub mit einer Bekannten und deren Enkeltochter, die genau so alt war wie mein Michael.

Ich brauchte Zeit zum Nachdenken.

Wir hatten uns ein Ferienhäuschen an der Ostsee gemietet, urgemütlich, mit einer Terrasse, auf der wir morgens frühstückten. Die Kinder verstanden sich prächtig und spielten vergnügt. Sie liefen am Strand entlang und fanden es herrlich.

Warum nur, warum nur endete jedes Gespräch damit, dass ich Frau Oertle von diesem Manfred erzählte? Sie kannte Dich schon länger, denn sie hatte die Idee zu der Wohnanlage gehabt, in der wir wohnten und hatte Dich bei den Vorgesprächen mit einbezogen. Ihr Anliegen war es, behinderten Menschen eine barrierefreie Heimat und Arbeitsplätze zu schaffen. Wollte ich sie aushorchen?

Würde ich doch nie tun Manfred, oder doch?

Wir machten lange Spaziergänge und Ausflüge, und einmal fuhren wir mir einem Schiff bis zur dänischen Grenze. Ich hatte einen langen Urlaub, und Michael genoss es, mich einmal nicht mit anderen Kindern teilen zu müssen. Drei Jahre lang war er nun schon mein Sohn, und ich liebte diesen kleinen Jungen. Nach dem Urlaub an der Ostsee wurde nach einigen Tagen zu Hause schon wieder gepackt. Wir fuhren noch ein paar Tage in den Schwarzwald, um dort Haus und Katze einer Freundin zu hüten, solange sie im Urlaub bei ihren Kindern war.

Auch Angelika, die mich und Michael begleitete, war schon länger mit Dir, Manfred, befreundet. Ob ich auch sie aushorchte? Und wie! Michael fand den Urlaub im Schwarzwald genauso spannend wie die Ostsee. Er hatte es genossen mit dem gleichaltrigen Mädchen zu spielen, aber jetzt fand er es genauso gut, die Katze zu beobachten und das Haus und den Garten kennenzulernen.

Am 10. September musste ich mich den ganzen Tag über beherrschen, Dich nicht anzurufen, weil Du Geburtstag hattest. 'Elsbeth, langsam, nichts überstürzen, lass Dir Zeit', ermahnte ich mich selbst. Ich wollte nichts überstürzen.

'Und überhaupt: Er ist ja gar nicht mein Typ', redete ich mir ein.

Aber die kleine freche Stimme in meinem Bauch behauptete das Gegenteil.

Du warst so gar nicht der Mann meiner Träume.

Mir gefielen blonde Männer, Du hattest schwarzes Haar.

Schlanke Männer gefielen mir, der Mann in diesem Bett vor mir hatte mindestens 120 kg, und dabei fehlte ihm das rechte Bein. Das fehlende Bein war aber das wenigste. Ab den Brustwarzen abwärts warst Du vollständig gelähmt.

Mein Motto war: „Nie einen behinderten Mann als Partner. Behindert bin ich selbst.“

Wie sollte das gehen? Ich kam mit meinem Handicap zurecht, meisterte meinen Beruf und hatte ein behindertes Kind angenommen.

Du warst gelähmt, bis zum Hals gelähmt.

Dafür hattest Du lachende, dunkel graublaue Augen und Lachfältchen, einen wunderbaren Mund voller schöner Zähne, einen Vollbart, in dem meine Finger immer verschwinden wollten. Das konntest Du gar nicht leiden, weil es Dich gekitzelt hat. Du warst so groß, so breit. Du strahltest Zuverlässigkeit aus und Kraft.

Was sind schon Träume, was sind schon Wünsche? Was sind schon Äußerlichkeiten?

Ich hatte schon so viel in meinem Leben gemeistert. Vieles, was schwierig und schwer war. Wenn ich es nicht ausprobierte, würde ich es nie wissen. Und hatte ich überhaupt eine Wahl? Ein paar Tage später, wieder zu Hause, fragte ich mich: 'Was tue ich hier?', als ich neben Dir, Manfred, an Deinem Bett saß. Du warst eingeschlafen, und ich saß da und streichelte Deine Hand. Später erfuhr ich von Dir, dass Du in den Händen kein Gefühl hattest, also das Streicheln gar nicht spüren konntest. „Aber", sagtest Du zu mir mit leuchtenden Augen, „schön war es trotzdem." Hattest Du gar nicht geschlafen, sondern nur genossen?

Mir wurde bewusst – oder sprach ein Engel mit mir: 'Dies ist doch der Mann, von dem du immer geträumt hast. Er ist dein Seelenpartner. Er wird dich beschützen, dich lieben und verstehen. Ihr gehört zusammen.'

Es war ein so intensives Erleben. Und ab da war ich mir sicher: Du bist es, komme, was da wolle!

Plötzlich bist Du aufgewacht und hast mich beobachtet. Ich spürte Deinen Blick, war noch ganz gefangen in dem eben Erlebten.

Dir, Manfred, ist der Engel der Liebe erst einige Zeit später erschienen. Auch ich war so gar nicht Dein Typ. Auch Du wolltest nie eine Frau mit einer Behinderung, aus den gleichen Gründen wie ich.

Wenn wir uns nur mal so beschnuppern wollten, warum legten wir uns dann so ins Zeug?

Wolltest Du ein behindertes Kind? Wenn Du mich wolltest, dann nur, wenn Du meinen Michael auch lieben kannst. Annehmen im Herzen als Dein Kind, das war meine Bedingung. Ich wollte Euch beobachten. Als wir uns kennenlernten, wusste ich nichts von Deiner tiefen Sehnsucht nach einer Familie.

Bei uns beiden, so glaube ich, fand ein harter Kampf statt zwischen unserem Verstand und unserem Herzen. Wer würde gewinnen?

Wie viele schlaflose Nächte hatten wir? Nur durch eine Betondecke voneinander getrennt.

Was wäre geschehen, wenn sich einer von uns anders entschieden hätte? Wie hätten die letzten zwanzig Jahre für uns ausgesehen?

Ein Sonntag Ende September

Ein Sonntag Ende September.

Eine Einladung bei Dir zum Mittagessen.

Es war Dir bekannt, dass ich vegetarisch lebte. Ich war gespannt, was ich von Dir zu essen bekommen würde. Natürlich wusste ich schon, dass der Mann, der mir so außerordentlich sympathisch war, ohne Fleisch nicht leben konnte. Das häufige Grillen mit Freunden während der Sommermonate im Hof war auch mir nicht entgangen. „Wie wird er es lösen?“, fragte ich mich, „was wird er mir auftischen?“ Nachdem ich mich das dritte Mal umgezogen hatte und ich mit meinem Michael aus der Tür trat, kam uns der Essensgeruch aus Deiner Wohnung schon entgegen. Mein Sohn und ich schnupperten und sahen uns an. „Riecht nach Kraut, Mama.“ „Na, denn“, sagte ich aufgekratzt. „Wollen wir es aufessen, das Kraut.“

Was ich damals natürlich noch nicht wusste, war, dass Du ein leidenschaftlicher „Koch“ warst. Du saßt im Rollstuhl neben dem Herd, sagtest Deinen Helfern exakt, was zu tun war, jeden Handgriff. Die meisten der achtzehn- bis zwanzigjährigen Zivildienstleistenden konnten nicht kochen, wenn sie zu Dir kamen: Manch einer konnte nicht mal Kartoffeln schälen. Du erklärtest ihnen jeden Handgriff mit einer unendlichen Geduld. Auch von den Gewürzen kam jedes Mal genau so viel ins Essen, wie Du es wolltest. Und es schmeckte immer, was mich manchmal verwunderte. Du hast diesen jungen Menschen nicht nur viel beigebracht, sondern Ihr habt Euch jeweils beide in Geduld geübt – die jungen Männer, indem sie wirklich Deine Hände ersetzten und ihre Gefühle und Bedürfnisse zurücksteckten. Du, der Du nicht aus der Haut fahren konntest, nicht aufstehen, um es selber zu machen. Viele Jahre später hast Du diese Fähigkeit für Dein blindes, geistig behindertes, hyperaktives Kind nochmals voll eingesetzt, indem Du stundenlang mit ihm große Legohäuser gebaut hast.

Aber zurück zum Anfang unserer Liebe!

Krautwickel gab es, zweierlei Krautwickel, die einen mit Fleisch, wie bekannt, die andern gefüllt mit Käse, es war ein Gedicht.

„Gib es zu, Du hattest noch nie Krautwickel mit Käse gefüllt? Ich war ein Versuchskaninchen."

Warum sehe ich jetzt Deine graublauen lachenden Augen vor mir mit hundert Lachfältchen? Auf jeden Fall ist nicht nur der Käse geschmolzen. Ich auch! Das muss ich zugeben, und so war das auch von Dir gedacht, gelle?

Was würde Deine Familie sagen?

Schon wieder eine Neue, na ja?

Sie war viele Frauenfreundschaften von Dir gewohnt.

Sie kamen und gingen, die Frauen, mit denen Du zusammen warst. Eine ging mal früher, eine mal später. Auch Deine große Liebe ist gegangen. Beide kannten wir das Gefühl, schon einen Partner oder eine Partnerin gehabt zu haben, von der oder dem wir uns gewünscht hätten, unser Leben mit ihm oder ihr zu verbringen. Es hatte weder bei Dir, noch bei mir funktioniert. Wir blieben zurück, enttäuscht, traurig, verletzt, aber nur, weil wir beide füreinander bestimmt waren.

„Wie reagiert wohl Manfreds Mutter auf mich?", dachte ich. Ich bin eine behinderte Frau mit einem behinderten Kind. Ich hatte keine Ahnung. Morgen würde ich Deine Mutter, Deine Brüder Kurt und Horst mit seiner Frau Evelyne und Sohn Florian kennenlernen.

Ende November würdest Du zur Kur gehen, und so wolltest Du zwei Fliegen mit einer Klappe schlagen: Dich von allen verabschieden für die Zeit bis Anfang Januar und mich Deiner Familie vorstellen. Warum war es Dir so wichtig, mich so schnell Deiner Familie vorzustellen? Das Krautwickelessen lag erst vierzehn Tage zurück.

Der Geburtstag Deiner Mutter, weißt Du noch, an dem Du Dich bei mir abgemeldet hast: „Morgen", sagtest Du, „morgen Abend besuch ich Dich. Meine Mutter hat Geburtstag, da bin ich den ganzen Tag nicht da."

Abends bist Du dann gekommen, am zwölften Oktober 1984.

„Hast Du Dienst am nächsten Wochenende?", fragtest Du mich.

„Ja, Samstagmorgen bis elf Uhr und Sonntagmorgen auch bis elf Uhr, dann am Montag ... Warum fragst Du?"

Ich sah, wie es in Deinem Kopf arbeitete.

„Hast Du dann nächstes Wochenende frei?", fragtest Du mich weiter.

„Nein, auch wieder Frühdienst."

„Was hast Du denn für ein Problem?", lachte ich.

„Wer macht denn bei Euch die Dienstpläne?"

Ich konnte sehen, wie Deine Augen anfingen zu funkeln und zu lachen, die Lachfältchen wurden immer enger um Deine Augen herum. Nun musste ich auch lachen.

„Ich mach' die Dienstpläne, was stimmt mit ihnen nicht? Dafür habe ich in dieser Zeit keinen Nachtdienst, man kann nicht alles haben, weshalb willst Du das alles wissen?", fragend schaute ich Dich an.

„Überraschung!"

Mehr war aus Dir nicht herauszubringen.

„Halt Dir den Sonntagnachmittag in vierzehn Tagen frei. Komm mal her."

Und dann hast Du mich zum ersten Mal geküsst.

Wie küsst ein Mann, der sich nicht bewegen kann, der nicht auf einen zugehen kann, einen nicht in die Arme nehmen kann? Trotzdem: Du hast mich geküsst, Du hast die unsichtbare Linie überschritten zwischen Freundschaft und Liebe.

Ein zartes Pflänzchen fing an zu wachsen. Es würde ein starker Baum der Liebe werden, wie ein Lindenbaum mit tausenden von Blättern in der Form eines Herzens, der tief verwurzelt im Erdreich, im geistigen Erdreich, den Stürmen des Lebens und unserem Ego standhalten würde.

Ich war glücklich, ich war verliebt!

Ja, nun war morgen dieser Sonntag.

'Hast Du schon andere Frauen so Deiner Familie vorgestellt?'

Die Schmetterlinge flatterten in meinem Bauch! Deine Mutter, Deine Brüder, die Schwägerin, sie alle waren lieb zu uns. Horst und Evelyne hatten einen Sohn, Florian.

Als Deine Mutter mich 14 Tage später nochmals im Kreise der Familie, beim Kaffeetrinken, bei Dir traf, sagte sie: „So, jetzt kann ich sterben, jetzt hat mein Manne eine Frau."

Wir hielten alle die Luft an. Keiner wusste etwas zu sagen. Sie zündete sich die nächste Zigarette an und wandte sich Michael zu. Vier Monate später, als Du im Krankenhaus lagst, starb Deine Mutter nach kurzer schwerer Krankheit. Ich besuchte sie noch einmal im Krankenhaus, bevor ich zu Dir in die Klinik bei Kassel fuhr. Wie gerne hätte ich sie näher kennengelernt. Sie war eine starke Frau, sie hat den Tod ihres erst achtundfünfzigjährigen Mannes mit vier halbwüchsigen Kindern und einem Hotel, das es zu führen gab, nicht nur überwunden, sondern hat es mit Bravour und der Hilfe ihrer Kinder gemeistert. Dein Unfall war für sie und die ganze Familie eine Herausforderung, die sie angenommen hatte. Nun war sie bereit loszulassen.

So überzeugt wie Deine Mutter waren wir nicht, dass wir zusammenbleiben würden, aber wir wünschten es uns. Heimlich. So hat es angefangen. Immerhin fünf Wochen waren es, die wir genießen konnten, und die Schmetterlinge tanzen heute wieder in meinem Bauch, wenn ich an die ersten Wochen unserer Liebe denke. Aber ich erinnere mich auch an das Wünschen und Sehnen, an die Angst, zurückgewiesen zu werden.

Was sagt wohl Michael dazu?

Weißt Du noch? So hat es angefangen. „Frisch verliebt“ ist das schönste Gefühl der Welt, wenn man noch keine Enttäuschungen erlebt hat, die sehr wehtun. Wir kannten das Gefühl, zurückgewiesen zu werden, dazustehen mit einem großen Rucksack voller Gefühle, die keiner haben will. Das wollten wir beide nicht mehr erleben und bemühten uns vergeblich, unsere Gefühle vor uns selbst zu verstecken. Es war ein jämmerlicher Versuch, wir hatten beide völlig nutzlos schlaflose Nächte.

Was sagt Michael zu der Entwicklung? Gefühle hin oder her – Michael ist mein Kind. Und wenn er sich nicht mit Dir versteht? Wenn all das Wirklichkeit wird, was oft in Spielfilmen geschieht, wenn sich eine alleinerziehende Mutter verliebt? Quatsch.

Mir war kalt, gefangen in wirren Träumen wachte ich nur langsam auf, suchte meine Zudecke, ich hatte sie aus dem Bett geworfen. Michael ist ein vernünftiges Kind, und er wird sich freuen, einen Vater zu bekommen. Aber wolltest Du, Manfred, Vater werden? Wirst Du ein guter Vater sein können? Die Gedanken der

Nacht wollten auch tagsüber Macht auf mich ausüben. Ich hatte Dienst und saß in der Kurzeitunterbringung, hatte ein schwer behindertes Kind auf dem Schoß und fütterte es. Michael saß auf einer Matte und spielte mit einem Auto. Da kam dieser Manfred, der vor einigen Tagen mit seinem Kuss meine in Bezug auf Männer wohlgeordnete Welt so durcheinander gebracht hatte, hereingefahren, lächelte und sagte: „Ich habe euch frische Brötchen mitgebracht. Michael, hast Du Lust, mit mir und meinem Zivi nachher einen Spaziergang zu machen? Wir müssen einkaufen. Du kannst bei uns bleiben, bis Elsbeth Feierabend hat. Wir wollen später im Hof grillen."

Michaels Gesicht strahlte: „Au ja, grillen! Ich räume nur schnell auf, ich komme gleich mit."

„Danke", sagte ich mit trockenem Hals. „Ich muss heute länger bleiben, eine Kollegin ist krank."

„Wir heben Dir bestimmt etwas auf, gegrillte Kartoffeln mit Quark und Salat, ist das was?"

Ich nickte: „Das ist prima, ich freue mich!"

Hatte ich heute Nacht schlecht geschlafen, weil ich mir Gedanken um Manfred und Michael machte? Die Beiden sind schon so vertraut miteinander. Ich schüttelte den Kopf. Weshalb machte ich mir Gedanken?

Ja, so fing es an. Am zwölften Oktober hast Du mich zum ersten Mal geküsst.

Der zwölfte Oktober wurde jedes Jahr gefeiert als der Tag, an dem

– die Schwiegermutter Geburtstag hatte.
– es sich jährte, dass Michael zu mir kam
– es bei uns beiden gefunkt hatte.

Es war ein Feuerwerk der Gefühle, auch bei Dir, auch wenn Dein so geliebter Verstand Dir etwas von Sturm und Unwetter einflüstern wollte.

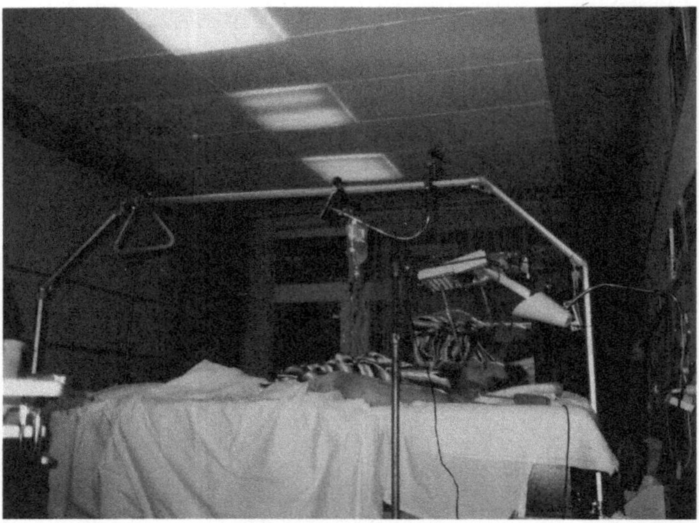

Auch so kann man Briefe schreiben

2. Wie konnte denn so etwas nur geschehen?

Ende November gingst Du, schweren Herzens, hoffe ich doch, zur Kur nach Hessen. Als ich in der Tiefgarage von Dir Abschied nahm, bekam ich zum ersten Mal eine Ahnung, was es heißt, wenn Du, Manfred, wegfährst. Was war da alles mitzunehmen: Der große Straßenrollstuhl für große Ausflüge, der Lifter, um ins Bett zu kommen, Koffer, Taschen, der Rollstuhl, in dem Du immer saßest. Mir war es damals ein Rätsel – und es bliebt mir immer ein Rätsel –, wie Du es angestellt hast, all das Gepäck in Deinem Auto zu verstauen. Vier Wochen gehen schnell vorbei, dachten wir beide. Das viele Gepäck schien mir für vier Monate zu sein. Was hattest Du in all den Koffern und Taschen?

Du hast mir Deinen Hausschlüssel anvertraut und mich gebeten, Deine Pflanzen zu gießen.

Wir schrieben uns Briefe, und über unsere damalige Telefonrechnung schweigen wir lieber, die Schmetterlinge flatterten im Bauch. Zwei Tage, bevor Du nach Hause kommen solltest, riefst Du mich an, ich bräuchte nicht zu kommen, um Dich abzuholen.

„Ich ... ich bleibe noch.“ Stille. Meine Gedanken überschlugen sich: Er hat eine andere kennengelernt, oh Gott, warum?

„Kann ich Dich trotzdem besuchen, ich meine, wenn Du bleibst, kann ich Dich besuchen?“

Ich bemühte mich um eine gleichmütige Stimme.

„Weißt du ...“, sagtest Du zögernd. Mir blieb das Herz stehen, meine Schmetterlinge im Bauch verwandelten sich in Hummeln. Jetzt kommt’s, dachte ich, du wirst mich verlassen.

„Ja?“, fragte ich und versuchte forsch zu klingen.

„Ich hab’ mir das Bein gebrochen und warte gerade auf den Krankenwagen, und ich hab keine Ahnung ...“

Deine Stimme brach. Mir wurde bewusst, wie dumm ich war, es war doch „nur“ das Bein gebrochen. Nicht mein Herz.

„Ich komme! Bin schon unterwegs.“

Vergessen waren meine Vorsätze, das Ganze ruhig angehen zu lassen. Was nützen mir die Vorsätze, wenn ich Tag und Nacht nur an Dich denke? Ich hatte im Schnellverfahren gelernt, mit Deinem Anhänger zu fahren. Es war ja Januar. Es hatte viel geschneit, und ich fuhr nicht gerne Auto bei diesem Wetter. Ich war froh, als Du sagtest, Du freust Dich, wenn ich komme und den Hänger bräuchtest Du jetzt doch nicht.

Es verging fast ein Jahr, bis Du wieder gesund zu Hause warst.

Ich hatte viele Überstunden abzufeiern, so dass ich Michael schnappte, seine Spielsachen und ein paar Kleider einpackte, und ab ging es zu Dir in die Klinik. Das heißt, zuerst vier Stunden auf die Autobahn. Gott sei Dank empfand Michael unseren plötzlichen Urlaub als Abenteuer. Er freute sich auf den Mann, der einem immer etwas auftrug und sich freute, wenn man das dann für ihn tat. Jemand, der um die einfachsten Handreichungen bat. Für einen fünfjährigen Jungen, der sich so nach echter Liebe sehnte, warst Du ein Glücksfall. Deine warme, freundliche Art sprach ihn an.

„Helfen ist schön, Mama", versicherte er unterwegs immer wieder. „Helfen wir nun Manfred, wir alle beide, ja, Mama, dann wird er ganz schnell wieder gesund?"

„Ja, mein Schatz, er braucht uns, er ist sehr traurig, weil er im Bett liegen muss, deshalb müssen wir besonders viel lachen und lustig sein, aber das fällt uns ja nicht schwer, oder?"

Minutenlang war nur das Schnurren des Motors zu hören.

„Liest er mir aus meinem Buch vor, was glaubst Du, Mama?"

„Bestimmt, mein Schatz", sagte ich voll Zuversicht.

Die Lehrstunden „Querschnitt" begannen

Ich hatte ja keine Ahnung.

Ich wusste nichts über eine Querschnittslähmung, außer dass man nicht mehr laufen oder, wie in Deinem Fall, auch die Arme und Hände nicht mehr benutzen kann.

Dass auch der Darm und die Blase betroffen sind, davon wusste ich nichts. Die Lehrstunden „Querschnitt" begannen. Ich empfand tiefes Mitgefühl.

Ich konnte mir nicht vorstellen, so ergeben andere Menschen an meinen Körper heranzulassen, mir bei den intimsten Handlungen helfen lassen zu müssen, wie zum Beispiel beim Entleeren des Darms. Ich bewunderte Dich, mit welcher Würde und Gelassenheit Du, Manfred, von totaler Abhängigkeit zum „Regisseur" Deiner nächsten Umgebung wurdest.

Du dachtest an die Essenszeiten, wo wer wie was bekam, an die Getränke und die Tabletten, an die richtigen Süßigkeiten für

Michael. Du hattest alles im Griff, und das war nicht immer einfach für mich. Ich kam mir manchmal so klein, so unscheinbar vor, das war natürlich völliger Blödsinn. Später, viel später, begriff ich, dass Du Dich so am Leben erhältst, dafür sorgst, dass Du geistig fit bleibst. Sich um andere zu kümmern lenkt von einem selbst ab. Manfred, das hast Du immer im positiven Sinne getan. Es lag auch oft an mir, wenn Du über das Ziel hinausgeschossen bist und ich mich nicht traute, mich zu wehren, weil ich Angst hatte, Deine Liebe zu verlieren. Wir mussten gleich unter harten Bedingungen lernen, miteinander umzugehen. Wir kannten uns nur ein paar Wochen, und nun war ich bei Dir in der Klinik und war bereit, mit Michael zusammen Dir den Zivildienstleistenden zu ersetzen. Dir Hände und Füße zu sein, war uns selbstverständlich. Dadurch lernten wir uns viel schneller und besser kennen. Wir hausten auf engstem Raum und waren total aufeinander angewiesen mit einem Kind, das auch zu seinem Recht kommen musste. Ich liebte Dich dafür, wie Du mit Michael umgingst.

Das Krankenhaus lag in einer wunderschönen leicht hügeligen Gegend Hessens.

Warum ist das kein Hotel sondern eine Klinik?

Weißt Du noch, Manfred, bald darauf wollten wir dort hinziehen, weil es uns dort so gut gefiel, nein, nicht ins Krankenhaus, in den Kurort, wo Du zur Kur warst. Wir zwei Großstadtpflanzen bekamen Sehnsucht nach dem einfachen Landleben.

Träume.

Es ist nicht lustig, aus einem Rollstuhl zu fallen

Der Beinbruch war real und wurde mit vier Nägeln, die außerhalb des Beines miteinander verstrebt wurden, zum Zusammenwachsen motiviert. Dadurch lagst Du viel auf dem Rücken, eine offene Stelle an Deinem Po war das Ergebnis. Leider wusste ich damals noch nicht mit derartigen Hautschädigungen umzugehen. Später wurde ich in die Geheimnisse der Wundversorgung in der Uniklinik Heidelberg unterwiesen und wurde ein echter Profi, was Deine Haut anging. Ich nahm die Pflege Deiner Haut sehr ernst, und jeder Zivildienstleistende bekam von seinem ersten Tag an eingeschärft, dass er jede rote Stelle an Deinem Körper, die er entdeckte, mir sofort zeigen müsse. So haben wir vieles klein halten oder zu vermeiden gelernt. Aber zuerst musste ich vieles lernen.

Zwanzig Jahre lang habe ich dann diese Aufgabe wahrgenommen, wurde mit der Zeit natürlich immer besser. Das Schlimmste war, wenn ich Dir Bettruhe verordnen musste. Dann kuschelten wir als Entschädigung zusammen und sahen uns am hellen Vormittag einen Film zusammen an.

„Wie konnte es denn geschehen, dass Du aus dem Rollstuhl gefallen bist, wie konnte denn so etwas nur geschehen?“, fragte ich Dich, als wir es uns „gemütlich“ gemacht hatten in Deinem Krankenzimmer. Welch ein Segen, dass Du ein Einzelzimmer hattest und einen bequemen Sessel für mich.

„Na ja“, fingst Du an zu erzählen und musstest schon wieder schmunzeln, „ich habe, wie du ja weißt, zwei Rollstühle. Einen großen, den Straßenstuhl, wie ich ihn nenne, welchen ich nur draußen für große Touren benutze. Normalerweise sitze ich jedoch, wie du weißt, in dem kleineren Rollstuhl.

Nach dem Mittagessen wollte ich eine letzte große Tour machen bevor es Kofferpacken hieß und nach Hause ging. Mein Zivildienstleistender hatte sich bei einem Mitarbeiter des Hauses ein Fahrrad geliehen. Ich war nach dem Frühstück nochmals im Bett, um mein Hinterteil zu schonen und stand zum Mittagessen auf. Jetzt wollte ich nicht erst in den normalen Rollstuhl und nach dem Essen in den großen, das ist ja ziemlich umständlich. So bin ich mit dem großen Straßenstuhl zum Essen, bin schön langsam und vorsichtig durch den Speisesaal gefahren. Auf einmal klemmte der Gashebel, und der Stuhl ließ sich weder steuern noch bremsen. Ich schrie noch auf und fuhr ungebremst auf einen Tisch zu, an dem zwei Frauen saßen und schon aßen. Gott sei Dank ist niemandem außer mir etwas passiert. Erschrockene Menschen, verschüttetes Essen, und mein Bein. Ich habe es mir am Tischfuß angeschlagen. Wenn du dich nicht abstützen kannst, ist es nicht lustig, aus einem Rollstuhl zu fallen. Die Ärzte aus meiner Station wurden geholt, und sie haben sich um alle Beteiligten bemüht und gesorgt.

Da mein Bein verdreht war, kam gleich die Vermutung auf, dass es gebrochen sein müsse. Du weißt ja, ich spüre das nicht, aber die Ärzte waren sich schnell einig.“

Zwanzig Kilometer von der Kurklinik entfernt lag, in einer wunderschönen Gegend, das Krankenhaus und glücklicherweise hatte es eine Abteilung für Querschnittsgelähmte.

Visite im Krankenhaus, zwei Wochen später: Der Chefarzt stand unten an Deinem Bett, Du konntest ihn nicht sehen, dafür hätte sich der Arzt anders hinstellen müssen.

„Herr Schütze“, sagte er und betrachtete dabei die Wand, „den Dekubitus an Ihrem Po, den müssen wir operieren, der heilt nicht mehr von alleine zu. Sie müssen nach der OP viel auf den Bauch liegen.“

Weg war er. Wie sollte auch dieser „nette“ Mensch wissen, dass Du wegen Deines Gewichtes nicht auf dem Bauch liegen kannst?

Wenn er, der Herr Chefarzt, Dein Gesicht hätte sehen können, ob er dann anders reagiert hätte? Panik, nackte Angst war darin zu lesen. Bis Du wieder Luft bekamst, war er weg. Wieso war der Dekubitus so schlimm, dass er operiert werden musste?

Als die Visite weg war, fingst Du im Geiste an die Koffer zu packen, zuvor wurde telefoniert. Wir waren immerhin etliche hundert Kilometer von zu Hause weg. Als Du wusstest, dass alles organisiert war, hast Du dem Arzt ausrichten lassen, dass Du morgen nach Hause fahren würdest. Du hast Dich selbst entlassen. Mit einem Fixateur am Bein, dem Gerät, mit dem wir fast jeden Tag beim Drehen ein Leintuch zerrissen. Ich verstand das alles nicht, und so sagte ich nichts. Hatte es mit Menschenwürde zu tun? Mit dem Gott in Weiß, den Du in Frage stelltest, und zwar sehr konsequent?

Gerade war ich wieder aus Stuttgart gekommen, um Dir schnell „Guten Tag“ zu sagen. Lange hatte ich diesmal nicht frei. Aber nun war ich froh, diese Szene mitbekommen zu haben, denn seither beobachte ich die Menschen in ihrer Körpersprache viel genauer.

Du konntest sehr bestimmt werden.

„Ich fahre morgen nach Hause“, erklärtest Du mir.

„Und Deine Wunde, Dein Bruch, der Fixateur, wie soll das gehen?“, fragte ich entsetzt.

Du sagtest: „Ich frage in Heidelberg nach, vielleicht hat eine der Schwestern Zeit, mir in Stuttgart zu helfen. Hey, morgen Abend werden wir in Stuttgart in einem ein Meter zwanzig breiten Bett kuscheln.“

Ich betrachtete Dich, es war schlimm, Dich großen schweren Mann in diesem kurzen schmalen engen Bett liegen zu sehen.

Unsere erste Begegnung

„Weißt Du, wo wir uns das erste Mal in unserem Leben gesehen und gesprochen haben, Manfred?", versuchte ich, Dich und mich abzulenken.

„In der Uniklinik in Heidelberg. Ich erzählte bei der Arbeit, dass ich an meinem freien Tag nach Heidelberg fahren würde."

„Heidelberg?", hieß es. „Da müssen Sie unbedingt den Herrn Schütze besuchen, er wird in die Wohnung 1.3 einziehen, wenn er aus der Uni-Klinik zurückkommt."

„Was hat er denn?", fragte ich, mäßig interessiert. Fremde Menschen im Krankenhaus zu besuchen war nicht mein Ding. „Nach mehreren Operationen in einem Stuttgarter Krankenhaus hat er sich an seinem rechten Oberschenkel eine offene Stelle zugezogen, die nicht beachtet wurde, was dazu führte, dass das Bein in Heidelberg abgenommen werden musste."

Na, prima Elsbeth, warum kannst du auch nie deinen Mund halten. Also auf nach Heidelberg und die Klinik nicht vergessen, ich war ganz schön sauer auf mich.

Ich habe Dich besucht, aber Du konntest Dich später nicht mehr daran erinnern.

Die Zeit in Heidelberg war damals für Dich ausgefüllt in einem Zustand zwischen Delirium, Koma und kurzen wachen Abschnitten. Dieser Zustand hielt Dich drei Monate lang gefangen.

Mein Besuch an Deinem Krankenbett wurde von Dir gar nicht richtig wahrgenommen.

Hier in Zwesten, in diesem wunderschönen Park mit seinen schönen Teichen, den großen alten Bäumen, da wolltest Du wieder Kraft und Zuversicht finden. Die wunderschöne Umgebung, die Ruhe und lange Spaziergänge, die liebevolle Betreuung der Ärzte und des Personals sollten Dir helfen, nach zwei Jahren im Krankenstand wieder voll arbeitsfähig zu werden. Du warst dem Tode so nahe gewesen, dies musste noch verarbeitet werden.

„Nach dem zwei Jahre langen Aufenthalt im Krankenhaus in Heidelberg musste vieles in meiner Pflege umgestellt werden", erzähltest Du mir eines Abends, leise, weil Michael in der Ecke auf einer Matratze schlief.

„Ich habe ja mit dem Oberkörper keine Möglichkeit, das Gleichgewicht zu halten, und seit mir ein Bein fehlt, ist mein Gleichgewicht noch viel mehr außer Kontrolle. Ich sitze nicht mehr so gut im Rollstuhl. Das Aus- und Einsteigen mit dem Lifter mussten wir lange üben. Mein Leben war mit zwei gelähmten Beinen schon schwierig, es ist dadurch nicht leichter geworden. Trotzdem zog ich, als ich entlassen wurde, in die Wohnanlage. Nach meinem Unfall hatte ich noch siebzehn Jahre im Hause meiner Mutter gewohnt. Dort wurde alles rollstuhlgerecht umgebaut. Jetzt war es einfach an der Zeit, dass ich auszog und mein Leben selbst in die Hand nahm."

Du hobst Deine Hand etwas an und schautest darauf, sie war stark nach innen zum Handgelenk gebogen, die Finger verkrümmt.

„Na ja", hast Du lächelnd gesagt, „so gut es eben ging."

Für diesen Humor liebte ich Dich. Ich konnte über meine Behinderung nie lachen, lächeln oder Witze machen. Wenn ich einmal so weit wäre, würde ich ein Stück weiter sein.

„Möbel mussten gekauft werden, ein neues Leben in einer ganz anderen Verantwortung musste aufgebaut werden. Ich freute mich so auf die Hochebene und die Stadtnähe. Es gibt so vieles zu sehen, zu erleben, zu tun. Und nun liege ich schon wieder in einem Krankenhaus!"

Ich kniete neben Deinem Bett und schlang sachte meinen Arm um Dich und legte meinen Kopf auf Deine Schulter, und wir lagen still nebeneinander. Was sollte ich sagen?

Dann lächelten wir uns an, mit verweinten Augen.

„Ich liebe Dich", flüsterte ich zärtlich und wischte zuerst Dir und dann mir die Tränen aus den Augen.

Jetzt solltest Du schon wieder nach Heidelberg in die Querschnittsabteilung der Uniklinik. Bevor eine Wunde heilt, muss sie erst sauber sein. Wir waren gerade erst ein paar Wochen befreundet, als Du das erste Mal und gleich für so lange Zeit ins Krankenhaus kamst. Für mich war das eine neue Welt. Ich selbst war seit meiner Geburt in keinem Krankenhaus mehr als Patientin gewesen. Ich war bereit, alles zu lernen, im zwischenmenschlichen Bereich genau so wie im medizinischen Bereich. Das war nicht einfach. Aber unsere Liebe wuchs mit jeder Erkenntnis, mit jedem Überwinden der eigenen Schwäche. Aber zuerst solltest Du ein paar Tage zu Hause sein.

Alt Heidelberg, du feine

Eine der Krankenschwestern aus der Heidelberger Uniklinik nahm sich frei und versorgte die Wunde bei uns zu Hause. Nach ein paar Tagen war klar, dass sie nicht so lange Urlaub nehmen konnte, wie die Wunde zum Heilen brauchen würde. Also wurdest Du nach Heidelberg eingewiesen, zu den Ärzten und Schwestern, denen Du vertrautest, die Dich schon jahrelang kannten. Als ich Professor Paeslack kennenlernte, freute ich mich. Ein Arzt, dem man in die Augen sah und wusste, dem kann man vertrauen. Er war Dir immer ein guter Berater und ich weiß, Du hast ihn sehr verehrt. Jetzt wusste ich, warum Du unbedingt nach Heidelberg wolltest und Dich hier sicher fühltest.

Sie mochten Dich sehr, obwohl Du kein einfacher Patient warst.

Du hattest, egal wie dreckig es Dir ging, immer ein offenes Ohr für andere. Das Personal der QuB (Querschnittsabteilung) mochte Dich sehr. Du wusstest über das Privatleben der Pfleger und Schwestern in der Klinik oft mehr als deren besten Freunde. Bei Dir waren die Geheimnisse, Sorgen und Ängste sicher aufgehoben. Und einen guten Rat gabst Du obendrein. Das lenkte Dich von Deinem Kummer ab. Da Du Deinen Mund halten konntest, warst Du vielen Schwestern und Pflegern ein Freund.

Nun ging ich in der Uniklinik ein und aus. Die Schwestern waren nett, und mit Schwester Gisela, der lieben Seele, habe ich heute noch Kontakt. Wir schreiben uns keine Briefe, wir eMailen.

Auf die Frage von mir, an was sie sich als erstes erinnert, wenn sie an Dich denkt, sagte sie: "Manne hatte, egal wie dreckig es ihm ging, immer ein offenes Ohr für andere. Morgens um sieben Uhr begrüßte er mich meist freundlich und fragte mich, wie es mir geht. Er, Manfred, der so viele Probleme mit seinem Körper hatte, fragte mich, wie es mir geht, das hat mich sehr beeindruckt. Erzählte ich ihm beim Verbandswechsel von meinem Pferd und meiner Hündin, hatte ich das Gefühl, er begleitet mich in Gedanken auf dem Ritt, er sieht die Wiesen, Bäume und die Tiere, von denen ich ihm berichtete. Es tat ihm gut, andere zu fragen, wie es ihnen ginge – dabei vergaß er sein eigenes Leid. Diesen Eindruck hat er vermittelt, und deshalb hatten ihn viele Pfleger und Schwestern gerne, auch wenn er ein anstrengender Patient war." Gerlinde,

Gisela, Peter, Wolfgang, Theresa, Manfred, Rüdiger – Namen der Schwestern und Pfleger der achtziger Jahre. Sie haben Dich lange begleitet. So waren sie Dir und Du ihnen mehr als nur Schwestern und Pfleger und Patient. Du hast ihre Arbeit gewürdigt und anerkannt. Dich im Bett zu drehen, und nicht nur, wenn Du verschwitzt warst, war für die Pfleger sehr anstrengend.

Den Begriff „Giselatuch" gab es bis zu dem Tag, an dem Du die Sprache verloren hast. Geboren wurde der Begriff des „Giselatuches" damals in den Achtzigern in der Orthopädischen Klinik Heidelberg. Weil es sehr schwer war, Dich im Bett zu drehen, kam Schwester Gisela auf die grandiose Idee, unter Deinem Schulter- und Pobereich je zwei Stecklaken aufeinander quer zu legen. Jetzt war es doch etwas einfacher, Dich zu drehen.

Diese Tücher hießen, wo wir auch waren, „Giselatücher".

Manfred, Du bekamst einen „Krankenhauskoller", das haben mir die Schwestern und Ärzte erklärt. Du lagst in diesem Krankenhausbett so hilflos, so verloren. Deine fröhliche, lustige Art war wie weggeblasen. Dein Lächeln, wenn Michael und ich zur Türe hereinkamen, war traurig, ich litt mit Dir. Am schlimmsten war es, wenn wir gingen. Wir zögerten den Abschied immer mehr hinaus. Dich in Deiner Hilflosigkeit zurücklassen zu müssen brach mir das Herz. Die Wunde wollte nur langsam sauber werden.

„Wie groß, wie tief", fragtest Du mich verzweifelt, „ich kann es doch nicht sehen, sage es mir."

Mir liefen die Tränen über die Wangen, was sollte ich sagen? Auf dem Nachtisch stand noch ein Stück Apfelkuchen der vorne spitz zulief. „Diesen Kuchen könnte ich in die Wunde legen." Ich sah wie Dein Gesicht noch blasser wurde. Ich hatte eine so große Wunde auch noch nie gesehen. Mir liefen die Tränen über die Wangen.

Und die OP stand noch aus. Die Schwestern brachten mir das sterile Verbinden bei, was blieb mir anderes übrig? Sie gaben sich große Mühe mit mir. Zuerst durfte ich zuschauen, dann durfte ich helfen und es dann anschließend unter ihrer Aufsicht selbst bewerkstelligen.

Mir wurde weder schlecht, noch hatte ich Ekel. Ich hatte aber nur *eine* gesunde Hand, und es war mir peinlich, wenn mir jemand zusah, wie ich meine rechte Hand einsetzte.

Das beschäftigte mich beim ersten Mal mehr als die Wunde

selbst. Du warst mir da ein Vorbild. Ich schämte mich wegen meiner gelähmten Hand, und Du? Du musstest Dein Hinterteil jedem hinstrecken, der an der Wunde zu tun hatte. Also nahm ich mich zusammen und lernte. Der Stationsarzt, Dr. Spahn, schaute skeptisch, aber er erlaubte uns, für vier Wochen nach Hause zu gehen. „Und dann wird operiert, Manne, ist das klar?“, waren seine knurrigen Abschiedsworte. Aber seine Augen schauten Dich freundlich besorgt an. Da begriff ich, dass ihm Dein Wohl am Herzen lag.

Es war herrlich zu Hause. Das Schlafzimmer wurde zum Wohn-, Ess-, Aufenthalts- und Besuchszimmer. Wir genossen jede Stunde. Einmal kam der Hausarzt, als ich gerade Deine Wunde frisch verbinden wollte. „Was machen Sie denn?“, fragte er mich erstaunt. Ich hatte gerade die sterile Haarhaube und Schürze angezogen und zwängte mich in sterile Handschuhe.

„Übertreiben Sie nicht etwas?“, fragte er erstaunt. Ich zeigte ihm die Wunde.

„Oh, da haben Sie natürlich recht“, meinte er erstaunt und mitfühlend. Er setzte sich Manfred zugewandt ans Bett und verschrieb uns das Verbandsmaterial.

Nach vier Wochen konnte tatsächlich operiert werden. Wir hatten es geschafft. Die Wunde war sauber, die Wundränder gut. Ich war stolz auf mich. Jetzt konnte Dr. Spahn, der Heidelberger Chirurg, Dir die Wunde operativ schließen. Du warst psychisch wieder stabil. Wir wussten jetzt, dass wir uns aufeinander verlassen können, dass wir zusammen gehören. Jeden zweiten Tag fuhr ich mal mit mal ohne Michael nach Heidelberg. Unsere Liebe wuchs.

Wir machten Pläne, wie wir leben wollten, wenn Du wieder aus der Klinik entlassen würdest. Wir wollten zusammenziehen, zusammen leben.

Wir machten Pläne, wie wir leben wollten

Da wir unsere Wohnungen genau übereinander hatten und beide gleich geschnitten waren, beschlossen wir, dass wir aus meiner Wohnung den Schlafbereich machen und aus Deiner Wohnung den Wohnbereich und Dein Büro.

Krankenhaus rein, Krankenhaus raus. Jedes Mal, wenn es überstanden war, wünschten wir uns nichts anderes, als zu Hause gesund leben zu dürfen. Einige Male stand ich an Deinem Bett, als die Ärzte und Schwestern sacht den Kopf schüttelten.

Eine richtige Familie? So, wie es jeder kennt? Beileibe nicht. Die Tage waren kein Honigschlecken. Ich kannte Zivildienstleistende von der Arbeit und bin mit den meisten gut ausgekommen. Aber wenn ich nun nachts aufwachte, stand oft ein Zivildienstleistender an Deinem Bett. Schlug ich morgens die Augen auf, hattest Du schon geklingelt, und er kam gerade zur Türe herein. Abends machte der Zivi das Deckenlicht aus, da war ich meist schon eingeschlafen. Das war nicht einfach für mich, trotz der großen Liebe. Du warst selten alleine, das war ja verständlich, die jungen Männer waren für Dich Hände und Füße. Bei Tisch gaben sie Dir das Essen, und Du warst ihnen zugewandt. Ich weiß noch, wie ich nach einigen Monaten des Zusammenlebens mit Dir und Deinen Männern einen „Zivikoller“ bekam. Dann fing ich immer an zu singen, wenn es mir zu viel wurde. Wie hieß denn das Lied genau? „Die Schwiegermutter war immer dabei“, hieß es da an einer Stelle.

Lieber Gott, segne und beschütze uns. Ich fiel in einen tiefen Schlaf, begleitet von Deinem Schnarchen. Beunruhigend waren Deine vielen Atem-Aussetzern dabei. Das konnte doch nicht gesund sein, dachte ich oft. Manchmal wachte ich nachts auf, wahrscheinlich, weil es so ruhig war. Ich hielt den Atem an und zählte die Sekunden, bis ich Deinen Schnarcher wieder hörte – das konnte doch nicht normal sein.

Es war kein „Zufall“, dass ich kurz nach unserem Zusammenziehen beruflich an einem Seminar teilnehmen durfte, in dem es um Unterbeatmung bei verschiedenen Behinderungen ging. Mit einer Kollegin fuhr ich für zwei Tage nach München. Michael blieb bei seinem neuen Papa Manfred.

Eine Ärztin hatte ihren Vortrag für die Teilnehmer fotokopiert. Auf der zweiten Seite waren zehn verschiedene Symptome der Unterbeatmung aufgelistet. „Wenn Sie drei der Punkte ankreuzen können, sollte dringend ein Arzt aufgesucht werden“, meinte die Ärztin.

„Schau mal“, sagte ich zu meiner Kollegin und hielt ihr das Blatt mit sechs Kreuzen unter die Nase.

„Manfred?“

Sie schaute mich fragend an. Ich nickte mit dem Kopf.

Die Symptome der Unterbeatmung werden bis heute oft nicht beachtet, und viele Ärzte wissen darüber immer noch nicht genügend Bescheid. „Viele Menschen sterben, weil man die Anzeichen der Unterbeatmung nicht zu deuten wusste“, referierte die Ärztin. Ich war ganz aufgeregt. Natürlich – Manfred war unterbeatmet!

Das war die Erklärung dafür, wenn Du während des Frühstücks einschliefst und der Zivi und ich Dich unter den Achseln nahmen und Dich weit vor und wieder zurückbeugten, so lange, bis Du wieder erschrocken aufwachtest. Oder wenn Du mit dem Rollstuhl in der Fußgängerzone die Kurve nicht bekamst und einfach geradeaus fuhrst und ich Dich mit einem Schrei weckte.

Mir wurde ganz heiß. In der Pause sprach ich die Ärztin an, Sie verwies mich an Dr. Spahn.

„Dr. Spahn ist hier? Ich kenne ihn.“

Ich war erleichtert. In der Menge fand ich ihn und stellte mich vor mit den Worten: „Herr Dr. Spahn, ich bin die Freundin von Manfred, Manfred Schütze.“

Jetzt erkannte er mich wieder. Er schaute mich fragend an. Ich zeigte ihm das Blatt mit den Ankreuzungen. Nachdem er es angeschaut hatte, meinte er: „Einen Gruß an Manfred, er soll sich so schnell wie möglich melden.“

„Wir wollen in drei Wochen nach Griechenland fahren“, warf ich kleinlaut ein.

„Trotzdem soll er in der Klinik anrufen und ein Bett gleich nach dem Urlaub buchen, er bekommt so schnell sowieso kein Bett.“

Ich nickte ergeben. Schon wieder Krankenhaus. Manfred wird sich freuen. Das Schlimme an der Unterbeatmung ist, das es derjenige, den es betrifft, gar nicht unbedingt merkt. Aber die Menschen, die mit ihm leben, die müssen reagieren, wenn sich jemand langsam verändert. Man schiebt heutzutage viel zu schnell alles auf den Stress.

Damit war wieder einmal Dein Leben gerettet. Du hast zuerst eine „Schnarchspange“ nachts getragen, später eine Atemmaske, damit im Liegen genug Sauerstoff in deine Lungen kam. So wurdest Du auch nachts im Liegen mit ausreichend Sauerstoff versorgt. Aber für dieses Problem muss man nicht querschnittsgelähmt sein.

Jetzt hörte ich nachts nicht mehr dein Schnarchen sondern das leise Motorengeräusch des kleinen Gerätes, das Dir genug Sauerstoff ins Blut bringt.

Anfangsprobleme

Meinen Beruf musste ich nun aufgeben. Berufliche Schwierigkeiten wirkten sich auf meine Gesundheit aus. Ich konnte mich verbal nicht gut wehren und wünschte mir wieder einmal, ich wäre rhetorisch besser. Ich konnte mich nicht gut „verkaufen“.

Mein Beruf, meine Kinder, die ich da betreute, das war meine Welt, meine Lebensaufgabe, das war ICH. Nun war ich traurig, verstand meine Berufswelt nicht mehr und konnte kaum mehr gehen. „Weißt Du noch, Manfred, wie Du unseren Hausarzt angerufen hast, weil ich nur auf allen Vieren und unter großem Gestöhne ins Bad kam? Ein halbes Jahr brauchte mein Körper, bis er wieder einigermaßen funktionierte.“

Ich konnte mich nicht wehren, manchmal brauchte ich eine Spritze, um überhaupt noch aufrecht stehen zu können. Heute weiß ich, was mich so niederdrückte. Damals tat es einfach nur weh. Im Kreuz und im Herzen.

Ich war so froh, Dich zu haben, Dein Verständnis, Deine Liebe. Wenn Du mutig sein konntest, konnte ich es auch! Oder?

Zu Hause fiel mir bald die Decke auf den Kopf. Manfred, Du fühltest Dich eingeengt, ich fühlte mich überflüssig. Du warst aktiv, warst aber gewöhnt, Deine Sachen mit dem Zivi zu machen. Michael wurde immer selbständiger und war oft mit Freunden verabredet. Wenn ich damals gewusst hätte, was auf uns zukommt, hätte ich den „Zwangsurlaub“ genossen. Aber warum konnten wir auch nie alleine sein? Warum brauchten wir ständig einen Dritten, einen der neben, vor oder hinter uns sitzt, geht oder steht? Einen Zivildienstleistenden?

Durch die vielen Krankenhausaufenthalte führten wir zwei verschiedene Leben. Du, Manfred, lagst in den ersten zehn Jahren, in denen wir zusammen waren, oft, zweimal sogar je zwei Jahre lang, in der Klinik. So versorgte ich den Haushalt, Michael, den Hund und fuhr jeden zweiten Tag nach Heidelberg in die Uniklinik, in der Du lagst.

Warst Du zu Hause, übernahmst Du das Zepter in der Führung des Haushalts. Es war schon ein gravierender Unterschied, ob Du, Manfred, Dein Zivi, Michael und ich miteinander lebten, oder ob ich mit Michael alleine war.

Das Krankenhaus war bald nicht mehr anonym für mich. Ich

kannte die Ärzte und Pfleger/-innen und lernte, was ich als Laie lernen konnte.

Heute noch denke ich dankbar an all die vielen Schwestern und Pfleger auf der QuB, an die Ärzte der achtziger Jahre, an Herrn Dr. Spahn und Frau Dr. Maschke. Der Geist der Liebe, den Professor Dr. Paeslack in die Zimmer trug, war in seinem ganzen Team zu spüren. Er strahlte die Liebe Gottes aus, und man fühlte sich schon besser, wenn er an das Bett trat. Er nahm sich einen Stuhl oder ging in die Hocke vor einem Bett, so dass der Patient in Augenkontakt mit ihm stand. Man spürte, dass er es nachvollziehen konnte, was er einem Patienten sagen musste. Mag sein Erbe der Liebe Früchte tragen.

Die Zivildienstleistenden ersetzten Dir Füße und Hände, aber sie waren auch eigenständige junge Menschen, die oft eine ganz andere Lebenseinstellung hatten als wir. Viele haben den Spagat geschafft, sich in der Zeit, in der sie bei Dir und später bei uns waren, auf Deine Wünsche und Deine und meine Eigenheiten einzulassen.

Wie viele junge Menschen mögen es wohl gewesen sein, die Dich in den siebenunddreißig Jahren Deines Lebens als querschnittsgelähmter Mensch begleitet haben? Sie waren immer zwischen achtzehn und einundzwanzig Jahre alt. Nur Du bist älter geworden, hast Dich verändert. Am Anfang wart ihr fast gleichaltrig, zum Schluss hättest Du vom Alter her der Vater der jungen Männer sein können. Das machte das Zusammenleben oft nicht einfach, aber auf der anderen Seite fanden zwischen vielen der jungen Leute und Dir Gespräche über ihre persönlichen Probleme und Gefühle statt, die sie mit ihren Eltern nicht bereden wollten oder konnten. Bevor wir zusammen waren, war es wohl nie ein ernsthaftes Problem, dass Dich jemand beim Essen alleine für sich haben wollte. Natürlich brauchten Deine Männer auch etwas zu essen und aßen in der Regel mit uns. Dürfen wir deshalb nie alleine essen gehen?

„Und was isst mein Mann?“, war Deine vorwurfsvolle Frage, als ich vorschlug, ob wir nicht auch ab und zu mal allein essen gehen könnten. Einmal sagtest Du, lieber Manfred, sehr vorwurfsvoll, zu mir: „Ohne Dich kann ich leben, auch wenn es mir schwer fiele, aber ohne meine Männer kann ich nicht leben.“

Welch ein folgenschwerer Satz, der Dir 19 Jahre später Deinen

Lebenswillen nahm, denn unsere Regierung verkürzte den Zivildienst immer mehr, und freie Helfer wurden zu teuer.

Also lernte ich, mit „den Männern" zu leben, Tag und Nacht. Sie machten abends das Licht aus, wenn Du richtig lagst, sie drehten Dich nachts von einer Seite auf die andere und weckten mich, wenn sie mich brauchten.

Oder Du wecktest mich, weil Du „Deinen Mann" im Nebenzimmer mit der Glocke nicht wach bekommen hast.

Manfred, Du lerntest immer mehr, mir in allen Bereichen zu vertrauen, und wir schafften uns „Auszeiten". Nur wir zwei – und wenn es nur eine halbe Stunde pro Tag war. So wurde die Pizzeria am Ort zu unserem wichtigsten Rückzugsort. Wir tranken ein Glas Wein zusammen und knabberten an unserem geliebten italienischen Pizza-Brot. Wir waren immer wieder glücklich, wenn wir alle gesund waren und genossen unsere Liebe.

Deinen ersten Besuch werde ich nie vergessen.

Du schaffst es: Manfred bekommt einen Heimarbeitsplatz

3. Manfred erzählt aus seinem Leben

Und so erzähltest Du mir eines Abends aus Deiner Vergangenheit, als wir bei einem Glas Wein und einem Teller Spaghetti in unserer Lieblingspizzeria saßen:

„Ich wurde als letztes von vier Geschwistern 1946 geboren. Gisela, Kurt und Horst waren meine älteren Geschwister, und alle waren wir die geliebten Enkel von Friedrich und Frieda Hahn aus Nördlingen. Ich liebte meine Großeltern und war als Kind oft bei ihnen. Sie hatten einen Kaufladen, und ich habe oft die Waren zur Kundschaft gebracht. Mit anzupacken haben meine Geschwister und ich bald gelernt. Als meine Großmutter alt war, mein Großvater Friedrich war schon gestorben, lebte Oma Frieda in Kaltental bei uns im Haushalt."

Du hast immer mit viel Hochachtung von Deiner Oma gesprochen, das hat mir sehr gefallen, denn auch ich liebte meine Oma Emmi über alles.

„Ihr fester Glaube", erzähltest Du weiter, „hat mich wohl als Kind tief beeindruckt und geprägt. Als Oma dann bei uns lebte, half sie beim Kochen und in der Küche. Dann hielt sie ihr Mittagsschläfchen im Sessel. Hatte sie sich ausgeruht, nahm sie ihr Stickzeug zur Hand. All diese selbst gestickten Decken und Deckchen, die wir lange noch benützt haben, hatte Oma gestickt. Fiel ihr die Nadel auf den Boden, faltete sie die Hände und bat Jesus, sie möge sie finden. Und Oma fand die Nadel immer.

Sie erzählte mir Geschichten aus der Bibel, sie konnte schön erzählen. Sie sah im hohen Alter immer schlechter und war zum Schluss blind. So setzte ich mich oft zu ihren Füßen und lauschte ihren Geschichten. Denn obwohl sie blind war, konnte sie herrliche Geschichten erzählen." Wir schwiegen und schauten in den Abendhimmel.

„Wie hat Deine Mutter all die Arbeit bewältigt, alleine ohne Mann und Vater, Du warst zwölf als Dein Vater starb, das muss schrecklich gewesen sein. Das Hotel, das Haus, der Garten, zwei Hunde, vier Kinder, ich kann mir das gar nicht vorstellen."

„Wir mussten als Jugendliche mithelfen, jeder von uns hatte seine festen Aufgaben im Haus und im Garten. Hat, glaube ich, keinem von uns geschadet.

Das Mädchen, das meiner Mutter im Haushalt zur Hand ging

und mich aufzuziehen half, hatte fast den Status einer Tochter. Sie gehörte zur Familie.

Mein Lehrer an der Grundschule erkannte bald meine künstlerische Begabung und schlug vor, mich in der Waldorfschule zu fördern. Mein Vater schlug die Hände über dem Kopf zusammen! „Baumschule", war sein Kommentar. Aber meine Mutter setzte sich durch, und schon damals wurde mein Schicksal von Gott bewacht. Ja, so kann ich das heute sehen, denn diese Ausbildung in der Waldorfschule hat dazu beigetragen, dass ich meine Zukunft so positiv gestalten konnte, wie ich es getan habe."

Dein Vater hat Deinen Unfall nicht mehr erlebt, er hatte nicht mehr miterleben müssen, was Dir zustieß.

Im Fach Handarbeit hattest Du die Tante unseres langjährigen Oberbürgermeisters Rommel. In Deinem Zeugnis stand: Manfred lässt beim Stricken noch zu viele Maschen fallen.

Den Kommentar Deines Vater habe ich nie erfahren, denn jedes Mal, wenn Du erzählen wolltest, wie Dein Vater, der das Zeugnis in den Händen hielt und laut vorlas, was da stand, fingst Du an zu lachen, dass Dir die Tränen in die Augen schossen.

Wir sind die Sängerstaffeln in einem Affenzahn runtergerannt

Ute, eine ehemalige Klassenkameradin in der Waldorfschule, erinnert sich, wie es damals war und erzählte mir über Dich und über eure Familie:

„Das erste, an was ich mich erinnere, war, als Manfreds Vater starb. Manfred war neu in der Klasse, neu an der Waldorfschule. Wir waren in der sechsten Klasse und 12 Jahre alt. Der Tod seines Vaters hat uns sehr beschäftigt. Als Manfred nach der Beerdigung wieder in die Schule kam, schenkten wir ihm eine weiße Topfpflanze. Wir hatten sie von unserem Taschengeld bezahlt.

Manfred war von der Geste ganz ergriffen, wir sahen es ihm an. Es waren einige Mitschüler, die ihn nun fragten: „Hey, wie geht es Dir?" Wir kümmerten uns um ihn aufgrund dieses Ereignisses, und da stellten wir fest, dass Manfred ein Pfundskerl ist, für jeden Scherz zu begeistern und immer hellwach für das, was sich in einer Klassengemeinschaft so abspielt. Bald entstand eine Clique und Freundschaften fürs ganze Leben. Wir sind zum Beispiel die Sängerstaffeln in einem Affenzahn runter gerannt, von der Schule nach Hause. Die

Stuttgarter werden auch die Stäffelesrutscher genannt, weil es in Stuttgart so viele Staffeln gibt, rund dreihundert. Stuttgart liegt im Tal und wenn man von der Höhe in das Tal will, muss man entweder auf der Straße mit vielen Kurven ins Tal oder den kürzeren Fußweg nehmen; die Stäffele. Unten im Tal trennten sich unsere Wege. Ich musste links, Manfred rechts die Straße entlang in das Hotel seiner Eltern. Wir wussten, dass er dort mithalf, er und seine Brüder. Sie ließen die Mutter nicht im Stich. Sie hielten und halfen zusammen.

Ab der achten Klasse ging es einmal im Jahr auf Klassenfahrt. Ich erinnere mich an Österreich. Damals nahmen wir dann auch unsere Talente wahr. Die einen konnten ganz gut Tischtennis spielen, dazu gehörte auch unsere Vicki. Andere waren im Schwimmen ein Ass, dazu gehörte Manfred. Diese Talente haben imponiert, das zählte in der achten Klasse. Manfred war immer erste Reihe Mitte. In der 10. Klasse hatten wir viel Spaß, wir sind immer wenn die Schule aus war – und auch wenn sie noch nicht aus war –, schon ein bisschen früher gegangen. Die Sängerstaffeln runter, zwei, drei Stufen auf einmal, nichts wie ab in die Milchbar. Manfred war sehr großzügig und lud uns manchmal auf einen Drink ein. Er arbeitete hart für dieses Geld, das er so freizügig für uns ausgab, aber damals machten wir uns deswegen keine Gedanken. Alkoholfreie Drinks natürlich. Milch mit Banane, mit Erdbeergeschmack oder Schokoladengeschmack. Je älter wir wurden, desto intensiver wurde auch unsere Freundschaft. Wir haben viel zusammen unternommen. Aber erst Manfreds Unfall prägte ein starkes Band der Zusammengehörigkeit, und es entwickelte sich zwischen Eva, Vicki, Fritschi, Dieter, Manuela, Manfred und mir eine Freundschaft, die ein Leben lang hielt.

Der Unfall: Als ich davon erfuhr – jemand rief mich an –, bin ich in das Katharinenhospital gefahren und saß stundenlang vor dem OP und wartete; auf was, wusste keiner. Keiner wusste genau, was sich da anbahnte. Ich wartete wohl darauf, dass einer kommt und sagt: „Nicht schlimm, das wird schon wieder." Aber als Manfred – nach Stunden im OP – herausgeschoben wurde, wussten alle nur, dass er lebt. Ich erinnere mich gern an Manfreds Lachen. Niemand konnte so herzhaft lachen wie er. Er konnte so eine Lebensfreude ausdrücken, die ansteckend war. Die Lebensfreude und das Lachen das war Manfred.

Das Leben ging für alle weiter. Nach der Schule gingen wir alle unsere beruflichen Wege, ohne uns je ganz aus den Augen zu verlieren. Wir trafen uns immer wieder. Wir trafen uns irgendwo, um zu reden, zu erzählen, wir waren so jung, die Welt lag uns zu Füßen. Manfred überraschte immer, wenn man ihn traf, mit seiner Ausstrahlung, seinen Interessen, mit seiner Stärke. Mit seinem Mut bei jedem der vielen Eingriffe, die gemacht werden mussten. Da Eva nach Heidelberg zog, war sie immer die erste von uns, die an Manfreds Bett saß, wenn er mal wieder in der Uniklinik Heidelberg lag. Er war geradezu besessen davon, zu überleben, weiterzumachen, sich entwickeln zu dürfen; wir haben mit großem Staunen und Ehrfurcht daran teilgenommen. Manfred war immer derjenige, der allen auch seelisch geholfen hat, mit dem wir viele schöne Gespräche geführt haben. Der viel wusste und manchem weiterhelfen konnte. Er, der Hilflose, hatte so einen reichen seelischen Schatz, es fiel einem leicht, sich ihm anzuvertrauen. Manfred war immer auch unser Charmeur, bis zum Schluss. Schon in der Schule. Und war bei allen beliebt.

Er hat uns immer verraten, wer im Hotel Ritter absteigt. Stars wie die Kessler-Zwillinge, Gitte, Peter Kraus, Peter Weck, Gus Backus, John Cranko und viele mehr. Wir wussten immer, *wer* kam und vor allem *wann* die Gäste kamen, und so konnten wir schon Aufstellung beziehen und mit großem Gejohle die Stars empfangen. Die Autogramme waren uns sicher.

Wir haben uns nie aus den Augen verloren. Geburtstage wurden zusammen gefeiert.

Ehepartner lernte man kennen, Fotos von den Kindern wurden verschickt.

Dann kamen Elsbeth und Michael, und Ihr wurdet eine Familie. Später kamen Daniel und Elsbeths Mutter dazu, Euren Hund Ouzo nicht zu vergessen. Wir bestaunten Euer Zusammenleben, Eure Aktivitäten und nahmen daran mit Freude teil.

So war es auch selbstverständlich, dass wir auch zum Schluss Manfred begleiteten. So gut, wie jeder konnte – der eine im Stillen, der andere ein bisschen weiter weg und wieder andere ganz nahe bei und mit ihm und Elsbeth. In der Stunde seines Todes habe ich etwas unglaublich Schönes erlebt. Eine Viertelstunde nach dem Tod von Manfred durfte ich mit Elsbeth in das Krankenzimmer. Manfred war aufgebahrt worden von einem Pfleger, und ich hatte den Eindruck, er liegt hier wie ein Mönch. All das Kluge und Himmlische an ihm, all das, was ihn umschlossen hatte in den letzten Jahren, das war plötzlich sichtbar. So viele Tage lag er reglos im Koma. Manfred war präsent und da, es war ergreifend. Es gibt ein Leben nach dem Tode, das war da zu sehen. Es war ein unglaubliches Geschenk, was er uns da gemacht hat. Zum Schluss waren alle Kräfte gesammelt da. Er war wieder der große Manfred, der er immer war. Es war eine schöne und fruchtbare Zeit mit ihm."

Soweit die Erinnerungen von Ute.

Es waren drei Sekunden, die mein Leben von Grund auf veränderten

Deine Mutter war eine starke Frau. Sie konnte Dich mit Deinen drei älteren Geschwistern damals nach Deinem Unfall begleiten.

„Es muss furchtbar für sie gewesen sein. Deine Mutter, die zuerst den Mann verlor und mit vier halbwüchsigen Kindern dastand, ein Hotel leiten sollte, und dann verunglückt ihr jüngstes Kind so schwer." Gedankenverloren streichelte ich Deine Hand.

„Ich war achtzehn Jahre alt, als ich mit meinen Freunden und ein paar Mädchen im Schwimmbad war", erzähltest Du mir an einem warmen Abend. Wir saßen, wie immer, wenn wir alleine sein wollten, in unserer Lieblingskneipe. Ich saß vor einem großen Teller Spaghetti, ich liebte Spaghetti.

Ich meinte: „Manfred, ich hab' nie begriffen, wie der Unfall passieren konnte. Du warst Sportler, Du warst in einem Hallenbad der Stadt und nicht am Baggersee, wie konnte da so ein Unfall geschehen? Oder bist du ins Babybecken gesprungen?"

Ich lächelte Dich an.

„Nein natürlich nicht." Gedankenverloren schütteltest Du den Kopf.

„Es ging so schnell. Es war so unbegreiflich. Einem Mädchen wollte ich den Kopfsprung zeigen, ich bin ein paar Mal an derselben Stelle ins Wasser gesprungen. Dann kamen meine Kumpel und wollten zum Fußball. ‚Los, komm, wir gehen', murrten sie.

‚Noch einmal zeige ich es ihr, noch einmal.' Hätte ich doch bloß die Angeberei gelassen.

Das Mädchen sprang zwar schon, aber man merkte ihr noch die Unsicherheit an.

‚Puuh, Mensch, jetzt mach schon', riefen meine Kumpels ungeduldig.

Ein bisschen mehr Anlauf, ein bisschen steiler rein.

Keiner sah, wie ich mit dem Kopf aufstieß, wie es mir die Arme wegschlug. Es waren drei Sekunden, die mein Leben von Grund auf veränderten. Ruhig lag ich auf dem Beckengrund. Ich konnte mich nicht bewegen, es tat nichts weh, aber ich konnte mich nicht mehr bewegen. Aber viereinhalb Minuten die Luft anhalten, das konnte ich. Eine Ewigkeit, sie werden mich holen, sie werden ...? Sie wissen, dass ich viereinhalb Minuten tauchen kann. Ganz ruhig Manfred, ganz ruhig. Sie werden dich retten. Nach viereinhalb Minuten sprangen zwei der Jugendlichen ins Wasser und holten den ‚toten Mann' an die Wasseroberfläche. Es reichte, um einmal Luft zu holen, und dann ließen sie ‚den Blödmann' wieder los.

Sie schauten zu, wie er, ohne sich zu bewegen, wieder auf den Grund sank. Jetzt fasste jeder irgendwo zu, und sie zogen ihn an den Rand des Beckens und riefen den Bademeister. Fassungslos standen sie um mich. Ich war bei Bewusstsein, konnte reden, konnte mich nicht bewegen. Keinen Millimeter. Keinen Arm, keinen Finger, kein Bein, keinen Zeh. Nur flach atmen, immerhin."

Der Rettungsdienst kam und nahm ihn mit, den Anführer, den Starken, den Kumpel, den Freund.

Was war mit ihm?

Der Rettungswagen fuhr durch die Vororte, Richtung Stadtmitte. In Kaltental fuhr die Rettung bei Rot über die Ampel. Ein Unfall blockierte die Straße. Ein amerikanischer Wagen hatte einen Zusammenstoß mit einem Opel verursacht. Am Steuer des Opels saß Kurt, Dein Bruder, daneben Deine Mutter, die nach dem Anruf einer Freundin unterwegs in die Klinik waren und keine Ahnung hatten, wer da so schnell und mit Blaulicht an Ihnen vorbeifuhr. Sie gingen davon aus, dass Du schon in der Klinik lagst. Der Krankenwagen bremste scharf ab und umfuhr die Unfallstelle. Mutter erzählte später, sie hätten dem Krankenwagen nachgeschaut und für Sekunden ihr total kaputtes Auto vergessen und seien dankbar gewesen, dass niemand bei dem Unfall zu Schaden gekommen war. Manfred: *„Dass ich darin lag, auf die Idee sind sie gar nicht gekommen."*

Kaum waren sie zu Hause, klingelte das Telefon: „Katharinenhospital: Stundenlange OP." Der vierte und fünfte Halswirbel war total zertrümmert. „Weißt du, Elsbeth, damals war das noch nicht selbstverständlich, dass ein so hoher Querschnitt, wie ich einer war, überlebt."

Querschnittsgelähmt …

Du sagtest: „Dass ich querschnittsgelähmt war, erfuhr ich erst ein gutes Jahr später in der Reha bei Graz, und das war gut so. Dieses Wort Querschnitt hat so etwas endgültiges. Bis dahin glaubte ich fest daran, dass wenigstens ein Teil meines Körpers wieder seine Funktionen übernimmt. Oder ein bisschen oder alles. Wenn ich ganz ehrlich bin habe ich mich an den Gedanken geklammert: `ich werde wieder ganz gesund."

Ein Sportler, durchtrainiert, Ringer, Schwimmer, Fußballer, 90 kg. Fast 190 cm groß. Und jetzt? Alles aus. Auch Deine schulische und berufliche Karriere.

Architekt? Vergiss´es!

„Aber, weißt Du", hast Du mir erzählt, „es mag naiv klingen, aber in dem ganzen Jahr, als ich im Katharinenhospital lag, habe ich ganz fest daran geglaubt, dass ich eines Tages wieder ganz gesund sein darf. Keiner nahm mir diesen Glauben. Auch meine Familie glaubte fest daran: Das wird schon wieder, trösteten wir uns gegenseitig."

Kann man es wirklich nachvollziehen, dass von einer Minute auf die andere das ganze bisherige Leben auf den Kopf gestellt wird?

Ein Unfall. Ein plötzlicher Tod. Die Geburt eines behinderten Kindes.

Und das Leben ist anders, als man es sich je vorgestellt hat.

„Und das war gut so, dass ich an meine volle Genesung glaubte, sonst hätte ich meinen Lebensmut verloren. Warum sich anstrengen mit diesen Aussichten? Ich wollte wieder gesund werden, Architekt werden wie mein Vater, deshalb strengte ich mich besonders an. Welch eine Herausforderung an meine Familie, meine Freunde, meine Schulkameraden! Sie alle haben diese Herausforderung angenommen, und das hat mir wohl all die Jahre lang ein erfülltes Leben geschenkt, hat mich kämpfen und siegen lassen. Ich bin zwar nie ganz gesund geworden, aber ich denke, wenn ich mein Leben bis jetzt in der Rückschau betrachte – es hat sich gelohnt, leben zu dürfen."

Zärtlich hast Du mich angeschaut. Wenn Blicke eine Liebeserklärung sein können, hatte ich gerade eine bekommen. Ich ließ Dich von Deinem Wein trinken, und wir schauten eine Weile in die raschelnden Bäume. Ein leiser Wind war aufgekommen, und er tat nach der Hitze des Tages gut. Ich kuschelte mich an Deine Schulter. Wir schwiegen eine Weile. Welch eine Herausforderung an Dich, Deine Schwester Gisela, Deine Brüder Horst und Kurt und vor allem an Deine liebe Mutter!

Was denkt eine Mutter, wenn sie am Bett ihres Sohnes steht, der sich nicht mehr bewegen kann? Was dachten damals Deine Freunde, Deine Schulkameraden?

Sie alle haben die Herausforderung angenommen, sich liebevoll um Dich zu kümmern, und das hat Dir, Manfred, 37 Jahre lang ein erfülltes Leben im Rollstuhl geschenkt.

„Aber jetzt müssen wir nach Hause und ins Bett, sonst können wir morgen unseren Ausflug nicht machen. Es soll morgen wieder schön werden."

Nachdenklich tranken wir unseren Wein aus und bezahlten unsere Rechnung.

„Ich freue mich auf unseren Ausflug morgen. Wirst Du mir weitererzählen?"

Zärtlich schautest Du mich an. Ich küsste Dich und spürte Deine Anspannung.

„Das ist nicht einfach für Dich, mir das alles zu erzählen, nicht wahr?", fragte ich Dich.

„Das ist alles schon so lange her, und doch berührt es einen, als sei es gestern gewesen. Komm, lass uns gehen. Und, Elsbeth, schönes Wetter hin oder her, an den Schreibtisch muss ich auch mal wieder, mein Chef hat Arbeit geschickt."

„Du schaffst es!"

Leise fingst Du wieder an zu erzählen, als wir am nächsten Tag unseren Ausflug machten. Wir machten Halt im schattigen Wald. Gedankenverloren hast Du Dich mit der Lehne des Rollstuhls nach hinten gelassen und schautest in die Baumwipfel. Als könntest Du selbst nicht glauben, dass Du das alles selbst erlebt hast, was Du mir jetzt erzähltest:

„Ein Jahr Krankenhaus, ein Jahr im Bett, ein Jahr Hoffnung, ein Jahr Freunde, Schulkameraden, Familie, Liebe, die nicht loslässt:

‚Du schaffst es!'

Das war die ausgesprochene und unausgesprochene Botschaft dieser Zeit.

Alle haben gehofft, geglaubt und mir Mut zugesprochen: ‚Du schaffst es, Du wirst wieder gesund, es wird alles gut werden.' Das hat mir Mut gegeben. Ich habe damals nur von einem Tag zum anderen, vielleicht nur von einer Stunde zur anderen gelebt. Meine Mutter, meine große Schwester, meine Brüder, sie ließen nicht zu, dass ich aufgebe. Sie überschütteten mich mit so viel Liebe und Zuneigung, dass ich gar nicht anders konnte, als zu kämpfen."

Mit den Dämonen der Resignation, der Depression, hast Du gekämpft, und Deine Familie mit Dir.

„Ich wollte sie nicht enttäuschen. Lange wusste ich nicht, dass ich nie mehr gehen kann, und das war gut so. Ich kämpfte, weil ich wieder ... alles, alles wollte ich wieder können. In den ersten Wochen war ich betäubt von den Medikamenten. Ich bekam wenig mit.

Stunde um Stunde lag ich auf dem Operationstisch in jener Nacht. Wirbelsplitter wurden aus meinem Fleisch entfernt. Zwei Wirbel hatte es regelrecht zerfetzt. Du siehst ja heute noch die große Narbe am Hals zum Rücken hin. Ich bekam nicht mit, wie viel Sorge und Kummer die Familie, die Freunde um mich hatten. Meistens schlief ich. Ich war wieder in den Zustand eines Kleinkindes zurückgefallen. Ich lag ruhig da, alles wurde mir gemacht. Ich wurde gewickelt und gefüttert, wurde gestreichelt und geküsst.

Ich konnte ein Jahr lang nur daliegen, betäubt, nicht tot und nicht lebendig. Und doch – je länger die Zeit verstrich, hielt die Lebensfreude wieder Einzug in mein Leben. Mutter verwöhnte mich, ich war schon immer der Prinz in unserem Hause."

Der letzte Sohn, das Nesthäkchen.

„Ich war der Jüngste. Meine Geschwister hatten ja schon alle ihr eigenes Leben begonnen, weg von der Familie, aber sie waren alle immer für mich da, samt ihren jeweiligen Partnern. Ich glaube, bei meiner Mutter in der Küche hing ein Besuchsplan für mich. In der Besuchszeit, die damals ja noch viel strenger und kürzer als heute war, saß immer jemand von der Familie oder meinen Freunden an meinem Bett. Das war nicht einfach für meine Freunde. Der Unfall geschah sechs Wochen vor dem Abitur. Ich weiß um den persönlichen Verzicht, der damals von meiner Familie und meinen Freuden geleistet wurde."

Deine Brüder Horst und Kurt halfen Deiner Mutter, das Hotel zu halten und kümmerten sich um Dich. „Ohne meine beiden

Brüder wäre das alles nicht gegangen. Mit ihrer Fürsorge und Liebe gaben sie mir die Lebensfreude wieder."

Zu dieser Zeit war auch Harald Klose für dich da. Er war einer der ersten Helfer, der Dich noch jahrelang freundschaftlich begleitet hat. Er war der erste Pfleger, der in der Familie so integriert war, dass er heute noch Deinen Brüdern in Erinnerung ist.

Sie waren ja beide in der Ausbildung. Deine große Schwester war schon in Essen.

„Du hast ja in der Zwischenzeit viele meiner Freunde kennengelernt. Wilfried, der Freund aus den Kindertagen. Ute, Vicki, Eva, Fritschi, Dieter, Manuela aus der Schulzeit, die Kameraden aus dem Sportverein. Nachbarn in der Straße, in der ich aufwuchs. Weißt Du, was es heißt, von soviel Liebe getragen zu werden?"

Also lebe. Ich nahm die Herausforderung an ...

„Rehabilitation in Österreich. In Deutschland gab es damals keine medizinische Rehabilitation für Querschnittsgelähmte. Ich erfuhr erst in Tobelbad, dass mein weiteres Leben ‚Rollstuhl' bedeutet. Dass ich aus dem Rollstuhl nicht mehr herauskomme, dass ich nie mehr aufstehen werde.

Nach einem Jahr Hoffen und Bangen.

Aber jetzt war es kein Todesurteil mehr.

Inzwischen wollte ich wieder leben. Ich nahm die Herausforderung an, die das Leben an mich stellte.

Dass meine Hände, meine Finger, nie mehr einen Stift halten können. Nie mehr.

Dass meine Füße nie mehr mein Gewicht tragen werden.

Dass mein Darm und meine Blase nie mehr unter meiner Kontrolle sind.

Was bleibt noch?

Nicht einmal umbringen hätte ich mich alleine können.

Also lebe.

Ich lernte, mit einer Handschiene alleine zu essen.

Mühsam, mein Gott, wie mühsam.

Wohin mit all den Träumen? Wohin mit den Gedanken im Kopf? Alles war weg. So weit weg."

Warum war der Kopf noch da? Die glasklaren scharfen Gedanken? Ist das Leben nun zu Ende? Warum lässt Gott das zu?

Warum schweigt er? Schweigt er wirklich? Du warst doch noch so jung, hattest das ganze Leben noch vor Dir.

„Ist das das Leben? Warum habe ich überlebt? Warum bin ich nicht gestorben? Warum?

Das Leben ging weiter, jeden Tag.

An guten und an schlechten Tagen.“

Medizinische Rehabilitation bei Graz, fast jeden Sonntag kam einer meiner Brüder mit Mutter zu Besuch. Dann die berufliche Rehabilitation in Heidelberg. Statt Architekt wurdest Du Programmierer. Dann saß der neue Programmierer an seinem Arbeitsplatz bei der Firma SEL (Standard Elektrik Lorenz), oder das schwäbische Elektrolädle, wie sie von den Stuttgartern liebevoll genannt wurde.

„Damals bekam ich den Ausbildungsplatz als Programmierer im Berufsförderungswerk, weil ich einen Arbeitsplatz vorweisen konnte. Über meinen Bruder Horst hatte ich den Arbeitsplatz bekommen. Auch er arbeitete bei der Firma.

Und nun?

Wer hilft mir? Wer zieht mir die Handschienen an, damit ich auf der Schreibmaschine schreiben kann?

Wer reicht mir die Akte?

Wer lässt mich trinken?

An diesem ersten Arbeitstag taten das die Kollegen. ‚Aber so geht das nicht,' meinte mein Chef. ‚Sie müssen jemanden haben, der Ihnen hilft.'

Horst hatte mich morgens geweckt, gewaschen und angezogen. Zwei Stunden war er deshalb früher aufgestanden. Kurt und Mutter hatten bis spät in die Nacht im Hotel gearbeitet. Nun saß ich an meinem Arbeitsplatz und wusste nicht weiter. Jemand musste mir helfen. Die Helfer, die meine Mutter über eine Zeitungsannonce gefunden hatte, waren eine Katastrophe. So ging das nicht.

Ich brauchte Hilfe ... Hilfe ... Hilfe ...

Ich wurde nach Hause geschickt. Ich konnte nicht allein ohne fremde Hilfe arbeiten. Ich konnte gar nichts allein. Aber es war alles in meinem Kopf. Das musste raus. Also eins nach dem anderen.“

Wir waren lange mit dem Rollstuhl gefahren, bis ins Siebenmühlental waren wir während unseres Gespräches gekommen. Im

Schatten einer alten Eiche ließest Du, Manfred, die Lehne Deines Rollstuhls wieder ab und entlastetest Deinen Po. Lange blickten wir in das Blätterdach des mächtigen Baumes.

„Ruf zu Hause an, Elsbeth, Marc soll uns abholen, wir haben gar nicht an den Rückweg gedacht." „Nein", sagte ich leise, „wir haben nur immer vorwärts geschaut. Auch in der Vergangenheit."

„Wie hast Du eigentlich Ingrid, Deine Krankengymnastin, kennengelernt? Das muss ja auch bald gewesen sein, nachdem Du wieder ganz zu Hause gelebt hast?"

„Sie hat mich die ganze Zeit meines Querschnittlebens begleitet. Wieder zu Hause von der Reha in Tobelbad, stellte sich mein Leben nochmals auf den Kopf. Es war wichtig, dass ich so schnell wie möglich Krankengymnastik bekam. Den Körper durchbewegen, Muskulatur erhalten, Atemtechnik, Versteifungen verhindern, alles Ziele der Krankengymnastik. Im Krankenhaus und in der Reha war die Krankengymnastik selbstverständlich und eingeplant. Wieder zu Hause, musste so vieles neu geplant und neu durchdacht werden. Ein neues Leben. Ein vollkommen anderes Leben als bisher.

Ich schwankte zwischen Kämpfen und Aufgeben, alles an mir abprallen zu lassen, bis zu ausschweifenden Parties, Frauen, Alkohol und Essen. Ich suchte, was noch übrig war vom Leben. Aber ich suchte in der falschen Richtung.

Ich besuchte also meine Krankengymnastinnen im Katharinenhospital, die mich während meines einjährigen Aufenthaltes dort behandelt hatten. Ich brauchte eine Krankengymnastin, die mich zu Hause zweimal in der Woche behandelt. ‚Ich brauche Hilfe.' Wie oft benützte ich diesen kurzen Satz nun schon?

Ingrid, eine junge Krankengymnastin, meldete sich. Sie wohnte ganz in meiner Nähe und bot mir an, es zusammen zu versuchen. Mir war es recht. Wir verstanden uns gut. Wir waren beide jung. Unsere Gespräche während der Behandlung drehten sich um Themen, die junge Leute interessierten. Sie heiratete, sie bekam zwei Kinder, und sie blieb mir treu, all die Jahre."

„Und später, als Kochen Dein Hobby wurde, da habt ihr während der Krankengymnastik die tollsten Rezepte für ein Essen entworfen. Ich habe mir manchmal vorgestellt, ihr hättet eine eigene Kochsendung im Fernsehen und einen riesigen Erfolg damit", ergänzte ich. Wir lachten beide. O Gott, wie gerne ich mit Dir gelacht habe.

„Es war unglaublich, was damals alles auf uns zukam. Im und vor dem Haus musste einiges geändert werden, damit ich zurechtkam. Ich brauchte Helfer, damit ich ins Bett und wieder heraus kam. Ich brauchte Hilfsmittel. Ich hatte eine Arbeitsstelle, aber wie kam ich ins Auto? Autolifter, Bettlifter, Rollstuhl, Schienen zum Essen, ein höhenverstellbares Bett. Schienen, um ins Haus zu kommen. Da lernte ich Dieter Hoffmann kennen. Er hatte das Orthopädiegeschäft von seinem Vater übernommen und stand mir immer mit Rat und Tat zur Seite. Auch aus dieser Beziehung entstand eine Freundschaft, die all die Jahre über dauerte.

Aber ich brauchte Helfer. Helfer. Wer hilft mir? Wer?

Weißt Du, es war auch spannend damals, wir waren Pioniere. Die Behinderten waren noch nicht so integriert in die Gesellschaft wie heute. Aber das weißt Du ja so gut wie ich.

Ich war einer der ersten in Deutschland, die einen so ‚hohen Querschnitt' überhaupt überlebten. Man konnte nirgends abschauen, wie es die anderen gemacht haben. Ich und meine Familie mussten alles neu erarbeiten. Einen elektrischen Rollstuhl gab es auch noch nicht. Vieles, was uns heute das Leben, meine Pflege erleichtert, gab es damals noch nicht.

Es gab ja auch noch keinen Zivildienst in der persönlichen Pflege zu Hause. Meine Brüder Horst und Kurt wechselten sich mit Helfern ab, die meine Mutter durch Inserate in der Zeitung fand. Aber das waren Männer, die keine Ahnung von meiner Behinderung hatten.

Ich bin froh über meine Zivis und weiß, was ich an ihnen habe. Schau, da kommt der Bus und ‚mein Mann'."

„Ja, ja, Du und Deine Männer", lachte ich.

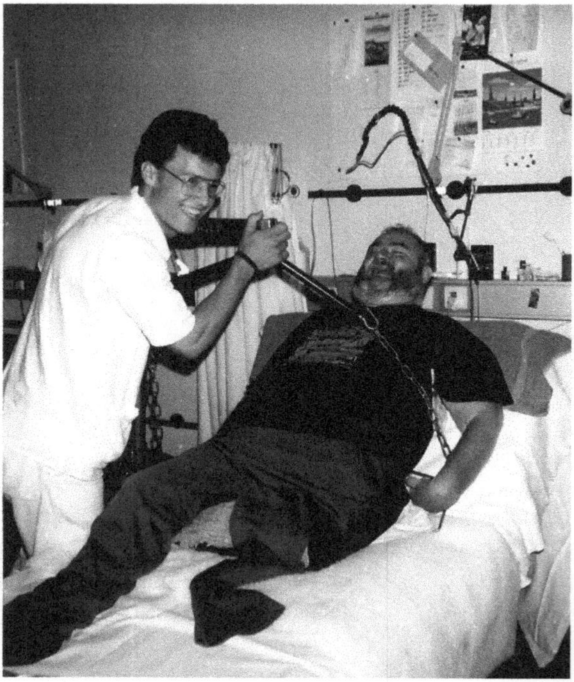

4. Nichts ist selbstverständlich. Nichts.

Weißt Du noch, als wir zwei dann lernten, uns immer wieder einen freien Tag zu genehmigen? Wenn es Dir sehr gut ging und das Wetter mitmachte, ließen wir alles liegen und stehen und gingen hinaus in die Natur.

Nur wir zwei.

Wie wenn wir gewusst hätten, wie kurz unsere Zeit zwischen Deinen Aufenthalten im Krankenhaus bemessen ist.

Inzwischen gab es Handys, und für uns war das eine feine Sache. Dein Helfer freute sich auf einen freien Vormittag, das Telefon in seiner Nähe. Wenn Du ihn brauchen würdest oder nach Hause wolltest, würden wir ihn einfach anrufen. Wir haben schöne Touren gemacht, auf den Fildern, der Hochebene am Rande Stuttgarts. Immer größer wurde Dein Mut, Deine Neugier, was hinter den Dingen liegt.

Hinter der Kurve, hinter dem Wald, hinter dem ersichtlichen Leben.

Du warst sehr nachdenklich. Die Sonne schien warm, es war nicht zu heiß, ein idealer Tag für uns, das Leben zu genießen.

Eine Weile fuhren wir schweigend nebeneinander her. Mit unserem Rollstuhl hatten wir einen Radius von circa 20 Kilometern. Wir hatten zu trinken und ein Vesper dabei und freuten uns auf einen unbeschwerten Tag.

„Manfred, was denkst Du?“, sprach ich Dich nach einer Weile an.

Du hast Deinen Rollstuhl angehalten und mich angesehen. Deine blauen Augen schauten ernst und nachdenklich in mein Gesicht. Unsere Augen verschmolzen miteinander, unsere Seelen verschmolzen miteinander.

Ohne uns zu berühren, ohne zu sprechen waren wir uns so nahe, so miteinander verwoben, dass es weh tat.

Und dann sagtest Du: „Weißt Du, wie schön es ist, dass wir uns haben dürfen? Welch ein Geschenk unsere Familie ist. Welch ein Geschenk die Natur um uns ist. Nichts ist selbstverständlich. Nichts.“

Ein Flugzeug flog am Himmel. Wir hatten kein Fernweh. Noch nicht. Wir erfreuten uns an der Natur, die wir sahen. An dem wunderschönen Kastanienbaum, der mächtig und majestätisch an unserem Weg stand.

„Kennst Du den Vogel, der da pfeift?“, fragte ich Dich.

„Das ist eine Lerche. Wenn Du genau zuhörst, erkennst Du sie das nächste Mal wieder.“

„Manfred, Du bist so ernst, bist Du traurig? Was ist los mit Dir?“

Am liebsten hätte ich mich an Dich gekuschelt, aber das ging nicht. So nahm ich Deine Hand und schaute Dir in die Augen.

„Kannst du dir vorstellen“, begannst Du zu erzählen, „wie es ist, wenn man ein Jahr im Bett liegt? Gepflegt zu werden wie ein Baby?

Dich juckt die Nase, und keiner ist da, der sie reibt.

Ich wollte von keinem anderen die Nase gerieben bekommen, ich wollte es selbst tun.

Aber das ging nicht.

Auf dem Rücken liegend drei Stunden, rechte Seite drei Stunden, linke Seite drei Stunden und wieder von vorn. Auf dem Rücken liegend starrst du die Decke an. Auf der Seite links liegend, schaust du auf ein Waschbecken, auf einen Wasserhahn, der tropft und mich manchmal nachts verrückt macht, weil ich ihm die Schuld gebe, dass ich nicht schlafen kann. In manchen Nächten tröstet er mich. Ein gleichmäßiger Laut, ein zuverlässiger Kamerad. Plopp, plopp, 289mal, dann war ich doch eingeschlafen.

Dieses Grün der Bäume, das Rascheln des Windes, das dunkle Gelb dieses Löwenzahns, das Blau des Himmels, der Geruch der Luft, die Wärme der Sonne.

Du kannst es Dir nicht mehr vorstellen, Du verlierst jeden Bezug dazu.

Du weißt es, vom Kopf her, dass es das alles gibt und weißt nicht mal, dass und wie sehr Du es vermisst.

Ich lag da, starrte an die Decke und versuchte mich zu erinnern, wie die Rosen im Garten zu Hause dufteten.

Ich bemühte mich, mich an den Inhalt des letzten Buches zu erinnern, das ich gelesen hatte.

Ich kam nie weit. Plötzlich schweiften meine Gedanken ab, und ich ertappte mich, dass ich die Punkte an der Decke zählte, aber davon tränten mir meine Augen und dann brannten sie. Ich hätte sie gerne ausgewischt. Aber wie?

Weißt Du, was ich mir wirklich wünsche?“

„Hmmm?“

„Inzwischen habe ich mich so an das Leben im Rollstuhl gewöhnt, an meine Helfer und an die Abhängigkeit. Was ich mir wirklich wünsche, ist, nie mehr in die Klinik zu müssen und untätig herumliegen zu müssen und darauf zu warten, bis die Zimmertüre aufgeht. Früher war alles so selbstverständlich. So banal. Solange man es hatte."

Ich wollte einen Helfer, keinen Betreuer

„Und – wie war das Leben, nachdem Du das erste Mal wieder nach Hause kamst? Wie Du mir erzählt hast, war es schwierig, damals nach der Klinik. Deine Brüder haben sich abgewechselt, Dich zu pflegen. Aber das war ja kein Dauerzustand. Sie mussten ja auch zur Arbeit. Wie kamst Du zu ‚Deinen Männern'?"

Im Bett liegen und warten war nicht Deine Stärke. Egal, auf wen. Wenn Du Dich wohl fühltest, musstest Du raus. Aber es war kein Zivi da. Vor zwei Stunden, als der Dienst habende Zivildienstleistende Dich ins Bett gebracht hatte, durfte er nach Hause gehen. Dir ging es gut. Wir machten einen ausgiebigen Mittagsschlaf, wir wollten heute Abend ins Theater. So etwas machten wir selten, heute das erste Mal zusammen. Am Schrank hing ein schwarzer Anzug, ein weißes Hemd.

„Wo bleibt er denn?", fragtest Du mich zum dritten Mal in zehn Minuten. Der jetzt Dienst habende Mann hatte kein Handy, ging zu Hause nicht ans Telefon.

„Komm, erzähl schon, wir können ja eh nichts machen, außer warten und hoffen, dass nichts passiert ist."

Die Erinnerungen zauberten ein Lächeln in Dein Gesicht, und Du hast mir geschildert, wie damals alles anfing:

„Ein Helfer, ein Zivi, so wie in Heidelberg in der beruflichen Reha, das wär's. Das gab es bis dahin in Deutschland noch nicht für Privatpersonen. Zivildienstleistende wurden nur in Einrichtungen wie Altenheimen, Kindertagesstätten, Behinderteneinrichtungen beschäftigt und untergebracht.

Ich wollte selbständig leben. Geht das? Mit dieser hohen Lähmung, angewiesen auf jeden Handgriff und angewiesen beim Ins-Bett-Gehen vom Hemdknopf-Öffnen bis zum Zudecken. Ich wollte selbständig leben, nicht mich anderen zur Verfügung stellen, damit sie ihr soziales Gewissen an mir ausleben können. Ich wollte nicht betreut werden. Ich wollte einen Helfer, keinen Betreuer. War das überhaupt möglich? Kannst Du den Unterschied verstehen?"

„Wenn nicht ich, wer dann, Manfred? Ja, das kann ich gut verstehen“, gab ich zur Antwort.

„Na, Gott sei Dank, die Türe geht, Frank, bist Du es?“, riefst Du.

„Es tut mir leid, auf der Autobahn gab es einen schlimmen Unfall. Ich war das dritte Auto dahinter und wurde noch von der Polizei vernommen.“

„Kamen Personen zu Schaden?“, fragten Manfred und ich gleichzeitig.

„Nein, aber wolltet ihr nicht weg?“

„Vergiss es, es ist zu spät. Ich muss noch auf die Seite drehen, abführen, ruhen, frisches Kondom kleben. Sprich: Zweistundenprogramm.

Es ist ja heute lange hell und warm. Elsbeth, vielleicht kannst du ein Vesper für uns richten, dann fahren wir später noch mit unseren Rollstühlen raus. Ich glaub', ich weiß, wem ich mit den Theaterkarten eine Freude machen kann, gib mir mal das Telefon, danke.“

Drei Stunden später waren wir schon unterwegs. Dein Kreislauf war stabil, wofür wir dankbar waren. Oft hat er Dich im Stich gelassen. Aber heute war er o.k.

„Lass uns da vorne an der Bank anhalten“, meintest Du.

„Ich möchte etwas trinken. Schau Dir den schönen Baum an, ist er nicht herrlich? Hast Du nicht auch ein Salamibrot dabei? Komm, lass uns Brotzeit machen. Es ist so ruhig hier. Ich kann immer mehr den Satz von Bruno Gröning verstehen der sagte: ‚Die Natur ist Gott.' Wir Menschen könnten hier die Beständigkeit, die Größe, die Liebe Gottes erfahren und erleben. Warum gibt es nicht nur ein Grün? Wollte Gott nicht uns mit diesen herrlichen Farben, mit der Pracht des Sommers, mit der Fülle, wollte er uns damit nicht nur erfreuen sondern uns auch seine Liebe zeigen?“

„Ja“, seufzte ich, „nun sind wir Menschen dabei, dies alles zu zerstören, was Gott geschaffen hat.“

„Weißt Du“, hast Du nachdenklich gesagt, „früher, als noch mein ach so gelobter Verstand die Oberhand hatte, habe ich über vieles gelächelt und es abgetan. Heute, wo wir zwei lernen, immer mehr mit dem Herzen zu hören, lausche ich dem Rauschen eines Baumes und darf erkennen, wie liebevoll und perfekt Gott die Welt geschaffen hatte.“

„Warum lässt er zu, dass wir sie zerstören?“

Ich unterbrach Dich aufgebracht: „Was taugt der Menschheit ihr ach so gelobter freier Wille und Verstand?"

„Aber Elsbeth", sagtest Du milde lächelnd, „das weißt Du doch. Er wollte keine Hammelherde. Er wollte freie Erdenbürger, die den Weg zu freien Himmelsbürgern wählen."

„Wo bringt er nur die Geduld her?", konnte ich mir nicht verkneifen zu fragen.

Darauf schwiegen wir beide und dachten wohl darüber nach.

O Manfred, wie ich diese Ausflüge mit Dir vermisse, unsere Gespräche dabei und unser Schweigen. Wir haben dabei viel nachgedacht über unser Schicksal, unser Leben, unsere Bestimmung, über Gott und seine Liebe zu den Menschen. Und darüber, wie wir im Alltag mit dieser Liebe umgehen.

Erfolg in Bonn: Individuelle Schwerstbehindertenbetreuung

Wir haben unsere Ausflüge später, auch als wir eine sechsköpfige Familie waren, beibehalten, es war uns wichtig, es waren unsere Zeiten der Liebe und des Verstehens.

„Komm, lass uns weiterfahren", sagtest Du nach einer Weile des Schweigens.

„Manfred, erzähl weiter, wie hast Du das Problem Deiner Pflege gelöst?"

„Ja, wenn es in Einrichtungen Zivildienstleistende gibt ... und ich nur die Möglichkeit habe, zu arbeiten ... wenn ich so einen Helfer habe ..., dann müsste das doch möglich sein, wenn ich auch einen bekommen könnte .... nur für mich allein, Tag und Nacht ... Gedankenfetzen einer schlaflosen Nacht."

„Ja, und dann?", fragte ich gespannt weiter.

„Man kann alles ändern, man kann Gesetze ändern, man kann auch nach Bonn gehen und wiederkommen und einen eigenen Zivildienstleistenden haben. Wer sagt es denn?"

Ich war fasziniert von dieser Geschichte.

„Das hört sich so lässig an, war es aber bestimmt nicht."

„Nein, natürlich nicht", erwidertest Du lächelnd.

„Einen Termin beim Bundesverwaltungsamt zu bekommen war das eine. Dann musste mein Bruder in der Arbeit freibekommen, und Bonn liegt ja nicht gleich bei uns um die Ecke."

Du bist mutig und stehst für Dich ein, Manfred, das ist etwas an Dir, was ich nicht habe und von Dir lernen kann. Dein ganzes Auftreten drückt aus: Ich bin es mir wert, und auch Deine Persönlichkeit strahlt dies aus. Ich stehe für meine Bedürfnisse ein. Ich lass mich nicht verwalten und betreuen, ich bin ich. Dies ist etwas, was ich von Dir lernen darf.

In der Zeitschrift „Der Zivildienst" steht im Juni 1975 ein Artikel über Dich, Manfred. Hannelore Tiepelmann schreibt über Dich: „Nach Verhandlungen mit dem damals zuständigen Bundesverwaltungsamt und dem Bundesminister für Arbeit und Sozialordnung war es dann soweit. Als Pflegekraft wurde Herrn Schütze ein Zivildienstleistender zugewiesen, der zuvor in der Orthopädischen Klinik Heidelberg gearbeitet hatte".

Mit Hilfe dieser Männer konntest du Deine Arbeit bei SEL (später Alcatel) bis zu Deinem Tode bewältigen, zuerst in der Firma, dann am Heimarbeitsplatz.

Die ersten Zivildienstleistenden lebten mit Dir zusammen, rund um die Uhr im 14-tägigen Wechsel. Ziemlich wilde Zeiten, Feste, Frauen, Alkohol, eben wilde Zeiten.

Ein Brief von einem damaligen Zivi, den ich im Dezember 2003 erhielt, beschreibt diese wilden siebziger Jahre mit folgenden Worten:

„Am Ende eines ereignisreichen Jahres hat uns Dein Brief, liebe Elsbeth, erreicht, und er stimmt uns traurig. Mit Manfred hat ein Mensch diese Erde verlassen, von dessen Geist, Gefühl und Engagement es wesentlich mehr geben müsste. Er hat in seinem Leben viele Schicksalsschläge gemeistert und in keiner Sekunde aufgegeben. Auch seine Lebenserwartung hat er gut gekannt und eingeschätzt. Während meiner Zivildienstzeit vor mehr als 20 Jahren hat er einmal gesagt: ‚60 Jahre wäre ein schönes Alter für mich, das ich aufgrund der Behinderung kaum erreichen kann.' Ich habe mit Manfred eine kurze, aber sehr intensive Zeit verbracht und viel erlebt. Durch einen Zufall bin ich zur ‚Individuellen Schwerstbehindertenbetreuung' gekommen und habe mich damals Manfred vorgestellt. Doch bereits nach den ersten Wochen hat er einen Italienurlaub angetreten und ich meinen vierwöchigen Lehrgang in der Orthopädischen Klinik in Heidelberg. Die Pflegekräfte kannten alle Manfred und viele wurden auch zu seinen Freunden.

Das Leben auf der Station war für mich sehr angenehm, und das Personal hat mich auch schon mal zu einer Privatfeier mitgenommen. Mitten in der zweiten Woche erzählte mir ein Pfleger, dass ich noch länger hier bleiben könnte, da Manfred heute Abend mit einem Beinbruch nach Heidelberg komme. Er sei vor zwei Tagen in Italien aus dem Rollstuhl gefallen und nach einer ambulanten Behandlung gleich nach Heidelberg gefahren.

Die Anfangszeit war schwer für ihn, da der gewohnte Aktionsradius nicht genutzt werden konnte und er sich die ersten Wochen mit einem Gipsbein im Bett aufhielt. Doch nach der Liegezeit ist er aufgeblüht und mit seinem Auto und den eigenen Pflegern hat er Freunde besucht und vieles unternommen. Auch, wenn er am nächsten Morgen mit einer Zurechtweisung des Arztes rechnen musste.

Gerne wurde er auch von Professor Paeslack bei der Ausbildung von Medizinstudenten eingesetzt. Es war für mich beeindruckend, wie die Querschnittslähmung und die Beeinflussung der Atmung erklärt wurden. Auf die Frage, wie Manfred atmet und lebt, wurde es still bei den angehenden Medizinern.

Nachdem das Bein wieder im alten Zustand war, begann der für mich neue Arbeitsalltag in Stuttgart. Früh aufstehen, waschen und anziehen, und dann vom Fasanenhof quer durch Stuttgart zur damaligen SEL. Später habe ich es bereut, dass ich mich nicht mehr für das Programmieren interessiert habe, denn ich hätte viel lernen können.

Manfred war viel unterwegs, zum Beispiel nach Essen zu seiner Schwester, zur Festveranstaltung zum Jahr der Behinderten oder zum Kurzurlaub an den Gardasee, oder in das Schlaflabor bei Fritzlar oder aber im Raum Stuttgart ‚on the road' usw.

Die Zeit mit 14 Tagen Dienst und 14 Tagen frei ging flott voran, und am Ende der zweiten Woche hat man natürlich auf die Ablösung gewartet. Die vielen Aktivitäten und das mehrmalige Drehen in der Nacht waren schon anstrengend.

Am Ende meiner Dienstzeit hatte Manfred es erreicht, dass drei Zivildienstleistende sich abwechseln konnten."

Soweit der Brief.

Aus der Stuttgarter Zeitung vom 24. Januar 1985:
Warum ein gelähmter Progammierer arbeiten, reisen und malen kann.
Seit einem Sportunfall vor 20 Jahren ist Manfred Schütze an Armen und Beinen gelähmt. Trotz der schweren Behinderung ist

er nicht auf ein Pflegeheim angewiesen. Er lebt in einer eigenen Wohnung, hat einen Arbeitsplatz und Hobbies und fährt regelmäßig in den Urlaub. Das verdankt er einer Einrichtung: Zivildienst an Schwerstbehinderten ...“

Ein selbstbestimmtes Leben

Ich weiß, Manfred, ich weiß, was Du mir sagen möchtest. Ich möchte auch gar nichts beschönigen. Ich habe „Deinen Männern“ das Leben manchmal schwer gemacht. Es gab harte Auseinandersetzungen, aber es gibt auch Freunde. Ich habe mich bei Deiner Beerdigung öffentlich bei all den Zivildienstleistenden entschuldigt, die ich ungerecht behandelt habe. Es war ein riesiger Lacherfolg bei Deinen ehemaligen Helfern, den ich überhaupt nicht verstand. Also möchte ich es nochmals wiederholen: Ich entschuldige mich bei all den ehemaligen Zivildienstleistenden von Dir, denen ich wirklich unrecht getan habe und die ich ungerecht behandelt habe. Vor allem aber bedanken will ich mich bei „Deinen Männern“, die in den siebenunddreißig Jahren bei Dir Dienst taten.

Auch mein Temperament hat zwei Seiten, wie alles im Leben. Ich möchte die positive gute Seite daran weiterentwickeln, das Ungute daran möchte ich immer mehr unter Kontrolle bringen. Das war eine harte Schule, mit „Deinen Männern“ zusammenzuleben. Aber eine, die ich nicht missen will, weil ich viel dabei gelernt habe.

Mit meiner Spontaneität schieße ich oft über das Ziel hinaus, und dann fühlt sich mein Gegenüber überrannt. Ich muss da noch lernen, behutsamer mit meinem Gegenüber umzugehen. Insgesamt müssen es so um die hundertfünfzig junge Männer gewesen sein. Angefangen bei Horst und Kurt, Deinen Brüdern, bis zu unserem lieben Stefan, der Dich noch ins Krankenhaus begleitete und der mir heute noch als ein guter Freund zur Seite steht. Sie alle haben Dir, Manfred, ein selbstbestimmtes Leben ermöglicht. Danke!

Ich glaube kaum, dass die Politiker wissen, was sie tun, wenn sie den Zivildienst immer mehr reduzieren und kein soziales Jahr für alle anbieten. Nicht nur den Behinderten wäre damit geholfen, auch die jungen Menschen hätten etwas davon. Sie bekommen Einblicke in eine andere Lebensform, die sie nachhaltig prägt. Viele begreifen dabei, dass die Normen unserer heutigen

Gesellschaft nicht alles sind, sie spüren, dass da mehr ist. Die Ideale, die uns in unserer Gesellschaft vorgegaukelt werden – was sind sie für ein erfülltes Leben wert? Viele von diesen jungen Menschen, die bei so jemandem wie Dir oder in Behinderteneinrichtungen, Krankenhäusern oder Altenheimen ihren Dienst tun, überdenken ihren Lebensplan und ihre Ideale.

Politisch aktiv: „Nicht nur für mich gekämpft …“

„Meine Behinderung und der Kampf, sie zu besiegen, trotz allem ein selbstbestimmtes Leben zu führen, hinterließen natürlich Spuren. Mit dem Gang nach Bonn habe ich nicht nur für mich gekämpft, ich wurde dadurch politisch aktiv.

Auf der Suche, meinen Kopf auszulasten, das wirkliche Leben zu suchen, wurde ich ‚ein Grüner'.

Ich konnte nicht mehr Fußball spielen, aber Zeitung lesen. Ich konnte nicht mehr an den Meisterschaften der Ringer teilnehmen, aber ich konnte über den Müll nachdenken, den wir in immer größeren Mengen produzierten.“

„Ja, Manfred, und diese Zeit war wichtig für Dich“, warf ich ein. „Du hast Dich nicht nur um Dich selbst gedreht, sondern über Deinen Tellerrand hinausgeschaut.“

Ich habe Zeitungsartikel über die aktive „Grüne Zeit“ gefunden, und ich möchte sie Dir nochmals vorlesen:

Am 12. Januar 1984 titelte eine regionale Tageszeitung in Stuttgart: Behinderter als Umweltschützer, im Keller sammelt er Rohstoffe.

Angefangen hat Manfred Schützes Müllaktion mit einem harmlosen Anruf. Die Weilimdorfer Grünen, die in ihrem Bezirk die ersten Anstrengungen unternommen haben, Aluminiumabfälle der Wiederverwertung zuzuführen, wandten sich an Schütze, weil er seit einigen Jahren im Stuttgarter ‚Club Behinderter und ihrer Freude' aktiv ist. Das Geld, das die Grünen für das Alt-Aluminium bekommen, wollen sie einem gemeinnützigen Zweck zuführen, der Behindertenarbeit.

Für Manfred Schütze war die Anfrage, die er positiv beschied, zugleich eine Anregung: ‚Ich hab doch gesehen, wie die Leute packenweise ihre alten Zeitungen in die Hausmüllbehälter gestopft haben'. Mit anderem Müll, der wertvolle Rohstoffe oder giftige

Chemikalien enthielt, war es nicht anders. ‚Das findet man doch überall, dass Batterien gedankenlos weggeworfen werden', meint er – auch in anderer Hinsicht leidenschaftlicher Umweltschützer. Zweimal hat Schütze schon eine Wagenladung voll Papier weggefahren und im Stuttgarter Westen in die dort aufgestellten Sammelcontainer verfrachtet ...

Weiter unten heißt es in dem Artikel:

Freilich fallen manchmal auch spöttische Kommentare über Manfred Schützes Aktion. ‚Es grünt jetzt schon da unten im Keller', ist auf die Müllsammelstelle und seine Parteizugehörigkeit zu den Grünen angespielt worden. Und die Nachbarn hätten gefrotzelt, ob man nicht ein paar nette Sonnenblumen um die Recycling-Ecke pflanzen könne. ‚Warum auch nicht', meinte der Müllprivatier, ‚wenn tatsächlich die Container im Garten stehen.' Und er hofft, dass auch seine ‚Lieferanten' beim Recycling noch ein bisschen mehr Umweltbewusstsein zeigen. ‚Neulich', so erzählt er, um Gelassenheit bemüht, ‚lag eine Fischdose im Karton, die war weder leer noch aus Aluminium.'

Club Behinderter und ihrer Freunde: Gründungsmitglied und Vorsitzender

Du warst als Gründungsmitglied und Vorsitzender des Clubs Behinderter und ihrer Freunde (CeBeeF heute ABS) in den siebziger Jahren stark engagiert. Wirklicher Einsatz in der Behindertenarbeit heißt, bei der Stellensuche helfen, in kritischen Lebenssituationen Behinderten beistehen, da sein, zuhören, Verständnis zeigen, die Wahrheit sagen, glaubhaft sein.

Wer hätte das besser tun können als Du, Manfred?

Am 21. November 1986 wurdest Du für Deine „ehrenamtliche Tätigkeit und Dein besonders soziales Engagement zum Wohle unserer Bevölkerung“ öffentlich geehrt.

Aber es gibt noch mehr Seiten an Dir zu entdecken.

Stipendiat der mund- und fußmalenden Künstler

Eines Tages erzähltest Du mir, wie Du darauf gekommen bist, mit dem Mund zu schreiben und zu malen:

„Ich hatte eine Freundin Ende der siebziger Jahre, mit der ich einige Jahre in einem innigen Verhältnis zusammen war. Wenn wir zu Hause gemütlich zusammensaßen, holte sie ihre Malsachen hervor und malte. Mal waren es Bleistiftzeichnungen, mal hatte sie Pinsel und Farbe mitgebracht, und ich saß da und schaute zu mit einer tiefen Sehnsucht im Herzen.

Eines Tages traute ich mich. Die Vorbereitungen und die Ideen, wie ich das bewerkstelligen sollte, waren umfangreich. Ich konnte mich ja nicht nach vorne beugen oder den Kopf nach unten halten. Also, Bleistift in den Mund und gerade halten. Was hält dem Druck meines Mundes stand? Zuerst half mir mein Zivi. Er stellte sich vor mich, und wir suchten den richtigen Winkel des Briefblockes, damit ich schreiben konnte. Zuerst übte ich meinen Namen. Zu lange konnte man aber einen Bleistift nicht im Mund behalten, außer man mag Holz. Wasserfarben waren noch schwieriger. Da lief mir die Farbe in den Mund, weil ich den Pinsel zu weit nach oben hielt. Ölfarben – das ging. Und es machte Spaß!

Mit Filzstiften im Mund konnte ich inzwischen meine Unterschrift schreiben und unterschrieb zuerst ca. 5 cm groß, später mit viel Übung 2–3 cm groß. Später konnte ich meine Briefe, meine Schecks selber mit Kugelschreiber unterschreiben, und darauf war ich stolz.

Ja, und dann fing ich an, mit Öl zu malen. Nie werde ich die ersten zwei Vernissagen vergessen."

In der Zeitung war zu lesen:

„Der querschnittsgelähmte Manfred Schütze geht mit seinen Werken erstmals an die Öffentlichkeit ... Knapp 40 Exponate werden gezeigt, und das Spektrum ist weit, weil sich der Malstil im Laufe der Jahre geändert hat ...“

Das war 1985. Die eine Vernissage war im Theater bei Peter Makal, die andere in unserer Pizzeria am Ort. Wie stolz war ich auf Dich, Manfred!

Zuerst lief Dir viel Schweiß den Rücken runter, bis Du den Bogen raus hattest, hast Du mir anvertraut. Wenn Du gemalt hast, warst Du ganz auf das Bild und das Motiv konzentriert. Deine letzten Bilder hatten als Motiv die Bischofsmütze, einen Berg im Dachsteinmassiv. Im Mund hattest Du den Pinsel, und die Ölfarbe musste mit Verdünnungsmittel gemischt werden, da sonst die Ölfarbe zum Auftragen zu dickflüssig war. Wegen der so entstandenen Dämpfe, die Du eingeatmet hast, musste ich zweimal den Notarzt rufen, weil Du keine Luft bekamst und ich Angst um Dich hatte. Du lagst zur Beobachtung auf der Intensivstation in einem Stuttgarter Krankenhaus und wurdest gründlich untersucht. Es war aber alles in Ordnung. Es hat eine Weile gedauert, bis man darauf kam, dass dieser Zustand, der einer Herzattacke nicht unähnlich war, durch das Mischen von Ölfarbe und Verdünnungsmittel und den geringen Abstand zur Malfläche verursacht worden war. Das Malen mit Wasserfarben war weitaus schwieriger für Dich, denn wer hat schon die Farbe gerne im Mund, wenn sie den Pinsel entlangläuft ...

Aber es gibt eine Reihe sehr schöner Bilder von Dir. Meinen Pierrot in Öl, den ich von Dir bekam, gibt es inzwischen auf einer wunderschönen Doppelkarte. Darauf bin ich sehr stolz. Es gibt ein paar Fotos, auf denen wir zwei drauf sind. Du malst, ich lese Dir vor. Ich weiß noch, die Geschichte handelt von einem Wal. Rajak, der Wal. Die Wale konnten sich von einem Weltmeer zum anderen verständigen, bis der Mensch mit so vielen und großen Schiffen das Echolot der Riesen störte.

Eines Tages wurden die Mund- und Fußmalenden Künstler auf Dich aufmerksam, nachdem ein Artikel über Dich in der Zeitung stand.

Wer sind die Mund- und Fußmalenden Künstler? Ich zitiere aus einer Broschüre des Verlags der Mund- und Fußmalenden Künstler:

Gegründet wurde die Vereinigung im Jahre 1956 von dem Mundmaler Arnulf Erich Stegmann (1912–1984), der seit einer Kinderlähmung im Alter von zwei Jahren seine Hände nicht mehr benutzen konnte. Sein Anliegen war es, dass ähnlich betroffene Künstler nicht auf Mitleid, Barmherzigkeit und Wohltätigkeit angewiesen sein sollten, sondern durch die Bildung einer Selbsthilfeorganisation die Möglichkeit erhalten, sich ihren Lebensunterhalt selbst zu verdienen, und zwar durch die Reproduktion ihrer Arbeiten auf Glückwunschkarten, Weihnachtskarten, Kunstkalendern, Geschenkpapier und anderen Artikeln, die von eigenen oder auserwählten Verlagen produziert und verkauft werden. Inzwischen ist die kleine Schar aus dem Gründungsjahr auf weit über 600 Künstler angewachsen, die in nahezu 60 Ländern rund um den Erdball zu Hause sind. Wie der Initiator und Gründer, so wollen auch sie kein Mitleid, sondern in ihrem künstlerischen Schaffen als vollwertige Mitglieder der Gesellschaft anerkannt werden. Neben seinen verlegerischen Aktivitäten hält der Verlag auch Kontakt zu den deutschen Künstlern und sucht neue Talente."

„Ein Kontakt", höre ich Dich sagen, „der mir sehr wichtig war, und ich freue mich, dass Du, liebe Elsbeth, den Kontakt bis heute aufrechtgehalten hast."

Und am Freitag, den 19. August 2005, fast zwei Jahre nach Deinem Heimgang, wurden Dein Bruder Kurt und ich zu einer Vernissage nach Ulm eingeladen. Dort wurde auch ein Bild von Dir ausgestellt. Michael, Dein inzwischen 25-jähriger Sohn, sowie Margarete und Jürgen begleiteten uns – Freunde, denen Du noch genauso nahe bist wie früher.

Es war ein komisches Gefühl, ohne Dich dort zu sein. Deinem Bruder ging es wie mir.

„Weißt Du", sagte er auf der Heimfahrt, „ich wartete immer darauf, dass Manfred jetzt gleich in seinem Rollstuhl um die Ecke fährt."

Genau so ging es mir. Es war ja nicht die erste Vernissage, die ich besuchte, aber die erste ohne Dich.

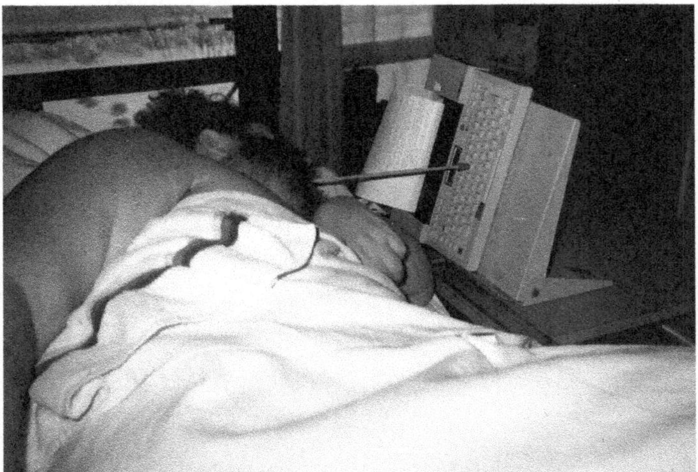

Unser Michael

5. Du hattest eine Tragetasche mit einem Baby ...

Wieder einmal saßen wir, Du, Manfred, und ich, gemütlich in der Pizzeria bei einem Glas Wein.

„Wie kamst Du eigentlich zu Deinen Kindern, Elsbeth? Dass Du mehrere hattest, das weiß ich ja, ich kenne nur Ausschnitte aus Deinem Leben. Erzähle es mir doch mal ausführlicher!"

Auf der Terrasse „unserer Pizzeria" war es ruhig. Es war warm und angenehm, ein kühler Windhauch strich uns nach einem heißen Tag über das Gesicht, die Bäume raschelten leise.

Wir liebten es, hier zu sitzen, im Schatten, in der Kühle des frühen Abends. Den Blick auf den Park gerichtet, ließen wir ihn immer wieder zu den großen Bäumen wandern. Sie strahlten Ruhe und Beständigkeit aus. Der Tag war gut gelaufen, ein Tag des Friedens und der Gesundheit, ein Tag, für den man danken konnte.

Mein Blick geht von Deinem lieben Gesicht zu den Rosenbüschen im Park. Sie erinnern mich immer an die Rosen im Garten meiner Großmutter, in dem ich als Kind stundenlang mit Puppen und vor allem mit Teddys und Stofftieren spielte. Ich wusste damals in meinem selbstvergessenen Spiel schon, dass ich einmal eine große Familie haben würde. Ich wusste es einfach. Ich wusste auch, dass ich keine eigenen Kinder haben würde. In meinen Spielen war ich oft eine SOS-Kinderdorfmutter. Nur – wie das zugehen sollte, das wusste ich nicht, das war mir auch egal.

„Michael, Dein Sohn, war ja schon mein drittes Pflegekind."

Gedankenverloren schaute ich auf den Park.

„Peterle war mein erstes Pflegekind. Es war das erste von fünf Kindern, die das Jugendamt mir anvertraute."

„Ja", erwidertest Du, „ich kann mich noch gut erinnern, Du hast damals ja auf dem gleichen Stockwerk gearbeitet, wo ich wohnte, wo wir jetzt wohnen. Du bist immer mit zwei Kindern zum Dienst gekommen. Du hattest eine Tragetasche mit einem Baby, und Sonja kam später dazu. Du warst immer verrückt angezogen, lange Röcke und große Hüte."

Das war meine verrückte Art, mit meiner körperlichen Belastung umzugehen: Ich wollte die Menschen mit meinen Klamotten oder mit meinen Hüten beschäftigen und nicht mit meiner Behinderung.

„Ach, daran kannst du dich erinnern?“ Ich grinste.

„Total verrückt, sagte ich immer zu meinen Männern, wenn ich Dich sah.“

Du legtest zärtlich Deine Hand auf meine.

„Auf jeden Fall hast Du mich zur Kenntnis genommen, oder?“, fragte ich schelmisch.

„Der Erfolg gibt mir recht!“

Ich lachte. Wir bestellten uns noch zwei Gläser Rotwein.

„Ich fühlte mich eine Zeit lang alleine und verlassen“, nahm ich das Gespräch wieder auf. „Ich fühlte mich nicht geliebt, und ich fragte mich, was ich hier auf der Welt überhaupt soll. Warum bin ich geboren, was ist meine Aufgabe hier? Meine erste große Liebe hatte mich nach sechs Jahren verlassen. Mein Selbstbewusstsein war auf den Nullpunkt gesunken.

Als gelernte Heilerziehungspflegerin war mein Leben behinderten Menschen gewidmet!

Das waren Menschen, die mich brauchten, denen ich etwas geben konnte, die mich so akzeptierten, wie ich bin. Nur wenn ich bei der Arbeit war, war ich richtig glücklich.

Als ich aus der Schule kam, hatte das Arbeitsamt eine Ausbildung in Richtung Pflege und Erziehung abgelehnt. Deshalb lernte ich zunächst Bürokauffrau in Heidelberg. Eine Zeit lang arbeitete ich in einer Farbenfabrik im Büro. Aber das konnte nicht mein Lebensinhalt sein. Danach konnte ich im Stuttgarter Verein für Körperbehinderte im Büro anfangen. Da hatte man schon eher direkten Kontakt zu Menschen. Eines Tages bekam ich einen Prospekt der Mariaberger Heime in die Hand. Dort gab es eine Fachschule für Heilerziehungspflege. Ich zeigte ihn unserer Geschäftsführerin, Frau Schlegel, und sagte: ‚Das will ich werden, Heilerziehungspflegerin.’

Sie unterstützte mich, und ich bekam vom Vorstand des Elternvereins eine einmalige Chance. Ich durfte diese berufsbegleitende Ausbildung machen, wurde vom Verein weiterbezahlt und arbeitete in der Schule für Körperbehinderte. Zur Schule ging ich als Gastschülerin nach Mariaberg.“

Ausbildung zur Heilerziehungspflegerin

„Nach Mariaberg wollte ich. Das ist eine große Einrichtung für Menschen mit geistiger Behinderung jeden Alters. Dort wollte ich meine Ausbildung zur Heilerziehungspflegerin machen.

Ich wurde in die Schule der Heilerziehungspflege der Mariaberger Heime aufgenommen. Dort traf ich meinen ehemaligen Lehrer aus der Schule für körperbehinderte Kinder wieder, Martin Hahn. Du weißt, ich habe in der fünften Klasse die Schule gewechselt. Das war damals ein großes Glück für mich. Dem psychischen Druck, dem ich damals in meiner alten Schule ausgesetzt war, hätte ich nicht mehr lange standgehalten. Für mich war es ganz schlimm geworden, als meine zwei Freundinnen, mit denen ich seit dem Kindergarten eng verbunden war, an andere Schulen gingen und aus der bis dahin gemischten Klasse eine reine Mädchenklasse wurde.

Meine Eltern wussten nichts von meinem Elend, waren aber Gott sei Dank damit einverstanden, dass ich die Schule wechselte. In der neuen Schule blühte ich auf. Dort hatten alle Kinder ein Handicap, ich war nicht mehr ‚Zombie'. Ich fand wieder richtig gute Freunde, und mit Ursula verbindet mich inzwischen eine fünfundvierzigjährige Freundschaft. Wir sind in unserem Leben ähnliche Wege gegangen. Auch sie kümmert sich als Heilpädagogin um Kinder mit einem Handicap und deren Eltern. Fachsimpeln mit ihr macht einfach Spaß. In dem Schulgebäude war damals auch der Kindergarten für Kinder mit Körperbehinderungen untergebracht. Wenn ich nach der Pause nicht im Unterrichtsraum zu finden war, wusste man bald, dass Elsbeth das Klingeln wieder mal nicht gehört hatte, weil sie mit den kleinen Kindern spielte."

„Was Du da gerade erzählt hast, habe ich nie erlebt und kann es nur schwer nachvollziehen", warfst Du ein. „Ich fühlte mich beschissen und meine Behinderung hat mich zeitweise sehr belastet, aber ich fühlte mich nie aufgrund meiner Behinderung ausgegrenzt. Abgesehen von baulichen Barrieren. Im zwischenmenschlichen Bereich hatte ich selten das Gefühl, wegen meiner Behinderung nicht anerkannt zu werden."

„Ja", lachte ich, „das stimmt, das hat mich am Anfang unseres Kennenlernens auch so angezogen, Dein Charisma, Deine Selbstsicherheit. Du stehst immer im Mittelpunkt und kannst souverän damit umgehen. Da haben wir wirklich sehr unterschiedliche Erfahrungen im Leben gemacht.

Nun brachte mir Martin Hahn also nicht mehr Mathe und Deutsch bei, sondern Heilpädagogik. Da hatte er mehr Erfolg. Die Ausbildung machte mir Spaß. Ich arbeitete in einer Gruppe mit zehn geistig behinderten Frauen. Das war eine Herausforderung für mich, und ich war stolz darauf, dass ich es geschafft habe. Einfach war es nicht immer, und ich kann mich an einige Situationen erinnern, die ich nicht noch einmal durchleben möchte. Nachdem ich im ersten Jahr in Mariaberg in einer Gruppe gearbeitet hatte und die erste Prüfung als Heilerziehungshelfer erfolgreich abgeschlossen hatte, durfte ich das zweite und dritte Jahr als ‚Gastschülerin' den Heilerziehungspfleger machen. In dieser Zeit lernte ich Peter kennen, meinen ersten Mann. Wir zogen zusammen nach Stuttgart, wo ich meinen Führerschein machte. Zum Blockunterricht fuhr ich in 70 Minuten auf die Schwäbische Alb nach Mariaberg. Während der Blockwoche wohnte ich oft bei einer Ausbildungskollegin, und wir lernten gemeinsam.

Als wir erfuhren, dass wir alle die Prüfung bestanden hatten, brach ich in Tränen aus. Schwarze Wimperntusche lief mir über das Gesicht. Erstaunt wurde ich gefragt, warum ich denn weine.

‚Weil ich mich so freue', brachte ich vor lauter Schluchzen kaum heraus.

Einen anschließenden Arbeitsplatz hatte ich auch schon. Die Wohnanlage, in der wir hier leben, war gerade in der Planungsphase. Deshalb hat der Trägerverein mich auch so unterstützt. Es war eine Kurzzeitunterbringung für behinderte Kinder geplant. Dort sollte mein neuer Arbeitsplatz sein. Ich war glücklich!"

Es war eine schöne Zeit

„Es sollten schwerstbehinderte Kinder aufgenommen werden, die normalerweise bei ihren Eltern zu Hause lebten. Wenn die Eltern einmal alleine Urlaub machten, sich intensiv um ihre Ehe, um die gesunden Geschwister kümmerten oder die Mutter im Krankenhaus lag, zur Kur war oder ähnliches – in dieser Zeit waren die Kinder bei uns in der ‚Kurzzeit'.

Deine heutige Wohnung, Manfred, war damals eine ‚Schauwohnung'. Im Juli 1977 war sie bezugsfertig. Damals war ich eine der ersten Angestellten. Ein Haus für behinderte Menschen mit ihren Familien. 49 Wohnungen in verschiedenen Größen. Ein Hotel, eine Speisegaststätte im achten Stock mit Blick bis zur Schwäbischen Alb. Ein Hallenbad. Eine Rezeption für die Hotelgäste, an der sich auch Hausbewohner durch Rufkontakt melden konnten, wenn sie den Hilfs- und Pflegedienst brauchten. Die Rezeption für das Hotel und für die Hausbewohner war in erster Linie ein Arbeitsplatz für behinderte Frauen, die im Haus wohnten. Das war ja das Besondere in diesem damals neuen Haus: Durch den Rufkontakt der Hausbewohner mit der Rezeption war es vielen Menschen mit Handicap möglich, allein zu leben. Kamen sie allein zurecht, war alles okay, wenn nicht, konnten sie um Hilfe bitten. Es war eine schöne Zeit. Alles machte man zum ersten Mal. Nach dreißig Jahren hat auch hier der finanzielle Rotstift vieles verschwinden lassen, was einmal echte Integration war. Es tat uns beiden weh, dies zu erleben. Aber damals in den Goldenen Siebzigern war es eine Zeit des Aufbaues, und ich verbrachte deshalb mehr Zeit in der Arbeit als zu Hause. Ich spürte, das ist meine Aufgabe. Aber tief in meinem Inneren hörte ich noch eine Stimme, die mir sagte, dass dies erst der Anfang war.

Nachdem die ‚Kurzzeit' aufgebaut war, sollte auch eine Tagesstätte für junge Menschen mit schwerer Behinderung geschaffen werden. Nach der Entlassung aus der Schule für Körperbehinderte saßen diese Menschen zu Hause. Ich war 1962 selbst eine der ersten Schülerinnen der Schule für körperbehinderte Kinder in Stuttgart gewesen. Meine große Schwester saß ab der siebten Klasse zu Hause, obwohl sie bestimmt eine gute Schülerin gewesen wäre. So war es mir ein großes Anliegen, die jungen Menschen aus ihrer Isolation herauszuholen und die Mütter zu entlasten. Ich kannte die Problematik, vor allem die des Loslassens. Eine Mutter, die ein schwerbehindertes Kind hat, kennt die Bedürfnisse, die Wünsche ihres Kindes. Sie liest ihm an den Augen ab, was es braucht. Aber dies ist auch ein einengendes Verhältnis für beide."

„So wie bei Herta und Deiner Mutter, meintest Du, da hast Du recht", warfst Du ein. „Die Problematik kenne ich auch aus meiner Behindertenarbeit. Wenn der Ablösungsprozess nicht früh genug geschieht und vom Jugendlichen nicht aktiv mitgestaltet werden kann, wird er immer schwieriger, je älter er wird."

„Ja, wir wollten keinen Fehler machen und weder zu zaghaft noch zu forsch vorgehen. Wir wollten uns Rat holen bei einer

Frau, die Erfahrung hatte, weil sie schon eine Tagesstätte aufgebaut hatte und mit viel Erfolg leitete."

Ich rief meinen Chef an und sagte: „Ich bin schwanger"

„Sie war bereit, uns zu erzählen, wie sie eine Tagesstätte für junge Menschen mit Behinderung aufgebaut hatte. Zuerst müsse sie uns etwas erzählen, etwas was sie gerade privat sehr beschäftige. Wir kannten uns bis dahin nicht persönlich. Deshalb waren wir sehr gespannt, was das denn sein könnte.

‚Gestern wurde ich gefragt ob ich nicht ein schwerbehindertes drei Monate altes Kind aufnehmen könnte', erzählte sie uns. ‚Das Kind bräuchte eine Mutter mit Erfahrung in der Pflege Schwerstbehinderter. Mein Mann war strikt dagegen. Wir haben vier Kinder und sind gerade aus dem Gröbsten raus, er hat ja recht. Aber das Kind geht mir nicht mehr aus dem Sinn. Aber deshalb sind Sie ja nicht hergekommen. Tagesstätte ist unser Thema!

Am besten ich erzähle ihnen, wie das damals war, als ich hier die Tagesstätte aufgebaut habe ...'

‚Frau Marquardt?' (So hieß ich damals.)

‚Ja?'.

‚Haben Sie gehört, was ich gesagt habe?'

Die drei Frauen am Tisch schauten mich fragend an.

Ich hatte überhaupt nichts mitbekommen.

‚Was?'

Elsbeth, nimm dich zusammen, dachte ich und versuchte, wieder Ordnung in meinen Kopf zu bringen. Das Einzige was ich rausbrachte, war: ‚Ich muss telefonieren.'

Verwunderte Blicke meiner Kolleginnen trafen mich. Natürlich lauschten alle, und niemand am Tisch verstand mein Verhalten. Ich rief meinen Chef an und sagte: ‚Ich bin schwanger, darf ich mein Kind mit zur Arbeit bringen?'

‚Was?', war im ersten Moment alles was ihm einfiel. Hinter mir befreiendes Lachen."

„Du traust Dich was", warfst Du lachend ein.

Eigentlich müsstest Du, lieber Manfred, mein Herzklopfen heute noch spüren. Weißt Du, was das für mich bedeutete? Eine Stunde vorher lebte ich noch allein, ging in meinem Beruf auf, hatte gute Freunde, mit denen ich mich abends traf. Nun würde ich Mutter werden. Einfach so. Oder einfach nicht so. Mein ganzes Leben hatte ich mich unbewusst auf diese Aufgabe vorbereitet.

„Als geklärt war, dass ich auch als Mutter mit einem schwerstbehinderten Kind arbeiten konnte, riefen wir auf dem Jugendamt an.

Zwei Tage später durfte ich meinen ersten Sohn besuchen.

Der leitende Arzt der Station war über das Jugendamt entsetzt: ‚Wie können die ein Kind vermitteln, das eine so schwere Behinderung hat? Das Kind wird nicht lange leben. Es gibt andere Kinder.'

Ich fand ihn arrogant und zitterte vor Wut. Ich stand auf und sagte so würdevoll wie möglich: ‚Herr Doktor, darf ich jetzt mein Kind sehen, und wie heißt es eigentlich?'

‚Peter', war die knappe Antwort.

Ich betrat das Krankenhaus-Kinderzimmer auf der Dauerstation mit zitternden Knien in Begleitung der Oberschwester. Gleich neben der Tür stand ein Gitterbettchen mit einem wuseligen Kleinkind darin. Ich konnte nicht erkennen, ob es ein Junge oder Mädchen war. Ein zweites Bettchen schien leer zu sein."

Peterle

„Aber nein, da lag ja ein fast neugeborenes kleines Baby drin, mein Kind, mein Peterle. Ich schluckte meine Tränen hinunter und bemühte mich, meine Gefühle in die Gewalt zu bekommen. Ich würde vor der Oberschwester nicht in Tränen ausbrechen. Mein Kind, mein Peterle, mein Geschenk vom lieben Gott höchst persönlich. Ich fasste es an den Händchen an, streichelte es über die Wangen, redete mit ihm, sagte ihm 1000 Worte. Es lauschte meiner Stimme.

So ein kleines Kind hatte ich noch nie gepflegt. Eine junge Schwester war nicht so voreingenommen und zeigte mir, wie man Peterle wickelt und pflegt, wie man ihm zu trinken gibt, wie man die Medikamente hinzufügt.

Aber ich wusste, dass so ein Kind noch viel mehr braucht: Liebe, Körperkontakt, eine Stimme, die es kennt. Nahezu ein Jahr später erfuhr ich, dass Peterle blind ist. Das machte mich sehr traurig. Dass es so schlecht aß, Medikamente bekam gegen Epilepsie und trotzdem nicht anfallsfrei war, das kannte ich, dass es geistig behindert war, das wusste ich, das war nicht wichtig. Immer wieder durchfuhr es Peterle, und es zuckte zusammen: Epilepsie. Es wurde über eine Magensonde ernährt, weil es beim Saugen an der Flasche nach kurzer Zeit einschlief, so strengte es das Trinken an. Alle vier Stunden bekam Peterle etwas über die Sonde. Ich fing an, ihn mit der Flasche zu ernähren. Es gelang mir, ihn zum Trinken zu motivieren. Darauf war ich sehr stolz. Zuerst redete ich mit ihm, schmuste, dann ließ ich ihn an meinem Finger saugen. Der Saugreflex war da, aber weil er von den Medikamenten so bedusselt war, schlief er während des Trinkens immer wieder ein. Ich bringe den ganzen Trinkplan durcheinander, erklärte mir die resolute Oberschwester, als ich nach einer Stunde stolz verkündete, dass Peterle immerhin 120 ml selbst getrunken hatte. ‚Er muss das ja noch verdauen, und wenn Sie über eine Stunde für ein Fläschchen brauchen, ist der Magen ja noch voll bis zur nächsten Mahlzeit. Wenn er erbricht, erbricht er auch die Medikamente.'

Sie hatte ja recht, die Oberschwester, aber ich auch. Die Medikamente gegen Epilepsie wirkten auf den kleinen Körper wie eine Schlaftablette. Auch die Anfälle selbst strengten den winzigen Körper an. Immer wieder wurde er durch das starke Anfallsleiden und die vielen Medikamente so schwach, dass ich sogar lernte, eine Magensonde zu legen."

„Ja, wenn es um Deine Familie geht, dann bist Du bereit, alles zu lernen. Das kann ich mir vorstellen, wie aufregend, aber auch befriedigend Dein Leben damals wurde", sagtest Du. Voll Liebe war Dein Blick.

„Peterle war ein hübsches Baby, mein erstes Baby. Mein erstes Kind. Seine starken Einschränkungen waren ihm nicht anzusehen. Außer der Magensonde. Von einem drei Monate alten Baby erwartet man ja noch nichts, bis auf die Äußerung körperlicher Bedürfnisse. Dass Peterle blind war, sah man ihm damals auch noch nicht an. Niemand wusste es.

Als das Jugendamt Stuttgart mir die Pflegeerlaubnis erteilte, wurde zuerst eingekauft: Kinderwagen, Kinderbettchen, Wickelauflage, Windeln, Baby-Kleidung, Spielzeug, Babynahrung und Fläschchen."

„So ausführlich habe ich das noch gar nicht von Dir gehört. Weißt Du, ich hatte immer Probleme mit so schwer behinderten Kindern, wie Du Peterle beschreibst. Früher konnte ich den Sinn zu leben für so ein Kind nicht begreifen. Mit wie viel Liebe und Respekt Du von ihm erzählst! Du bist in Gedanken ganz bei ihm, das sehe ich Dir an. Erzähl weiter."

„Es geht komisch zu auf dieser Welt. Wer weiß schon etwas von den Kinderstationen in Krankenhäusern, in denen Kinder mit Sonden ernährt und so am Leben erhalten werden? Sie werden ausgegrenzt aus unserer Gesellschaft. Sie kennen nur ihr Bett, ihre Sehnsucht nach Zuwendung und warten auf die Schwester, die während ihrer Dienstzeit von einem Bettchen zum andern ihre Runde macht. Sie liebt ‚ihre' Kinder und streichelt sie beim Sonden bestimmt über die Wange. Aber reicht das? Jetzt brauche ich aber noch etwas zu essen. Erzählen aus der Vergangenheit macht hungrig. Meinst Du ich hätte einen Teller Spaghetti verdient?"

„Natürlich", hast Du gelacht, „heute können wir uns Zeit lassen, ich habe heute Nachmittag zwei Stunden tief und fest geschlafen, unser Zivi zu Hause ist zuverlässig und hütet alle gut."

„Und", ergänzte ich schmunzelnd, „er freut sich, dass er den Film im Fernsehen ganz anschauen darf und von Dir nicht unterbrochen wird, weil Du ins Bett willst."

Wann beschäftigt man sich schon mal so intensiv mit der Vergangenheit? Erkennt, dass es ein gutes Leben, ein von Gott behütetes Leben war?

Nicht ein leichtes Leben, nicht einfach, mit vielen Kämpfen und schlaflosen Nächten, aber ein gutes Leben.

Widersprüchlich? Für mich nicht!

„Schau, Deine Spaghetti, meinst Du, ich bekomme eine Gabel voll ab?"

Du sperrtest den Mund auf wie ein hungriger Vogel.

„Ich teile alles mit Dir, es ist schön, wenn es Dir so gut geht und Du so gut drauf bist. Ich liebe Dich."

Zärtlich schauten wir uns in die Augen.

„Deine Spaghetti werden kalt, komm, iss."

Du brachtest mich wieder in die Realität zurück.

„Ich habe einmal ein Foto von Dir und Peterle gesehen, man hatte das Gefühl, er schaute Dir in die Augen. Er wirkte ganz auf Dich fixiert."

Schweigend und in Gedanken versunken aß ich meine Spaghetti. Plötzlich war ich wieder in der Vergangenheit und nahm den Faden wieder auf.

„Dann holte ich meinen kleinen Engel nach Hause. Kannst Du Dir das vorstellen, wie mir die Knie zitterten vor Aufregung? Gott sei Dank fand ich einen guten Kinderarzt, der uns tapfer und mutig begleitete. Ihm war ich sehr dankbar, denn er hatte mir seine Privatnummer gegeben, und ich durfte immer anrufen. Das war sehr beruhigend für mich. Obwohl er alles versuchte, wurde Peterle nie anfallsfrei. Aber er lernte saugen, lebte oft über längere Zeit ohne Sonde, und nur wenn er aus Schwäche nicht trinken konnte, bekam er seine Nahrung über die Magensonde."

„Eine Sonde im Hals ist beim Spuckeschlucken schon unangenehm, das weiß ich aus eigener Erfahrung", erklärtest Du mir, „das kann im Hals und in der Nase Rötungen und Wundsein verursachen."

„Ich kann da nicht mitreden, nur mitfühlen, aber ich kann mir denken, dass das sehr unangenehm ist. Und dass man schon sehr schwach sein muss, um sich nicht im Reflex zu wehren. Drei Monate alt, heroinsüchtig auf die Welt gekommen, anfallskrank, blind, schwerstbehindert", erzählte ich weiter. „Zweidreiviertel Jahre alt durfte er werden. Weißt Du, Manfred, für mich war Peterle etwas ganz Besonderes. Ich hatte so viel Liebe in mir, ich hatte so viel zu geben, keiner hatte diese Liebe bis dahin gewollt."

Meine neue Lebensaufgabe als Mutter

„Sonja, mein zweites Pflegekind, kam bald dazu. Sie war die ‚nicht behinderte' Schwester eines der Kinder, die ich dienstlich betreute. Fünf Jahre war sie alt. Am Anfang war es eine Fünf-Tage-Betreuung, später kamen die Wochenenden dazu. Ihre Sprache war die einer Dreijährigen, aber bald holte sie auf. Nun war sie nicht mehr die Jüngste von vier Kindern wie in ihrer Familie, bei mir war sie die ‚Große'.

Auch sie war eine Herausforderung in meiner neuen Lebensaufgabe als Mutter. Damals wohnte ich im Haus meiner Großmutter am anderen Ende der Stadt. In der Wohnanlage wohnte und arbeitete eine junge behinderte Frau, Annerose, mit der ich mich anfreundete. Eines Tages war sie nicht im Dienst, und ich besuchte sie in ihrer Wohnung. Ihr ging es nicht gut. Sie bat mich, mit den Kindern dazubleiben. Meine Kinder taten ihr gut. Sie war jung und hatte die gleichen Träume, die jede junge Frau hat. Aber ihr war klar, dass sie nie einen Mann an sich binden wollte, denn sie hatte eine progressive Behinderung und wusste, dass ihr Leben ein langsames Sterben bedeutete. Kein Mann sollte in Liebe an sie gebunden sein und ihr dabei zusehen müssen, wie sie langsam über Jahre dahin stirbt. Es gab in ihrem Leben Verliebtsein, das sie aber sich und ihrem Partner tapfer mit unheimlicher Willensanstrengung verbot.

Ich empfand diese selbstlose Liebe damals als das Größte, was ich an Liebe bei anderen Menschen jemals miterlebt hatte – Verzicht aus Liebe, um dem anderen und sich selbst später nicht weh zu tun. Auf die eigenen momentanen Bedürfnisse zu verzichten.

Wir konnten über diese Gefühle sprechen. Wir zogen zusammen. Wir bekamen in der Wohnanlage eine große Wohnung – Annerose, Peterle, Sonja und ich. Für mich war es eine große Erleichterung, nicht mehr jeden Tag durch die ganze Stadt fahren zu müssen. Sonja ging in den Kindergarten. Annerose hatte über die Kirche Jugendliche in ihrem Alter kennengelernt und war sehr aktiv in der Jugendarbeit ihrer Gemeinde. Sie war integriert und akzeptiert, ich glaube, für sie war es eine sehr schöne Zeit. Sie wurde vom Hilfs- und Pflegedienst unseres Haus betreut. Weißt Du, Annerose war schon ein armer Schatz. Sie war so ein Pfundskerl und eine tolle Freundin. Mit sechzehn war sie noch gesund, mit fünfundzwanzig Jahren saß sie im Rollstuhl, Sprachschwierigkeiten, ein langsamer, ganz langsamer Tod.

Ich arbeitete nur noch den halben Tag, und Peterle durfte mit.

Da bekamen wir noch einmal Familienzuwachs. Für ein junges Mädchen wurde eine Wohnmöglichkeit mit Familienanschluss gesucht. Sie war körperlich behindert, hatte eine spastische Halbseitenlähmung. Sie hatte ihre Mutter verloren, als sie zwölf Jahre alt war. Über diesen Verlust kam sie nicht hinweg. Fragte ich sie, was wir zu Mittag kochen sollen, war ihre Antwort: ‚Ich will zu meiner Mutter'. Fragte ich sie, ob sie einen neuen Pulli möchte, wir würden einen kaufen gehen, gab sie mir dieselbe Antwort. Das war ganz schön nervig. Wir hatten ja in der Familie alle zu kämpfen, wir waren alle behindert und hatten unsere Verluste und Ängste. Wir redeten auch immer wieder darüber …

Die vielen Freunde, die bei uns aus und ein gingen – zu niemandem fand diese junge Frau richtigen Zugang. Sie war dabei, gehörte aber nicht dazu. Mit der Jugendarbeit in der Kirche wollte sie nichts zu tun haben. Sie strahlte ein unsichtbares Signal aus: Komme mir ja keiner zu nahe. Sie ging schon jahrelang zur Therapie. Wir kamen leider nicht so gut zurecht. Es war einfach so. Heute komme ich mir noch wie ein Versager vor, wenn ich an unsere gemeinsame Zeit denke. Es gelang mir nicht, sie in unsere Familie zu integrieren."

„Nimm Dir das nicht so zu Herzen, Elsbeth, es wird immer wieder Menschen geben, da stimmt einfach die Chemie nicht. Das siehst Du doch auch jetzt mit den Zivildienstleistenden. Mit den einen hast Du ein freundschaftliches Verhältnis, und bei anderen stöhnst Du schon, wenn Du dran denkst, dass sie nächste Woche Dienst haben."

„Du hast recht, Manfred. Was hast Du gesagt, wer morgen kommt? Wollte ich nicht auswandern?"

Schelmisch grinste ich Dich an. Wir lachten beide.

„Nur wenn Du mich mitnimmst. Morgen gehen wir in die Stadt, was meinst Du?"

„Okay, dann sollten wir jetzt aber ins Bett, junger Mann. Sie dürfen mich nach Hause begleiten."

Wie glücklich ich war, wenn Deine Augen funkelten und lachten.

„Übrigens – wolltest Du mir nicht einen neuen Hut kaufen?"

Am anderen Tag regnete es nur einmal. Es regnete schon, als wir morgens die Augen aufmachten. Es regnete den ganzen Tag, und unsere Stimmung wollte sich dem Wetter schon anschließen. In die Stadt gehen würde ins Wasser fallen.

„Weißt Du was, wir ignorieren das Wetter und fahren in das neue Einkaufscenter. Du hast doch gesagt, ich brauche unbedingt einen neuen Hut."

„Hut?"

Entsetzt schautest Du mich an.

„Hut", entgegnete ich ganz ernst. „Gestern Abend, weißt Du das nicht mehr, Du hast gesagt ..."

„Kein Hut, und ich fahr mit, okay?", unterbrachst Du mich resigniert.

Der Wetterumschwung hielt Deinen Kreislauf nieder. Ich würde noch ein paarmal mit einem Hutkauf drohen und damit Deinen Kreislauf ankurbeln.

Ich weiß, so einfach war es nicht, aber ich wünschte es mir.

„Mit links. Rechts konnte ich nicht."

Es dauerte ein paar Tage, bis wir wieder eine Auszeit bekamen und abends gemütlich in unserer Stammkneipe zusammensaßen. Wir trafen Freunde, es war ein lauwarmer Abend.

Plötzlich sagte Felizitas, die leider nur Fee genannt wurde: „Sag' mal, Elsbeth, Deinen Manfred kennen wir ja schon lange, aber was hast Du denn vorher getan, vor Manfred? Komm', erzähl es uns."

„Da bin ich gerade dabei, ich erzähl zurzeit Manfred, wie ich gelebt habe, bevor er in mein Leben trat."

„Turbulent, turbulent, lass mich zusammenfassen", lachtest Du. „Elsbeths Familie bestand aus vier weiblichen und einem männlichen Familienmitglied, hat halbtags gearbeitet, gewaschen, geputzt, gekocht."

Es war mir ganz peinlich, so im Mittelpunkt zu stehen. „Geputzt, gewaschen, gekocht, gebügelt, mein Gott, wie hast Du das gemacht, Elsbeth?"

„Nein stimmt doch gar nicht, ich hatte eine Haushaltshilfe mit einem kleinen Kind."

Fee schaute mich groß an.

„Mit links, rechts konnte ich nicht." Ich lachte, und meine Gedanken gingen wieder zurück in die Vergangenheit.

„Das Schicksal war mir gnädig, eine Freundin von mir half mit. Sie hatte einen kleinen Sohn und war dankbar, ‚unter Leut' zu kommen."

Sonjas Freundin Anna hatte ich Dir, Manfred, zu verdanken, obwohl ich Dich damals noch gar nicht kannte. „Wie das?", wollte Fee wissen. Ich schaute Dich an, und Du erzähltest weiter.

„Annette war die Mutter von der kleinen behinderten Anna. Ich kannte sie schon seit vielen Jahren. Eines Tages rief sie mich an und erzählte mir, sie suche eine Arbeitsstelle in Süddeutschland. Sie war Lehrerin, sie war alleinerziehende Mutter, und ich erzählte ihr von der Kurzzeitunterbringung und was ich damals so von Dir wusste. Sie bewarb sich. Mehr habe ich nicht getan."

„Ja", nahm ich den Faden wieder auf, „das bescherte mir fünf Jahre eine gute Arbeitskollegin und eine gute Freundin. Wir kümmerten uns gemeinsam um unsere Kinder.

Anna war so alt wie Sonja, und die beiden spielten oft miteinander.

Annette kam aus dem Norden wie Gaby. Gaby hatte die Krankengymnastikpraxis im Haus, ich wurde Patentante von ihrem Sohn Malte, sie wohnten gegenüber von mir und neben Annette. Unsere Kinder wuchsen zusammen auf, und wir halfen uns gegenseitig, wo wir nur konnten. Es war eine schöne Zeit, eine harmonische Zeit."

„Ihr wart eine richtige Großfamilie, aber ohne Männer, stimmt's?", bemerkte Fee.

„Ja, da hast Du beinahe recht. Das war fast eine männerfreie Zeit. Zumindest in unserer Großfamilie." Fee lachte.

Zwei Stunden später war Peterle fort. Für immer.

Ein freies Wochenende. Ich freute mich. Früh wachte ich auf und wollte Peterle in mein Bett holen und seinen Hunger stillen. Vielleicht konnten wir danach noch ein wenig schlafen.

Sooft ich nur konnte, lag der Winzling in meinem Arm. Er war immer in meiner Nähe, sodass er meine Stimme hören und meinen Geruch wahrnehmen konnte. Es war August und heiß, und ich war froh, dass er in den letzen Tagen so gut getrunken hatte. Er bekam eine hohe Dosis Medikamente, aber die Anfälle waren nie ganz weg gewesen – bis auf vier Wochen in seinem ganzen Leben. In diesen vier Wochen wurden unter strenger ärztlicher Aufsicht die Medikamente langsam ganz abgesetzt, und zum ersten Mal konnte er sein Köpfchen halten und sich auf die Unterarme stützen. Er war kurze Zeit anfallsfrei und ohne Medikamente. Wir waren glücklich. Aber nach vier Wochen fingen die Anfälle wieder an. Nach sechs weiteren Wochen waren wir wieder auf dem alten Stand. Das war nun auch schon wieder ein Jahr her. Er war so ein liebes, zärtliches Kind.

Er war mein ‚Erstgeborener'. Leise kam ich ins Kinderzimmer, leise, weil ich Sonja nicht aufwecken wollte. Gleich merkte ich, dass etwas nicht stimmte. Peterle hatte einen schweren Anfall, viel schwerer als sonst. Sofort rief ich den Notarzt.

Mit Blaulicht fuhren wir ins Krankenhaus, ich noch im Nachthemd. Zwei Stunden später war Peterle fort. Für immer.

Der Arzt in der Klinik, der uns schon lange begleitet hatte, nahm sich sehr viel Zeit für mich und tröstete mich: „Wissen Sie", sagte er „das Kind hat nur so lange gelebt, weil Sie es so sehr liebten. Der Arzt in dem Krankenhaus, in dem Peter nach seiner Geburt lag, hatte damals recht, als er Ihnen sagte, das Kind sei nicht lebensfähig. Ihr Peterle hat nur so lange gelebt, weil es so viel Liebe bekam."

Manfred, dann sagtest Du sehr leise und nachdenklich: „Kinder wie Peterle ermöglichen uns, die wahre selbstlose Liebe zu erfahren."

„Die Liebe, die ich gab, wurde mir nach dem Tod von meinem Kind durch meinen Freundeskreis zurückgegeben", erzählte ich weiter. „Ich wurde in Liebe gebettet, und mir wurde bewusst, dass es ein Geschenk Gottes ist, in Zeiten der Bedrängnis Freunde zu haben."

Wie war ich nach der Trennung von meiner ersten großen Liebe am Boden zerstört! Ich dachte damals, mein Leben sei zu Ende, ich hätte alles falsch gemacht, ich hätte es nicht verdient, Liebe geschenkt zu bekommen. Damals dachte ich, ich könne keine selbstlose Liebe schenken. Nun hatte ich einen Freundeskreis um mich, der mich tröstete, der mir half, der sich um meine Familie kümmerte. Ich begriff: Freunde sind ein Geschenk.

„Ein kleines Kind loszulassen ist bestimmt sehr schwer. Aber Du hast weitergemacht, Du hast dich nie unterkriegen lassen", warf Fee ein.

„Ja, stimmt schon, dennoch war ich sehr traurig, Peterle fehlte mir so sehr, es war so schwer loszulassen."

Ich kuschelte mich in Deinen Arm. Wir tranken unseren Wein aus, unsere Freunde verabschiedeten sich.

Aber wir wollten noch nicht gehen, wir hatten uns noch etwas zu erzählen. Wir genehmigten uns noch ein weiteres Glas Wein.

„Du weißt, ich vertraue Dir, Manfred", fing ich das Gespräch wieder an, „aber das, was jetzt kommt, habe ich noch nie jemandem erzählt, aber Dir werde ich es anvertrauen, weil ich Dir vertraue."

Ich ließ Dich trinken und nahm auch einen Schluck Wein, kuschelte mich wieder in Deinen Arm und begann leise zu erzählen. Alles stand wieder ganz lebendig vor meinem inneren Auge.

„Anfang September 1981, kurze Zeit nach Peterles Bestattung, ging ich einkaufen. Kaum hatte ich die Haustür hinter mir geschlossen, fing ich an zu weinen.

Zum Einkaufen ging ich immer durch unseren herrlichen Park, der mir im Sommer mit seinen verschiedenen Bäumen und Farben immer eine Freude ist.

Plötzlich sehe ich vor meinem inneren Auge eine große Wiese, die ansteigt zu einem Hügel. Am Horizont sieht man einen Kinderspielplatz. Klettergerüste und Rutschbahn kann ich ausmachen. Da wandert ein kleiner Wicht den Hügel hinauf, zielstrebig zur Rutschbahn. ‚Deinem Peterle geht es gut`, hörte ich eine Stimme in mir. Die tiefe Traurigkeit war wie weggeblasen. Ich wusste jetzt, ihm geht es gut.

Heute, über sechs Jahre später, weiß ich wie damals, dass ich ein Stückchen von Peterles Himmel sehen durfte. Dafür war ich immer dankbar."

Lange war es ganz still zwischen uns.

„Ja, das kann ich nachvollziehen und verstehen", sagtest Du leise. „Es ist wie ein kleines Fenster, durch das man kurz in die geistige Welt schauen darf. Ich glaube, was man da sieht, ist bei jedem, der diesen Blick tun darf, etwas anderes. Bevor ich in die Wohnanlage einzog, lag ich ja zwei Jahre in Heidelberg in der Uniklinik, als mir das Bein abgenommen wurde. Ich hatte eine Blutvergiftung und lag monatelang im Koma. Ich kann mich genau daran erinnern, dass ich außerhalb meines Körpers war und zuerst über meinem Körper schwebte. Es war so leicht, so schön konnte ich mich bewegen, hatte keine Schmerzen. Ich sah meinen Körper im Bett liegen. Dann war ich weg, weit weg, ich schwebte über einer schönen Landschaft. Aber ich gehörte nicht dorthin. Noch nicht. Es zog mich wieder nach unten. Ich war wieder in meinem Krankenzimmer. Ich spürte wieder Schmerzen und die Bewegungslosigkeit. Ich wachte nach zwei Monaten aus der Bewusstlosigkeit auf. Heute weiß ich, warum!"

Liebevoll lächeltest Du mich an. „Lass' uns nach Hause gehen, ich muss ins Bett."

In den nächsten Tagen schlug das Wetter um. Es dauerte eine halbe Woche, bis wir wieder auf der Terrasse sitzen konnten.

Unser Michael

Ein bisschen Fisch, ein bisschen Brot, ein Glas Wein, im Hintergrund leise italienische Liebeslieder. So liebten wir es, den Abend ausklingen zu lassen.

„Und wie ging es weiter, nachdem Peterle nicht mehr da war?", nahmst Du das Gespräch wieder auf.

„Ich wurde wieder ‚schwanger', was sonst", lachte ich.

„Ganze 14 Tage, bis alles geklärt war.

Im Kinderkrankenhaus lebte seit einigen Monaten auf einer Dauerstation ein zweijähriger kleiner blonder Junge. Er brauchte ein neues Zuhause. Am 12.10.1981 durfte ich den kleinen Michael nach Hause nehmen. Die ersten Nächte, die Michael in seiner neuen Heimat verbrachte, schlief er auf meinem Bauch. Wenn er ganz fest eingeschlafen war, konnte ich ihn an mir seitlich herunterrutschen lassen. Aber sobald er keinen Köperkontakt mehr hatte, wachte er auf und klammerte sich an mir fest. Das rührte mich zutiefst.

Es war sehr anstrengend für mich, denn ich schlafe, wie Du ja weißt, ausschließlich zusammengerollt auf der Seite."

Wie viele Kinder auf der Welt müssen ohne den liebenden Köperkontakt auskommen? Wie viele! Es war schön zu spüren, wie er mich braucht. Wie viel Sehnsucht nach Liebe und Wärme war da zu spüren! Und die Liebe zu ihm wuchs.

Diesmal war die Sache etwas verzwickt. Die Verwandtschaft von Michael lebte in unserem Stadtteil. Ich wollte aber nicht, dass fremde Menschen, beim Spazierengehen Michael ansprechen und sich als Tante, Onkel oder Cousine vorstellen. Die Mutter versprach mir bei unserem ersten und einzigen Kontakt, dass die Verwandtschaft sich von Michael fernhalten würde. Daran haben sich alle gehalten und ich war dieser Frau um Michaels Entwicklung immer dankbar.."

„Heute kennt Michael seine Cousine und seinen Onkel. Er durfte ungestört aufwachsen, ohne hin- und hergerissen zu werden. Weißt Du noch, Manfred, wie uns der Mund offen stand, als wir erfuhren, wer Michaels Onkel ist? Er bediente in einem Gartenlokal, das wir öfter auf unseren ausgedehnten Spaziergängen im Sommer besuchten. Er war immer sehr nett zu uns. Du konntest in dieses Lokal auch mal alleine, weil er sich die Zeit nahm, Dich trinken zu lassen. Michaels Mutter hätte gerne Kontakt zu Michael aufgenommen, als er erwachsen war. Er wollte sie aber nicht kennenlernen.

‚Du und Manfred, ihr seid meine Eltern', sagte er einmal sehr bestimmt."

„Drei Monate alt war er, als er während eines Mittagsschlafes einen epileptischen Anfall bekommen hatte. Danach lag er fünf Tage lang bewusstlos auf der Intensivstation des Kinderkrankenhauses. Ich konnte mir sehr gut den Schreck der Mutter vorstellen. So etwas Ähnliches hatte ich ja gerade mit Peterle hinter mir. Die Frau hatte aber keine Kraft für ein behindertes Kind. Michael bekam nach diesem Vorfall ein Medikament gegen Epilepsie, das er mindestens drei Jahre lang nehmen sollte. Drei Jahre anfallsfrei und ein ‚sauberes EEG' – dann durfte man das Medikament absetzen. Aber jeden Tag eine ‚Schlaftablette', das macht müde und schlapp und bedeutet, dass sich so ein Kind auch nicht im gleichen Tempo entwickeln kann wie ein normales Kind.

Keiner wusste, wie es weitergeht. Die Ärzte zuckten die Schultern und meinten, man müsse abwarten. Auch wusste keiner, wann und ob noch ein Anfall kommt. Michaels Mutter hatte noch einen Jungen, genau ein Jahr älter als dieser kleine Junge. Sie fühlte sich überfordert.

Die Familie trennte sich von Michael."

„Aber wie konnten sie nur?", warfst Du empört ein, „das werde ich nie verstehen."

„So darfst Du das nicht sehen, Manfred. Schau, wenn sie sich nicht getrennt hätten von ihm, aber immer überfordert gewesen wären, ihm nicht die Liebe schenken konnten, die er brauchte – wie hätte sich da Michael gefühlt!

Ständig zum Arzt, Krankengymnastik, Ergotherapie, so hätten beide Kinder nichts von ihrer Mutter gehabt. Die Trennung war bestimmt hart für alle Beteiligten. Wahrscheinlich wird es die Mutter ihr Leben lang beschäftigen, und sie wird immer wieder an ihr Kind denken. Aber hat sie dadurch nicht allen eine Chance ermöglicht? Ihrer Ehe, ihrem Erstgeborenen, sich selbst – und Michael? Schließlich ist er jetzt bei uns und entwickelt sich prächtig und bekommt all unsere Liebe. So hast Du einen Sohn, oder? Sieh es mal so."

„Du hast wahrscheinlich recht, bestimmt sogar", stimmtest Du mir nach einigem Nachdenken zu.

„Ich musste wieder einmal mein Herz zumachen, vor so viel menschlichem Elend. Als ich Michael das erste Mal sah, lag beziehungsweise saß er bei vier schwerstbehinderten Kindern auf dem Boden eines Zimmers der Dauerstation des Krankenhauses. Die Kinder dieser Station hatten eine so schwere Behinderung, dass man annehmen musste, sie könnten nur im Krankenhaus leben. Kleine Kinder, die nicht über den Mund essen und trinken können, werden mit der Sonde ernährt. Wer besucht sie, wer kümmert sich um sie? Wer steht den Eltern bei, begleitet sie? Wer weiß von ihnen?

Das sind Seiten in unserer Gesellschaft, die ein normaler Bürger nicht zu Gesicht bekommt. Kinder, die eigentlich nicht lebensfähig sind, aber durch die Fortschritte unserer Medizin am Leben erhalten werden können. Ich war entsetzt, nicht, weil diese Kinder am Leben erhalten wurden, sondern weil sie doch viel mehr Liebe bräuchten, als sie im Krankenhaus bekommen können. Wenn wir als Gesellschaft die Verantwortung für das Leben dieser Kinder übernehmen, warum dann nicht richtig?

Schau mich nicht so an. Warum müssen Kinder und alte Menschen allein und krank sterben?"

„Das wird wohl Dein Thema ein Leben lang bleiben."

Liebevoll legst Du Deine Hand auf meine. Diese anstrengende Bewegung löste bei Dir einen Spasmus aus. Dein Körper versteifte sich, es tat Dir weh. Warum musst Du Schmerzen haben, wenn Du zärtlich zu mir sein willst?

„Zwischen all den Gitterbettchen saß ein kleiner blonder Junge und spielte mit seinem Holzauto."

„Unser Michael!", warfst Du ein.

„Ja. Er war zwei Jahre alt und durch die Medikamente in seiner Entwicklung stark gehemmt. Äußerlich war er das genaue Gegenteil von Peterle. Hellblond ist unser Michi. Peterle hatte schwarzes Haar. Michael schielte, die Augen wurden abwechselnd abgeklebt, um das schwächere Auge zu stärken.

Das Herz schlug mir bis zum Hals, als ich ihn so dasitzen sah, ganz vertieft in sein Spiel. Würde ich ihn lieben können?

Als Michael drei Jahre alt wurde und sich kein Anfall wiederholt hatte, wurde das Medikament abgesetzt. Jetzt konnte man zuschauen, wie er sich entwickelte. Ruckzuck konnte er frei laufen und fing an, kleine Sätze zu sprechen. Sein Wortschatz bestand aus den zehn wichtigsten Worten, die er brauchte, um seine Bedürfnisse auszudrücken. Das war eine Freude! Und es war richtig spannend seine Entwicklung zu beobachten.

Bei uns im Hof waren eine Treppe aus Holzbohlen und daneben eine kleine Rutschbahn. Bei der Treppe war kein Geländer. Nicht nur ich, auch einige Hausbewohner beobachteten vom Fenster aus, wie Michael freihändig Stufe um Stufe, mit dem Gleichgewicht ringend, die Treppe erklomm. Einmal geschafft, rutschte er ein ums andere Mal die Rutsche herunter. Sonja, Malte, Anna, Markus und

Anke – auch sie verliebten sich in den blonden Bengel, sie wurden seine Freunde, und er erlebte eine glückliche Kindheit."

Annerose war mir ein Vorbild im Glauben

„Und wieder einmal wurde es schwierig in unserer Familie. Annerose wurde immer schwächer, brauchte immer mehr Aufsicht und zog deshalb ins Erdgeschoss, da waren immer Pflegekräfte in Rufweite. Später zog sie in die Nähe ihrer Eltern und lebte in einem Alten- und Pflegeheim. Sie war immer zufrieden und wusste: Ich bin ein Kind Gottes, komme was wolle!

Im Sommer 2003 durfte sie einschlafen. Sie war mir ein Vorbild im festen Glauben und Vertrauen auf die Liebe Gottes."

Kindergarten und Schule

„Mit Sonja und Michael zurückgeblieben, brauchten wir keine große Vierzimmerwohnung mehr. Wir zogen nun um in eine Dreizimmerwohnung. Wir wohnten genau über Dir. Michael besuchte den normalen Kindergarten im Ort, und ich werde einen Tag davon im Leben nie vergessen. Michael durfte vom Kindergarten alleine nach Hause gehen. Du weißt ja, er musste über keine Straße, sondern durfte durch den Park und ein Stück die Fußgängerzone lang gehen. Diese Strecke bewältigte er stolz.

An jenem Tag kam er mit steinerner Miene nach Hause, verschwand im Kinderzimmer und schlug die Tür zu. Ein paar Minuten später machte ich vorsichtig die Tür auf und schaute hinein. Er saß auf dem Boden, die Zunge zwischen den Zähnen. Er übte das Schneiden mit der Schere. Einen Griff der Schere in der rechten Hand, den zweiten Griff in der linken Hand. Und wer hält das Papier? Leise machte ich die Tür wieder zu. Nach einer Stunde kam ein glücklicher Michael zum Vorschein. ‚Ich kann's, morgen gehe ich wieder in' Kindi' (Kindergarten). Das war mein Michi! Sonja besuchte die zweite Klasse der Sonderschule im Nachbarort. Später war ein Sohn ihres Klassenlehrers bei Dir, Manfred, Zivi. Weißt Du noch, wie wir uns über manche ‚Zufälle des Lebens' gewundert und gelacht haben? Einmal bekamen wir Post aus Ägypten, unterschrieben hatten die Karte zwei Deiner ‚Männer', die beide – jahrelang auseinander – bei Dir Zivildienst gemacht hatten. Wie kamen die zwei zusammen? Des Rätsels Lösung kam ein paar Wochen später, als einer der Männer anrief. Der eine war als Tourist und der andere als Reiseführer in der Pyramide. Sie kamen ins Gespräch und erzählten sich, dass sie in Stuttgart Zivildienst gemacht hatten.

‚Bei wem warst Du?', fragte der eine den anderen. ‚Ich habe bei der Evangelischen Gesellschaft in der ISB gearbeitet.'

‚Ich auch, beim Manfred Schütze – und du?'

‚Bei Manfred – ich glaub's nicht!'

‚Wann warst du bei ihm?'

Weißt Du noch, wie wir die Köpfe geschüttelt haben und Du Dich gefreut hast über die Zufälle des Lebens?"

Das ist das Schicksal einer Pflegemutter...

Ich fuhr fort: „Sonjas leibliche Mutter hatte sich ein neues Leben aufgebaut. Eines Tages stand sie in meinem Wohnzimmer und verkündete: ‚Nachdem ich jetzt eine neue Wohnung und Arbeit habe und in einer festen Beziehung lebe, kann Sonja wieder ganz nach Hause kommen. In drei Wochen sind Ferien, nach den Ferien kann sie dann bei mir am Ort in die Schule gehen.'

Ich hatte immer gewusst, dass es einmal so kommen würde und Sonja wieder zu ihrer leiblichen Mutter gehen würde. Das war ja auch richtig so. Oder? Ich war nicht auf diesen Schmerz eingestellt, saß da im Sessel, wahrscheinlich mit offenem Mund – und bekam Fieber. Innerhalb von zehn Minuten glühte ich. Mein Körper hatte bis dahin noch nie so spontan auf ein Ereignis reagiert.

Jahre später sollte ich so etwas wieder erleben. Als Du, Manfred, mit Magenbluten im Krankenhaus lagst. Du wurdest am Magen operiert. Ich hatte Magenschmerzen und dachte, ich verblute. Noch nie hatte ich eine so starke Monatsblutung. Der Körper ist das Instrument der Seele. Warum denken wir daran so selten?

Aber zurück zu Sonja. Sie ging mit ihrer Mutter am Wochenende zu ihr nach Hause. Fünf Jahre war sie bei mir gewesen. Wie schnell ist diese Zeit vergangen! Es war immer klar für mich, dass Sonja wieder zu ihrer Mutter zurückgehen würde. Aber so plötzlich? Würde es immer so plötzlich sein?

‚Mama, warum weinst Du?', Michael stand vor mir und schaute mich groß an.

‚Mama Du bist ganz heiß; was ist mit Dir?'

‚Geh' rüber zu Gabi und frag' sie, ob sie zu mir kommen kann, vielleicht kannst Du mit Malte im Hof spielen, mir geht es nicht gut. Okay? Wir reden später.' Zärtlich fuhr ich dem kleinen Mann über die Haare.

Michael ging tapfer los. Wie war er doch groß und selbständig geworden.

Loslassen – immer wieder loslassen.

Zuerst muss ich damit fertig werden, dann kann ich es Michael und den Kindern beibringen. Das Leben ändert sich ständig. Es ist immer im Fluss.

Zehn Minuten später nahm mich Gabi liebevoll in den Arm und tröstete mich und flüsterte mir ins Ohr: ‚Das ist das Schicksal einer Pflegemutter, das weißt Du doch.'

Am späten Nachmittag kamen noch Annette und Anna. Die Kinder spielten im Kinderzimmer. Zu dritt saßen wir am Tisch und nahmen die Tatsache zur Kenntnis. Was wird das Leben für Sonja bringen? Wir riefen die Kinder zusammen, sprachen darüber, tranken Kakao, und so konnten wir der Tatsache langsam ins Auge schauen. Tja so war das."

Ich trank einen tiefen Schluck Rotwein und wischte mir heimlich eine Träne aus den Augenwinkeln. Du tatest so, als würdest Du es nicht sehen.

„Lässt Du mich auch einmal trinken?", fragtest Du mich. Als ich mich Dir zuwandte, sah ich so viel Liebe, so viel Verständnis in Deinen Augen. Zuerst nahmst Du einen großen Schluck Wein, und dann bekam ich einen langen Kuss.

„Nun lebte ich über Wochen nur noch mit Michael zusammen. Meine Großfamilie war stark geschrumpft. Ich arbeitete, besuchte Annerose, erholte mich von den Strapazen der letzten Jahre, bemühte mich um innere Aufarbeitung, verbrachte viel Zeit mit Michael, meinen Freundinnen und deren Kindern."

„Und dann kam der Abend, an dem Du mit den Frauen aus dem Haus essen gingst und neben mir zu sitzen kamst", hast Du die Geschichte vollendet.

„Ja, jeder Schlussstrich in meinem Leben war der Anfang eines neuen Kapitels."

Was las ich neulich für einen passenden Satz in einem Buch:

‚Wir begreifen das Leben rückwärts, müssen es aber vorwärts leben.'

Ja – genau so ist es.

„Und nun fahren wir beide bald zusammen nach Griechenland. Ich kann es noch gar nicht glauben. Ist dies nicht mehr als nur ein Zufall, dass wir beide Griechenlandfans sind?

Wie oft warst Du schon in Griechenland Manfred, zwei, dreimal? Ich war zweimal ohne Dich, aber nur weil ich Dich nicht kannte."

An zwei schöne Urlaube erinnere ich mich in Griechenland. Nun darf ich mit Dir ganz in den Süden. Weihnachten in Griechenland mit meiner großen Liebe und dem staunenden kleinen Michael. Ich seufzte vor Wohlbehagen.

„Und – natürlich, die drei Zivis nicht zu vergessen", sagtest Du lachend.

„Lauter Lieblingszivis, ich liebe Dich."

Lachend verließen wir das Lokal.

„Erzähl mir von Griechenland, Deinen Freunden, bitte", bettelte ich.

„Nichts da, jetzt geht's ins Bett, junge Frau."

„Danke!"

„Wofür?"

„Für die junge Frau, alter Mann", lachte ich.

Immer ein bisschen verliebt in Dich

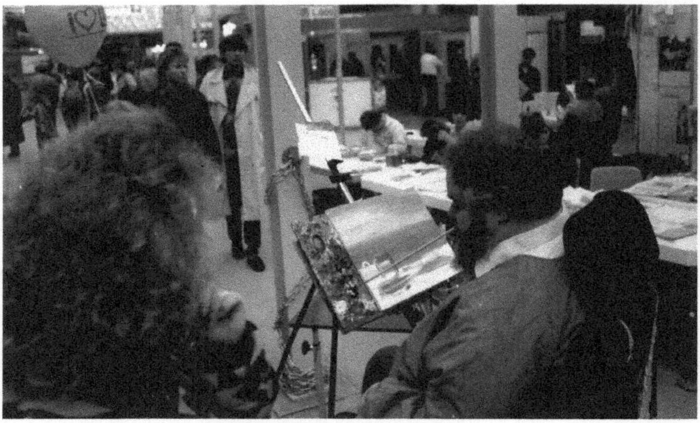

Der Traum von Griechenland wurde wahr.

6. Als uns das Fernweh packte …

Weißt Du noch, Manfred? Du warst ein halbes Jahr von einem langen Krankenhausaufenthalt zurück, als uns das Fernweh packte. Bevor wir uns kannten, waren wir beide schon öfters in südlichen Ländern. Du warst früher oft mit dem CeBeeF (Club Behinderter und ihrer Freunde) am Gardasee. Da hatte es Dir sehr gefallen. In Norditalien kommt man als Rollstuhlfahrer gut zurecht, und die Menschen sind dort sehr aufgeschlossen und freundlich, auch wenn Ihr als Gruppe aufgetreten seid. Das ist leider in Deutschland noch nicht immer der Fall. Menschen aus südlichen Ländern tun sich im natürlichen Umgang mit Menschen, die behindert sind, leichter als Deutsche.

Dann wolltest Du allein Urlaub machen und bist mit Deinem Zivi vier Wochen durch Italien bis nach Griechenland gefahren. Griechenland und seine Menschen hatten es Dir angetan und Dich immer wieder in ihren Bann gezogen. Dies beruhte auf Gegenseitigkeit: Deine griechischen Freunde besuchten Dich auch in Deutschland. Zu meiner großen Freude habe ich von Deinem Freund aus Olympia einen Ring geschenkt bekommen, der die Form eines Delphins hat.

Vor vielen Jahren war ich mit meinem Partner Peter auf Sardinien und Korsika. Diese Inseln fanden wir wunderschön. Wir haben damals wild in den Dünen gezeltet, und ich war von den herrlichen Sandstränden begeistert. Dieses einfache, ursprüngliche Leben mit dem bewussten Verzicht auf den Luxus unserer Zeit tat uns gut – ohne all die Dinge zu vermissen, auf die man zu Hause nicht verzichten zu können meinte. Wir merkten bald, wie der Alltagsstress, der noch an uns haftete, langsam von uns abfiel. Jeden zweiten Tag unternahmen wir Ausflüge ins Landesinnere, und auf dem Rückweg nahmen wir das Wasser in zwei Kanistern aus einem öffentlichen Brunnen mit. Das musste dann bis zum nächsten Ausflug reichen.

Wir hatten vor der Abfahrt in Stuttgart meinen Führerschein abgeholt, und ich hatte manchmal ganz schön Herzklopfen, wenn ich am Steuer saß und wir die Bergstraßen mit ihren engen Fahrbahnen befuhren. Auf der einen Seite der Fels und auf der anderen Seite die Steilküste und eine herrliche Aussicht auf das Meer. Aber da durfte ich nie richtig hinsehen, weil schon wieder eine Kurve kam – und womöglich noch ein Bus! Anhalten und warten, bis meine Knie aufhörten zu schlottern, ging auch nicht – also weiter.

Solche Fahrten kanntest Du auch aus Griechenland, als Ihr die alten Klöster besuchtet.

„O ja, das war eine Prüfung, diese Fahrt, und heiß war es an diesem Tag, und es war viel weiter, als ich dachte. Aber so im Nachhinein? Schön war's auf jeden Fall", höre ich Dich sagen.

Nach der Trennung von Peter bin ich nie wieder auf diesen schönen Inseln gewesen. Dort wurde dann auch viel gebaut, und wild zelten konnte man Jahre später auch nicht mehr. Griechenland war da eine Alternative.

Ein paar Abende lang erzählten wir uns die erlebten Reiseabenteuer. Wir merkten beide schnell, dass unser gegenseitiges Erzählen unsere Reiselust weckte. Ein Jahr waren wir nun zusammen, und du lagst davon ein dreiviertel Jahr in der Klinik. Wir meinten, es verdient zu haben und wollten es wagen: Vier Wochen Ruhe, Erholung, Sonne, Natur pur, gegenseitiges Kennenlernen unter neuen Bedingungen: Griechenland.

Du erzähltest mir von den Bewohnern, die Du in Griechenland kennengelernt hattest. Eine tiefe Sehnsucht, dem Alltag, dem Einerlei zu entkommen und Krankheit und Tod hinter Dir zu lassen, war daraus zu spüren. Es war Mitte Oktober, und die Vorboten des Winters waren schon zu spüren. Wenn Du raus wolltest, musstest Du Dich schon wieder warm anziehen lassen. Das hast Du gehasst. Du fühltest dich so beengt in Deinem dicken Anorak. Wir gingen zusammen einkaufen. Um Dich abzulenken, erzählte ich Dir unterwegs noch eine Geschichte aus Griechenland, die ich bei meinem ersten Aufenthalt in der Osterzeit dort erlebt hatte:

„Zur Osterzeit war ich mit meiner Freundin und Michael und Alexander, beide vier Jahre alt, drei Wochen in Griechenland. Wir wussten, dass demnächst die Feiertage waren, hatten das aber bald vergessen. Da wir in einem ländlichen Gebiet Urlaub machten und außer uns nur wenig Touristen unterwegs waren, waren wir wahrscheinlich die einzigen Fremden im Dorf und wurden von allen wohlwollend aufgenommen. So warteten wir eines Tages auf den ‚Bankbus', bei dem man Geld abheben konnte. Außerhalb der Saison fuhr er nur zweimal in der Woche in die Dörfer und kleinen Städtchen in unserer Gegend. Wir warteten vergebens.

Die Kinder wurden unruhig, wollten nicht mehr an der Straße stehen und warten.

Wir hatten kein Geld mehr. Was nun?

Also gingen wir wie immer, wenn wir eine Frage hatten, in den Lebensmittelladen. Dieser hatte offen. Deshalb nahmen wir an, es sei ein ganz normaler Wochentag. Der Besitzer des Ladens hatte zehn Jahre lang in Mannheim gearbeitet und sprach gut Deutsch. Er lachte, als er unsere belämmerten Gesichter sah und fragte, was wir denn hätten. Wir zeigten ihm unsere leeren Geldbeutel und fragten ihn nach dem ‚Bankbus'.

‚Wir haben Ostern, meine Lieben, und in den nächsten drei Tagen kommt kein Bus.'

‚Kein Bus! Aber Sie haben doch auch Ihren Laden geöffnet?'

Wir waren entsetzt. Er kannte unsere Gewohnheiten genau.

‚Ihr braucht Geld fürs Tanken, fürs Essen, wenn Ihr unterwegs seid. Das gebe ich Euch. Den Einkauf bei mir schreibe ich Euch an. Ist das so o.k.?'

Uns blieb der Mund offen stehen.

‚Danke, vielen Dank.'

Ich glaube, das brachten wir noch zustande. Was mir daran so peinlich war, das war die Überlegung, ob das einem Ausländer in Deutschland, der auf der Durchreise war, auch passieren würde?

„Ja", warfst Du ein, „das haben wir in Griechenland auch schon erlebt. Dieses Dazugehören. Deshalb fühle ich mich dort auch so wohl. Diese Liebenswürdigkeit und Natürlichkeit der Menschen. Ich habe oft das Gefühl, sie sind zufrieden mit dem Leben, so wie es ist. Das kann man bestimmt nicht verallgemeinern, aber bei den Menschen, die ich dort kennengelernt habe, hatte ich den Eindruck, dass es so ist."

Deine offene Art, Manfred, machte es den Menschen leicht, auf Dich zuzugehen. Du hattest eine besondere Gabe, mit Menschen umzugehen und sie zu gewinnen, das war schon faszinierend. Ich denke nicht, dass es die Regel ist, was wir oft mit anderen Menschen erleben.

Weißt Du noch, das letzte Mal auf dem Campingplatz bei Lya am Meer, bei dem Fischer? Wir wurden in ihre Häuser eingeladen und bewirtet. Es tat uns gut, bei diesen Menschen zu sein. Hektik?

Stress? Das war alles so weit weg. Obwohl ich der Ehrlichkeit halber sagen muss, dass die Stellung der Frau mich doch sehr nachdenklich gemacht hat. Wir waren meist in ländlichen Gebieten, und ich habe mich immer wieder gefragt: Wo waren die Frauen? Auf der Straße, im Café, im Lokal saßen nur Männer.

Wir wurden in Speiselokalen in die Küche gebeten, um in die Kochtöpfe zu schauen und uns das Essen zusammenzustellen. Am Herd stand oftmals eine etwas rundliche, freundlich lächelnde Frau. Wenn man von ein paar freundlichen Worten und Redewendungen absah, war unser Griechisch nicht der Rede wert. Aber es genügte, und schließlich kann man ja nicht nur mit dem Munde reden. Wie auch immer, die Köchinnen sahen in Dir gleich den Genießer, dazu brauchte es keine Sprache. Und unser Michael, dürr wie er war, bekam immer einen besonderen Leckerbissen, schließlich musste er noch ein Mann werden. Aber auch um dieses klarzustellen, brauchte es mehr Gesten als Worte.

Es hat uns geschmeckt, das griechische Essen, der Wein, die Musik, die Menschen – das war alles nach unserem Geschmack. Es war schon schön, zu entdecken, dass wir uns beide in Griechenland so wohlfühlten!

Ein Traum geht in Erfüllung

Wer träumt ihn nicht, den Traum, Weihnachten einmal nicht in der kalten, nassen Stadt zu verbringen? Dort, wo der Schnee selten an Weihnachten, sondern schon im November oder erst im Januar kommt? Weggeschleudert von den Autos, als schmutzig graue Lachen. Besonders ärgerlich für Menschen im Rollstuhl. Noch viel mehr als sonst fühlt man sich eingeengt, stößt an Barrieren. Werden die Straßen mit den Räumungsfahrzeugen geräumt, häuft sich der Schnee am Straßenrand. Wie kommt nun ein Rollstuhlfahrer über die Straße, da er doch zusätzlich auf abgeflachte Gehsteige angewiesen ist?

Einmal dem Ganzen entfliehen! Noch nie waren wir im Winter in einem Land, in dem Minusgrade normalerweise Fremdwörter sind.

Nächstes Jahr würde Michael in die Schule kommen. Von da an waren wir dann zehn Jahre lang auf die Schulferien angewiesen. Sollen wir einen Anruf bei Freunden in Griechenland wagen, um nachzufragen, ob wir willkommen sind?

Die zwei Zimmer im Erdgeschoss waren noch frei, und wir sagten kurzentschlossen zu.

Ein Traum wurde wahr: Vier Wochen im Süden Griechenlands, mitten im Winter.

Bis zur Abfahrt waren es aufregende Tage. Was dürfen wir nicht vergessen? Was gibt es in Griechenland nicht zu kaufen? Alles zur Intim- und Wundpflege musste mitgenommen werden. Spielzeug für Michael. Was zieht man im Dezember in Griechenland an? Also gut, von jedem etwas. Du hattest Listen gemacht mit den Dingen, die auf keinen Fall vergessen werden dürfen. Wandern wir aus? Die Koffer und Taschen türmten sich in der Tiefgarage. Wir hatten nur zwei Autos und einen Anhänger, waren jedoch fünf Erwachsene und ein Kind. Erstaunt schaute ich zu, wie all das Gepäck unter Deiner Anleitung fachmännisch verstaut wurde. Dich packen zu sehen, faszinierte mich immer wieder. Bald ins Bett und morgens früh um drei Uhr wieder aufstehen! Das Schiff in Ancona wartet nicht. Ohne Panne und eine Stunde vor der Abfahrt waren wir am Kai und bewunderten das große weiße Schiff, das uns bald über das Wasser in ein warmes, von uns geliebtes Land bringen würde.

Ich bin zwar schon auf großen Schiffen gefahren, aber so groß, so lang und mit Kajüten wie Zimmer in einem Grandhotel? Ob das Zimmer hielt, was der Prospekt versprach? Mit Michael an der Hand, der den Kopf in den Nacken gelegt hatte und staunte, marschierten wir durch den Schiffsbauch zu unserer Kajüte. Als das Schiff ablegte, standen wir alle an der Reling und mein Magen rumorte. Kein Land mehr unter den Füßen. Nur Wasser. Ich bekomme jetzt kein mulmiges Gefühl, befahl ich mir, das Schiff kann schwimmen!

Die Freude an der Überfahrt überwog die Strapazen

Wir würden jede Minute auf diesem Schiff voll auskosten. Das nahmen wir uns fest vor. Und taten es auch. Auch wenn es für Dich anstrengend und ermüdend war.

Zum ersten Mal habe ich auf einem Schiff übernachtet. Nein, das stimmt nicht. Zum ersten Mal habe ich in einem Bett auf einem Schiff übernachtet. Zwei Tage und eine Nacht dauerte die Fahrt. Es war herrlich.

Wer kennt nicht die Szene im Fernsehen: Eine junge Frau sitzt auf dem Deck eines großen Schiffes in einem Liegestuhl, eine Sonnenbrille auf der Nase, man sieht ihr an, wie sie es genießt. Sie riecht das blaue Meer, hört die Wellen an den Bug schlagen, ein weiß gekleideter junger Steward kommt auf sie zu und reicht ihr einen Drink.

Genau diese Szene durfte ich erleben.

Bis dahin konnte ich mir nie so recht vorstellen, was Menschen unserer Gesellschaft dazu bewegt, an einer Kreuzfahrt teilzunehmen. Jetzt konnte ich es.

Der Kapitän und die Mannschaft waren sehr zuvorkommend, einfach nett und freundlich. Keine übertriebene, gekünstelte Freundlichkeit. Sie sahen uns in erster Linie als Menschen, und es war ihnen ein natürliches Bedürfnis, zu helfen. Und so fragten sie ohne Hemmschwelle und ohne, dass es übertrieben wirkte, was sie für uns tun können.

„Sie haben eine andere Mentalität, und das gefällt mir“, erklärtest Du mir, als wir lachend „Deine Männer“ und Michael im Pool beobachteten.

Du, Manfred, fuhrst nicht das erste Mal mit der „SI“. Der Kapitän hatte Dich in sein großes Herz geschlossen, und sobald er Zeit hatte, gesellte er sich für ein paar Minuten zu uns. Michael genoss es, auf dem großen Schiff mit einem Zivildienstleistenden herumzugehen und sich alles genau anzusehen. Und als ihn der Kapitän mit auf die Brücke nahm, strahlten seine Augen. Als er wiederkam, verkündete er stolz: „Wenn ich groß bin, werde ich Kapitän.“

Mit jeder Stunde, die wir von Ancona Richtung Patras fuhren, wurde es wärmer.

Die See war ruhig, und wir schliefen ein, in den Ohren das Schlagen der Wellen an den Schiffsrumpf.

Für Dich, mein Schatz, war die Zeit auf dem Schiff nicht einfach zu bewältigen. Auf einem Schiff muss man oft die Füße hochheben und große Schritte machen. Aber Du konntest an Deck und in die gemütliche Bar, in welcher Du immer jemanden fandest, mit dem Du Dich unterhalten konntest.

Es wurde abgesprochen, wer von „Deinen drei Männern“ wann Dienst hatte, wer Bereitschaft und wer frei hatte. Zu Hause reichte ein Mann zur Pflege, da waren aber die Bedingungen andere. Hier gab es kein höhenverstellbares Bett. Kein Bett mit Kopf und Fußteil zum Verstellen. Hier war Hand-, beziehungsweise Muskelarbeit gefragt. Man musste zu zweit sein, um Dich, Manfred, im Bett aufzusetzen und um Dich dann aus dem Bett mit dem Lifter in den Rollstuhl zu hieven.

Aber die Freude an der Überfahrt überwog die Strapazen. Die Jungs halfen zusammen, verstanden sich privat ganz gut, und so war keiner überfordert. Es wurde viel und gerne gelacht.

Die Aufregungen, welche die Reisevorbereitungen in den letzten Tagen mit sich gebracht hatten und die Anspannung, ob wir das Schiff rechtzeitig erreichen würden, fielen langsam von uns ab. Wir hatten es geschafft, standen an der Reling und beobachteten das Meer.

Noch weniger als zu Hause bedeutete Urlaub für uns traute Zweisamkeit. Die nächsten vier Wochen würden wir auf engem Raum zu fünft zusammen sein. Nur wenn wir uns gegenseitig halfen und ergänzten, konnte jeder von uns etwas von dieser Reise haben. Zum ersten Mal war ich nicht nur ständig mit einem Zivi zusammen, sondern gleich mit dreien. In dieser Situation musste auch ich viel dazulernen.

Aber auch für die jungen Leute war das nicht einfach, denn zu Hause gaben sie sich beim Dienstwechsel die Türklinke in die Hand. Nur beim Einlernen eines Neuen waren sie zu zweit. Nun verbrachten sie Dienstzeit und Freizeit gemeinsam, halfen sich und wurden bald ein eingespieltes Team. Das war nicht immer so. Wir hatten auch schon die falschen Zivis auf Reisen mitgenommen, die untereinander nicht harmonierten. Bald stellte sich aber heraus: Diesmal hatten wir die richtigen mitgenommen. Entschuldige, Du warst es natürlich, der sie ausgewählt hatte.

Ein bisschen wehmütig gingen wir von Bord. In vier Wochen würden wir wieder zurückfahren. Aber nun kam nochmals Stress auf. Unser Gepäck, umfangreich und sperrig, Rollstuhl, Lifter, Lagerungskissen mussten nun wieder in die beiden Fahrzeuge und den Anhänger verstaut werden.

Wir alle waren begeistert

Ob eine Nacht oder mehrere, der Aufwand war der gleiche.

Uns zerrann die Zeit zwischen den Fingern. Wir hatten noch eine weite Wegstrecke vor uns. Manfred, Du warst gereizt, auch wenn

Du es Dir nicht anmerken lassen wolltest. Du hattest schlecht geschlafen. Die Reise dauerte Dir schon zu lange.

Kanntest Du den Weg wirklich? Es war inzwischen auch schon wieder einige Jahre her, dass Du bei Deinen Freunden warst.

Es war das erste Mal, dass ich so weit im Süden Griechenlands war. Du warst mit einem Ehepaar befreundet, das sich auszuwandern getraut hatte. Aus dem kühlen Berlin kommend, sind sie in den warmen Süden Griechenlands gezogen. Sie haben sich einen Berg gekauft, mitten im Niemandsland. Das Haus, selbst entworfen und mitgebaut. Es lag, wundervoll gelegen, auf einem Berg in der Region von Kalamata, erzähltest Du mir.

Manfred, Du hattest eine unglaublich gute Orientierung. Als wir durch einen breiten Bach mit wenig Wasser fuhren, war es mir schon ein wenig mulmig.

„Hier gibt es keine andere Möglichkeit, das *ist* die Straße", versuchtest Du unsere Zweifel zu zerstreuen. Langsam und vorsichtig durchquerten wir den Bach.

Wer mochte Dir widersprechen?

„Dort auf den Berg, seht Ihr, dort müssen wir rauf."

Und wer holt hier morgens die Brötchen? Aber das dachte nur ich.

Nach vielen Mühen und Kurven, vorbei an Orangen- und Zitronenhainen, gelangten wir oben auf dem Berg an. Das Haus sahen wir zunächst nicht. Es lag versteckt hinter Bäumen und Sträuchern.

Wir waren verspannt und müde, aber an ein Aussteigen war nicht zu denken. Beim Anblick zweier bellender und zähnefletschender Hunde traute sich keiner, das Auto zu verlassen.

Aber da kamen auch schon Gisela und Klemens und begrüßten uns herzlich. Die Hunde zogen sich ein Stück zurück, hörten auf zu bellen und beobachteten genau jede Bewegung von uns. Hunde! Mochte ich Hunde? Sicher. Bis jetzt aber kannte ich sie nur immer von weitem, hinter einer Gartentüre, oder an der Leine. Für mich waren sie in ihren Bewegungen und in ihrem Verhalten schwer einzuschätzen. Ich habe Schwierigkeiten mit meinem Gleichgewicht, wenn sich etwas auf mich zu bewegt. Dann werde ich unsicher. Nun bewegten sich gleich zwei Hunde um mich, und so hatte ich Mühe, gelassen zu bleiben. Zwar mochte ich schon immer Hunde – aber wie sollte ich ihnen meine Unsicherheit erklären?

Nachdem uns unsere Gastgeber begrüßt hatten, zwei waschechte Berliner in unserem Alter, offen und herzlich, zogen sich die Hunde zurück. Ilse, eine Schäferhündin, und Wölfle, ein Mischling, der einem jungen Wolf ähnelte.

Wir wurden aufgeklärt: „Achtet bitte auf die Welpen im Garten, sie liegen etwas versteckt in einer Mulde, grimmig bewacht von Ilse. Erst ein paar Tage alt. Ihr dürft ihnen nicht zu nahe kommen, sonst bekommt Ihr Ärger mit der Hündin.“ Was wir alle sofort glaubten.

Nachdem wir diese Hürde gemeistert hatten, wandten wir uns dem Haus zu.

Das Haus war um einen Innenhof gebaut und wirkte sehr südländisch.

Der Innenhof strömte mit bunt bepflanzten Pflanzenkübeln, wildem Wein und einem großen rustikalen Holztisch Gemütlichkeit aus, der man sich nur schwer entziehen konnte. Unsere Zimmer lagen ebenerdig. Sie konnten von Dir mit dem Rollstuhl vom Hof aus befahren werden.

Wir waren alle begeistert von unserem Feriendomizil.

Michael und Wölfle

Michael sprang gern in dem weitläufigen Garten umher, verfolgt von Wölfle.

Die Hunde lebten im Garten und bewachten Haus und Hof. Bald waren wir sechs Ankömmlinge von den Hunden akzeptiert.

Es hätte natürlich jeden von uns gereizt, einen Blick auf die jungen Hunde zu werfen. Aber Ilse, die bald zutraulich wurde, hatte einen magischen Kreis um die Jungen gezogen, der nicht überschritten werden durfte, obwohl sie manchen Leckerbissen von uns heimlich zugeworfen bekam.

Manfred, Du bist ja zu Hause mit Collie-Hunden aufgewachsen. Oft hattest Du mir von Deinem Lieblingshund Kaja erzählt.

Michael hatte das Herz von Wölfle im Sturm erobert. Wölfle war ein Hund, der mir bis zu den Knien reichte. Alles an ihm erinnerte einen an einen jungen Wolf. Er war verspielt, und sein Gesicht war schmal, und seine Augen konnten einem direkt ins Herz sehen. Ilse, die Hundemutter, war eine Deutsche Schäferhündin, groß, wachsam, immer auf dem Sprung. Immer wieder sah man Michael und Wölfle durch den Garten schleichen. Manfred und ich freuten uns darüber sehr. Michael hatte zu Hause Kontakt zu den Hunden einer befreundeten Nachbarin.

All diese neuen Eindrücke stimmten mich froh. Hier konnte man sich erholen.

Ich stand immer wieder da und schaute mich um. Das Haus mit dem Innenhof war schon eine Pracht. Überall Blumen, Sträucher, Bäume, die Aussicht war atemberaubend. Zwischen den Bäumen hindurch blickte man in ein Tal. Ein Bach schlängelte sich wie ein Band zum Horizont. Das Wasser sah man in der Sonne glitzern.

Tiefblauer Himmel überspannte das lebendige Gemälde. Es war warm, so warm, dass ich mir vorstellen konnte, vier Wochen auf der Wiese zu liegen, die Füße auszustrecken, den Blick träumend in den Himmel gerichtet.

„Wo ist Michael?“ Ich hatte ihn schon lange nicht mehr gesehen.

„Manfred, weißt du wo Michael ist?“

Ich ließ meinen Blick über den Garten schweifen, der allerdings nicht sehr überschaubar war.

„Keine Ahnung, weit kann er nicht sein“, meintest Du gähnend, „er wird im Garten spielen.“

Es gab keinen Grund, unruhig zu sein.

Michael war gerade mal sechs Jahre alt. Er war ein zuverlässiger Junge. Nach den nächsten großen Ferien sollte er in die Schule kommen. Wir saßen alle faul und entspannt auf der Terrasse und genossen die warme Sonne. Es war Dezember, und der Oleander blühte.

Auf einmal kommt Wölfe aus einem Gebüsch und Michael schlaftrunken hinterher.

„Wo kommt Ihr denn her?“, fragten wir erstaunt.

„Wir lagen dort“, Michael rieb sich die Augen, und zeigt mit einer unbestimmten Handbewegung in den Garten. „Ich durfte mich zu Wölfle kuscheln, und dann haben wir geschlafen.“

So fing eine außergewöhnliche Freundschaft an.

Wir taten, was alle Urlauber, die Ruhe benötigen, tun: Wir faulenzten ausgiebig. Manfred, Du wolltest mir einiges zeigen. Wir wollten Deinen Freund in Olympia besuchen. Wir wollten so vieles. Aber wir mussten auch darauf schauen, dass Du genügend Ruhepausen hattest. Du bist in den Tagen davor zu viel gesessen, und so war viel Liegen angesagt. Wir bemühten uns, vernünftig zu sein, und das ließ sich auf diesem Berg, in dieser Ruhe und Stille, gut umsetzen.

Auch wenn wir zu Hause verhältnismäßig ruhig wohnten, in einem reinen Wohngebiet, Bäume, Vögel und einen kleinen Park vor unserer Tür hatten, so wohnten wir doch zwischen Autobahn und einer Schnellstraße in der Nähe des Flugplatzes. Man hörte stets ein Auto, der Bus fuhr, Jugendliche schrieen und sangen lauthals, wenn sie vom gegenüberliegenden Jugendhaus nach Hause fuhren. Samstagnacht erfreuten sie uns dann mit aufheulenden Motoren. Hier hörten wir ... nichts.

Kalamata

Im Sommer davor war in dieser Region ein heftiges Erdbeben, und die Stadt Kalamata war stark davon betroffen. Wir waren entsetzt und erschüttert, als wir das erste Mal durch die Stadt fuhren. Die betroffenen Bewohner sind vermutlich vor Schreck erstarrt, als sie Sekunden nach dem Beben ihre zerstörten Häuser erblickten. Menschen, die gerade noch ihrer Alltagsarbeit nachgegangen waren, standen plötzlich vor dem Nichts. Wie fühlt man sich wohl, wenn man in der Küche steht und Spiegeleier brät – und plötzlich sackt die Vorderfront des Hauses in sich zusammen? Die betroffenen Menschen lebten immer noch in großen Schiffen, die im Hafen lagen. Die Bilder im Fernsehen zu sehen war das eine, vor den Ruinen zu stehen, das andere. Das Fernsehen bringt nach zwei Minuten andere Bilder, andere Katastrophen. Aber nun standen wir vor einem dreistöckigen Haus. Die Vorderfront fehlte, und man konnte in die Zimmer sehen. An Hand der Tapeten versuchte ich herauszufinden, was Wohnzimmer, was Schlafzimmer und was Kinderzimmer gewesen war.

Das Leben ging weiter.

War das so einfach?

„... das war der schönste Heilige Abend ...“

Am vierundzwanzigsten Dezember frühstückten wir gemeinsam auf der Terrasse. Es war unser erstes gemeinsames Weihnachtsfest. Das Jahr zuvor warst Du zur Kur.

Da Weihnachten uns mehr war als eine Reihenfolge von gutem

Essen, zogen wir uns am Nachmittag zurück – Du, Manfred, Michael und ich.

Wir zündeten eine Kerze an. Ich las die Weihnachtsgeschichte aus einer kleinen Bibel vor. Ohne vorherige Absprache hatten wir für jeden ein kleines Geschenk. Es war uns wichtig, dass Weihnachten für uns drei eine tiefere Bedeutung hatte als gutes Essen und guter Wein. Wir freuten uns, dass wir es sichtbar ausdrücken konnten. Es war so selbstverständlich zwischen uns, mit jemand anderem hätte es peinlich sein können. Dieser Nachmittag war mehr für mich, als ich je mit Worten ausdrücken kann, obwohl von der üblichen Weihnachtsstimmung äußerlich nichts zu sehen war.

Stille Nacht, heilige Nacht.

Kein Schnee lag, es war nicht kalt, wir hatten keinen Christbaum und waren von Menschen umgeben, die mit dem Christfest nichts anfangen konnten. Weihnachten war in unseren Herzen. Freude und Dankbarkeit, dass wir einander haben durften, Freude und Dankbarkeit, gesund zu sein und diesen wunderschönen Urlaub machen zu dürfen. Wir waren dankbar dafür, dass für uns beide das Weihnachtsfest die gleiche Bedeutung hatte und wir dazu stehen konnten.

Unsere Liebe wuchs.

Ich sagte: „Manfred, ich glaube, das war der schönste Heilige Abend, den ich in meinem Leben gefeiert habe. Danke.“

So kuschelte ich mich abends in meinen Schlafsack und war schon eingeschlafen, bevor Du richtig lagst.

„… hörst Du die kleinen Hunde?“

Achtundvierzig Stunden später schlug das Wetter um, und Petrus lehrte uns das Fürchten. Es wurde dunkel und kalt. Wir gingen früh zu Bett und kuschelten uns in unsere Decken, und der Wind pfiff uns ein Lied. Das war doch ein Wind – oder war das schon Sturm?

„Manfred, wenn das ein Sturm ist, was ist dann ein Orkan?“ Auf welche Seite würden die Bäume kippen, wenn sie fallen?

Es fing an zu regnen. Der Wind peitschte den Regen über den Bergrücken, auf dem das Haus stand. Aus dem Wind wurde ein Sturm.

Ich hatte die Bilder der zerstörten Häuser von Kalamata vor meinem inneren Auge. Wo wollte man hinfliehen, wenn die

Elemente so tobten? Nachts, auf einem Berg? Nicht daran denken, Elsbeth, nicht jetzt, befahl ich mir.

„Die Hunde, hörst du die kleinen Hunde?“, flüstertest Du mir ins Ohr. Ich hatte mich ganz nah an Dich gekuschelt und lauschte angestrengt. Der Sturm hielt für Sekunden den Atem an – es war ganz ruhig geworden. Man hörte das leise, angstvolle Fiepen der kleinen Tiere. Und schon brach draußen der Sturm wieder los. Konnte er das Haus mitreißen?

Uns wurde in solchen Momenten unsere Hilflosigkeit aufgrund unseres Handicaps bewusst. Wären wir gesund gewesen, wir hätten schon längst nach den Welpen geschaut. Aber da kam schon Stephen, einer der Zivildienstleistenden, und meinte:

„Ich hole jetzt die Hunde, ich halte das nicht mehr aus. Muss ja keiner wissen. Und jetzt läuft bestimmt außer mir keiner draußen herum.“

Mit Regenzeug und Taschenlampe stapfte er in hohen Gummistiefeln los. Es war stockdunkel, und ich zitterte vor Angst um den jungen Mann. Am liebsten wäre ich mitgegangen, aber ich konnte ja kaum die Tür auf- und zumachen, so stark blies der Wind. Kalt war es draußen geworden. Wie würden sich die Hundeeltern verhalten? Wir hielten den Atem an. Da kam auch schon Stephen mit dem ersten Welpen.

Fünf Welpen, fünfmal den Weg. Mit einer Hand musste er sich an den Sträuchern festhalten, damit der Sturm ihn nicht umwarf.

Ab dem zweiten Welpen musste er den Weg nicht mehr suchen. Ilse, die Hundemutter, lief neben ihm her. Die Hündin blieb aber immer an der Terrassentür stehen. Endlich hatte er es geschafft! Tropfnass und müde vom Tag und der Herausforderung des Abends ging er sich umziehen und ins Bett.

„Die Tiere wären ertrunken, die Mulde war schon voller Wasser“, meinte er kopfschüttelnd.

Unsere Blicke und Freude über die Rettung der kleinen Wesen waren ihm Dank genug. Heute ist dieser junge Mann, der die Tiere hereinholte, Tierarzt. Was er mit seiner guten Tat in Bewegung setzte, wurde ihm erst nach ein paar Tagen klar.

Ergriffen vor Ehrfurcht, hielt ich jedes Mal das kleine Lebewesen, das er gebracht hatte, in den Händen, wickelte es vorsichtig in ein Handtuch und rieb es trocken. Die fünf Wollknäuel lagen nun abgetrocknet auf einer Decke und kuschelten sich aneinander.

Ilse stand an der Glastür und schaute von draußen zu, wie ich ihre Jungen trockenrieb. Noch nie im Leben hatte ich so etwas Kuscheliges, Kleines in der Hand gehabt. Die trockenen Hunde setzte ich Dir aufs Bett, damit Du sie auch bewundern konntest.

Der größte und dickste der fünf wurde „Manfredo“ getauft, der kleinste und schwächste Ouzo.

Die zarteste Hündin nannten wir Sissi.

Der Sturm draußen war vergessen. Seit das letzte ihrer Kinder hinter der Glastür verschwand, stand Ilse unbeweglich im Regen und schaute stumm und ergeben zu, was wir mit ihren Kindern machten. Wir mussten die Tür zu machen, sonst wären Sturm, Regen und Kälte ins Zimmer gekommen. Endlich konntest Du Ilse überreden hereinzukommen.

„Ilse, komm rein, schnell, komm, komm rein“, locktest Du sie leise. Endlich, ihren Hemmungen und ihrer strengen Erziehung zum Trotz, legte sie sich auf den trockenen Boden und säugte ihre Jungen. Als sich die fünf Kinder sattgetrunken hatten, wollte sie sofort wieder raus. Wetter hin oder her, sie wusste genau, dass sie hier nicht reindurfte. Diese Regel, dieses Erziehungsprinzip konnten wir nicht nachvollziehen, mussten es aber akzeptieren. In südlichen Ländern sind Hunde oft Tiere für einen bestimmten Nutzen und keine Kameraden für einen Menschen.

„Auch in Deutschland verstehe ich die Menschen nicht, die Tiere in Zwingern halten und sich dann wundern, dass sie gefährlich werden und Menschen anfallen. Und dann tötet man sie. Die Tiere. Wer denkt darüber nach, warum sie so geworden sind?“

Leise schimpfte ich vor mich hin und beobachtete unseren Michael.

„Danke, Papa!“

Michael war aufgewacht, hörte das Fiepen der Kleinen, konnte aber das Geräusch nicht einordnen.

„Michi, komm her, schau!“, lockte ich ihn leise.

Da stand er im Schlafsack und schaute auf das wuselige Bild am Boden.

„Träume ich, bin ich wach?“

Langsam ging ein Lächeln über sein Gesicht.

„Die Babys, Ilses Babys!“

Ich erzählte ihm, was er in der Nacht bisher verschlafen hatte.

„Wo hat sich Wölfle versteckt, geht's ihm gut? Er wird bestimmt ganz nass. Papa, darf er auch rein?"

Seine Gedanken und seine Gefühle waren sofort bei seinem Freund.

„Er freut sich, dass wir uns um seine Kinder kümmern, er würde nicht ins Haus kommen", versuchtest Du ihn zu beruhigen.

„Danke, Papa!"

Du warst sein Papa geworden. Ganz von alleine. Wir hätten es auch akzeptiert, wenn er Manfred zu Dir gesagt hätte. Aber alle anderen Kinder hatten einen Papa. Jetzt hatte er auch einen. Und was für einen!

Und nun wuselten im ganzen Zimmer die kleinen Hundebabys herum.

Weihnachten ist doch nur einmal und ... war schon vorbei. Oder?

Kommt Zeit, kommt Rat, kommt Hund

Manfred, Deine Augen glänzten, als Du die Hundebabys im Arm hattest, Du sagtest aber nichts.

„Für Michael wäre es bestimmt schön, wenn er mit einem Hund aufwachsen würde ...", fing ich am dritten Abend vorsichtig an. Manfred, Du schautest mich nur an.

„Na ja, er könnte Verantwortung für ein Lebewesen übernehmen und lernen, dass man für ein Tier Sorge tragen muss, und ..." – ich holte tief Luft – „ich hätte so gerne einen Hund, das habe ich mir als Kind schon gewünscht."

Unsicher sah ich Dich an. Ich wusste, was kommen würde. Manfred, Du warst in erster Linie ein Verstandesmensch.

Du sagtest: „Ich bin mit Hunden aufgewachsen, ich weiß, was es heißt, immer in der Pflicht zu stehen."

Deine Stimme bekam einen strengen Ton.

„In erster Linie werden wir zwei für den Hund verantwortlich sein. Ich kann die Verantwortung nur bedingt übernehmen, das weißt Du. Das heißt, letztendlich bist Du verantwortlich, und was willst Du noch alles machen?"

Du hattest ja recht, teilweise, aber ich auch.

Das werden wir auch noch schaffen – Du liebst ihn ja schon jetzt, den kleinen, niedlichen schwarzen Kerl, dachte ich trotzig.

„Aber was hast Du mir schon für wunderschöne Geschichten

über Eure Hunde erzählt. Stell Dir vor, ihr hättet nie Hunde gehabt", gab ich zu bedenken.

Du schütteltest energisch den Kopf.

„Elsbeth, das hat doch keinen Wert. Sei doch vernünftig."

Deine Augen, Deine Blicke, wie Du das wuselige Etwas anlächeltest, das da auf Dir herumstieg, straften Deine strengen Worte Lügen.

Ein tiefer Seufzer entwich Deiner Brust.

„Das müssen wir ja nicht heute Nacht entscheiden, oder?"

Müde fielen Dir die Augen zu – ein Hundebaby im Arm.

Das war kein eindeutiges Nein, registrierte ich fröhlich. Kommt Zeit, kommt Rat, kommt Hund.

„Gute Nacht."

Jeden Abend, pünktlich zwischen 18.30 und 19.00 Uhr, kamen nun die jungen Hunde in unser Zimmer. Unsere Gastgeber durften das nicht mitbekommen.

Es war zu witzig, die fünf zu beobachten, wie eins nach dem anderen auf seinen kurzen Beinen zur Terrassentür gewatschelt kam und sie in unserem Zimmer auf Entdeckungsreise gingen. Sie kamen nicht miteinander, sondern in kurzen Abständen, so wie wenn immer einer Schmiere stehen würde, um zu sehen, ob die Luft rein wäre.

Wir hatten unser Zimmer etwas geheizt, was in den Abendstunden sehr angenehm war. Der einzige Nachteil der für uns doch lustigen Geschichte war, dass das Jungvolk noch nicht stubenrein war. Aber es eroberte unsere Herzen. Zwei Tage später warst auch Du überzeugt – ohne, dass wir noch einmal darüber diskutiert hätten: Ouzo soll mit nach Deutschland kommen. Wir hatten ein neues Familienmitglied.

„Manfredo", so hatten wir den stärksten und dicksten der drei männlichen Babys getauft, würde den Kampf ums Überleben eher als Ouzo gewinnen, der schwächste der drei männlichen Welpen. Aber was machen wir mit dem schwächsten Mädchen? Wie würde Sissi den Überlebenskampf hier gewinnen? Gar nicht, stellten wir traurig fest.

Aber Du hattest wie so oft die rettende Idee. „Weißt du was, wir rufen in Deutschland an, ich weiß, wer sich einen Hund wünscht."

So fing eine wunderschöne Freundschaft an, die zwölf Jahre dauerte.

Die Heimreise wurde zum Abenteuer. Wir waren mit zwei Autos, drei Zivildienstleistenden unterwegs. Die Zivis hatten plötzlich Hemmungen bei der Vorstellung, dass sie die Hunde über die Grenze schmuggeln sollten.

„Also, ich fahr über jede Grenze, die Hunde sind in meinem Auto. Wo ist das Problem?"

Ich war so zornig über die doofen Geschichten, die von unseren Gastgebern erzählt wurden. Ausführlich beschrieben sie, was die Grenzer mit den Hunden und dem Fahrer des Autos an der Grenze machen würden, wenn sie uns mit den Hunden erwischten, dass ich sauer wurde. Michael war schon ganz durcheinander. Aber unsere Gastgeberin konnte sich nicht bremsen, uns Horrorgeschichten zu erzählen. Die Zivildienstleistenden hingen an ihren Lippen und glaubten ihr jedes Wort.

Ob an den Geschichten was Wahres dran ist? Ein Körnchen Wahrheit? Ach Quatsch, wo leben wir denn!?

Der Hund war unsere erste „große gemeinsame" Anschaffung. Wenn wir nach Hause kämen, hätten wir einen gemeinsamen Haushalt. Den Herbst hatten wir dazu verwandt, aus unseren zwei Wohnungen eine zu machen. Nun hatten wir die gemeinsame Verantwortung für Kind und Hund. Wir waren eine Familie geworden!

Aber es kam alles anders, ganz anders!

Der Rest ist Blech – aber sie leben noch

Mit den Hunden in einer großen Schachtel auf der Rückbank, wäre ich gerne mit meinem Auto zurückgefahren – wenn ich bei der Rückreise noch ein Auto gehabt hätte.

Bei einem Ausflug ins Landesinnere, den wir mit zwei Autos machten, fuhr einer der Zivis in einer Kurve geradeaus, weil er zu Michael nach hinten geschaut hat. Michael war schlecht geworden, deshalb hatte er das Autofenster heruntergekurbelt. Es zog, und der Zivi bat Michael, er möge doch das Fenster schließen. Als er keine Antwort bekam und es immer noch zog, drehte er den Kopf nach hinten und fuhr vorne geradeaus. Der Acker, auf dem sie landeten, lag einen Meter tiefer als die Straße, und ein paar Olivenbäume standen auch im Weg. Als das Auto den Meter Höhenunterschied überwunden hatte und wieder auf seinen Rädern stand, fuhr es weiter: zuerst über eine Wasserleitung und dann um einen Olivenbaum herum. Das Dach, die Windschutzscheibe, der komplette Unterboden und Hauptboden des Autos – alles war hin!

Dem Zivi und Michael war nichts, gar nichts passiert. Unsere Schutzengel waren „auf zack“. Ich saß im Volvo von Dir, Manfred, schaute nach hinten und sah weder mein nachfolgendes Auto noch sonst etwas. Wir fuhren etwas langsamer, um auf die Nachzügler zu warten. Aber es kam kein Auto.

„Drehen wir um, wahrscheinlich haben sie angehalten“, meintest Du.

„Ganz ruhig bleiben, Elsbeth, sie leben noch und sind unverletzt“, sagtest Du eine Minute später. „Alles andere ist nicht schlimm.“

Da sah ich sie auch schon: Hand in Hand kamen sie uns mitten auf der Straße entgegen. Zu Fuß, ohne Auto. Mein Herz fing an zu rasen. Manfred, Du hattest recht, sie leben noch. Mein Herzschlag normalisierte sich wieder. Der Rest war Blech.

Totalschaden. Natürlich war es schlimm für mich. Aber ich sagte nichts. Was auch? Aus dem Ausflug wurde nichts mehr. Wir suchten eine Polizeistation und baten um Hilfe. Damals musste noch das Auto in den Pass eingetragen werden, wenn man über die griechische Grenze fuhr. Eine Ausreise ohne Auto war ausgeschlossen. Also musste das Auto vom Zoll beschlagnahmt werden. Der ADAC hat es nach Deutschland geholt, und anschließend wurde es verschrottet. Ich konnte aber aufgrund meiner körperlichen Belastung nur mit meinem eigenen Auto fahren, weil ich das Gaspedal links habe. Keiner getraute sich mehr, etwas über die Hunde und Grenze zu äußern. Als wir am Schiff ankamen und durch den Zoll wollten, wartete auf uns eine weitere Überraschung, die uns den Schweiß den Rücken hinunterlaufen ließ.

Wir mieteten in Kalamata ein Auto, und unser Gastgeber Clemens fuhr mit uns nach Patras. Im Hafen stiegen wir alle aus und luden das Gepäck um in den Volvo. Außer dem Fahrersitz war alles bis unter das Dach vollgepackt. Dazwischen, gut belüftet, die große Schachtel mit den Hunden. Zu Fuß gingen wir dem Zoll entgegen. Ein Zivi fuhr im Schritttempo hinter uns her.

Auf einmal kam Leben in die Grenzbeamten. Wir merkten, wie wir plötzlich im Mittelpunkt ihres Interesses standen.

Die Ängste der Schmuggler

Wir wurden in einen rundum verglasten Raum gebeten. Dann kamen andere Männer in Uniform und schickten uns alle raus, außer Manfred. Er sollte dableiben. Was wollten sie von Dir? Ihrem mürrischen Gesichtsausdruck nach zu urteilen – nichts Gutes!

Noch nie waren wir im Ausland so würdelos behandelt worden. Wir wechselten sorgenvolle Blicke. Michael klammerte sich an meine Hand. Ihm war anzusehen, dass er nun alle Horrorgeschichten der letzten Abende für wahr hielt. Kamen auch Kinder ins Gefängnis? Beinahe zerquetschte er mir die Hand. Wenn wir nicht von außen in den Raum hätten sehen können, wäre ich keinen Meter gewichen.

Du musstest mir zureden, dass ich Dich alleine ließ, obwohl Dir Dein Unbehagen anzumerken war.

„Was wollen die von uns, beziehungsweise von Dir?"

Wir hatten ein schlechtes Gewissen, denn draußen im Auto lagen zwei Welpen in einem Karton. Von dem Ouzo, den wir schmuggeln wollten, gar nicht zu reden.

Jetzt kamen noch mal zwei Männer in Uniform, begleitet von zwei der größten Schäferhunde, die ich je gesehen habe. Mein Herz blieb mir beinahe stehen. Manfred wurde beschnuppert. Die Hunde liefen um den Rollstuhl herum und schnupperten und suchten. Wir verstanden nichts mehr.

Keiner interessierte sich für unser vollgestopftes Auto.

Nach ein paar Minuten war der Spuk vorbei. Jetzt plötzlich konnte einer der Beamten ein paar Brocken Deutsch und Englisch. Er erzählte uns freundlich eine haarsträubende Geschichte. Vor vier Wochen kam ein Rollstuhlfahrer und konnte ohne Probleme sämtliche Zölle passieren, bis er nach Deutschland kam. Den deutschen Grenzern fiel er endlich auf. Er wurde gründlich durchsucht. Es war kein echter „Rollifahrer". Er hatte den Rollstuhl benützt, um die Rohre des Stuhles mit Rauschgift zu füllen.

Ausgerechnet Manfred war der nächste Rollstuhlfahrer, der den Fahndern über den Weg fuhr. Der Kapitän sah uns und erkundigte sich nach unseren Schwierigkeiten. Ein kurzes Gespräch mit den Zöllnern, und wir konnten an Bord. Als wir die Formalitäten erledigt und unser Gepäck für die Überfahrt in der Kabine hatten, die Hunde geschützt in einer Decke in der Badewanne schliefen, lud

Manfred „seine Männer“ auf einen Drink in die Bar ein. Gemütlich saßen wir in tiefen Sesseln und entspannten uns.

„Das war knapp“, waren wir uns einig.

Wir hatten zwar kein Rauschgift, aber Schmuggler waren wir doch. Die Überfahrt war stürmisch. Der Kapitän verbrachte viel Zeit im Schiffsbauch, um nach der Fracht, nach den Autos und vor allem nach den LKWs zu sehen.

Die „Männer“ hatten ihre Kabine nicht bei uns. Weil Du auf die Seite gedreht werden musstest, durfte ich die Männer holen. Immer an der Wand entlang. Das Schiff hatte vielleicht einen Seegang!

Natürlich begegnete mir ein Steward, der mit zu Manfred wollte, „um ihm zu helfen“. Ich schüttelte heftig den Kopf und sagte immer wieder die Nummer des Zimmers, in dem die Jungs schliefen. So nahm er mich beim Arm und geleitete mich bis zur Zimmertür. Zusammen mit einem der Zivis ging ich zurück.

Ouzo und Sissi haben die Seefahrt in der Badewanne gut überstanden. Ich fütterte sie mit verdünnter Milch und Haferflocken. Diesmal waren wir froh, als das Schiff in Ancona anlegte. Wir hatten wieder festen Boden unter unseren Füßen.

In Ancona mussten wir ein Auto mieten. Das war kein Problem. Mietautos wurden in Büros am Hafen angeboten. Wir mussten es auch nicht zurückbringen, wie in Griechenland. Aber das Mietauto war mit einer dicken Eisschicht bedeckt. Der Mann, der uns das Auto übergab, schaute die dicke Eisschicht an, schüttelte den Kopf und verschwand. Er kam nach ein paar Minuten wieder und leerte einen kleinen Eimer heißes Wasser über die Windschutzscheibe. Es half nichts. Da es keinerlei handelsüblichen Enteiser mehr gab (in Ancona hatte man das seit Jahren nicht mehr erlebt), opferte ich meine Scheckkarte, um das dicke Eis zu entfernen. Es ging ganz gut.

Als ich meine Scheckkarte zwei Wochen später gegen eine neue tauschen wollte, wunderte sich der Mann auf der Bank über das Aussehen meiner Karte.

„Was ist denn mit der Karte geschehen?“, fragte er erstaunt.

„Das ist eine lange Geschichte“, lachte ich. „Sie hat mir gute Dienste erwiesen; aber jetzt fehlt ein Stück.“

Sie war ohnehin abgelaufen.

Ich war nun doch ein bisschen froh, nicht Auto fahren zu

müssen, denn bei Schnee und Glatteis bin ich noch nie gerne Auto gefahren.

Die Fahrt nach Hause war lang und mühsam. Wir konnten aber doch auf geräumten Autobahnen meistens mit 80 km/h fahren. Auf Passstraßen ging es abwärts noch langsamer, weil der Anhänger von hinten schob.

Ouzo

Zu Hause wurde es erst einmal richtig Winter. Schnee, vereiste Fahrbahnen und Wege. Es war eiskalt. Waren wir nicht deshalb nach Griechenland gefahren, um diesem Wetter auszuweichen?

Ich meldete mich morgens mutig und freiwillig zum Brötchenholen.

„Ich nehme die Hunde mit und bin in 20 Minuten, bis Du fertig bist, lieber Mann, wieder da."

Dafür bekam ich ein weich gekochtes Ei versprochen. Mit zwei kleinen Welpen kommt man nicht nur wegen ihrer kurzen Beine langsam vorwärts, sondern auch der Menschen wegen, denen wir begegneten. Zwei schwarze Welpen im weißen Schnee, das dauert. Nur war mir das nicht bewusst, weil ich ständig beschäftigt war. Als ich mit meinen frischen Brötchen nach Hause kam, fiel mir die merkwürdige Stimmung auf.

Der Frühstückstisch sah benützt aus. Manfred saß in seinem Büro.

„Warum habt ihr nicht gewartet?", fragte ich harmlos.

„Weil ich sonst verhungert wäre, du warst eine Dreiviertelstunde unterwegs."

Ich war ganz verdattert. „Oh, das kam mir gar nicht so vor."

Ouzo und Sissi genossen inzwischen den warmen Boden, tauten auf und entspannten ihre Blase. Das tat ihnen gut. Aber auch unsere Hunde wurden stubenrein.

Sissi bekam nach neun Wochen ein neues Zuhause.

Manfred und Ouzo waren bald unzertrennlich. Ein Hund im Bett? Vor einem Vierteljahr noch unvorstellbar. Und heute, was sagt mein Mann?

„Gut, dass mir ein Bein fehlt, da hat genau der Hund Platz."

Ouzo lief neben Manfred her, immer „bei Fuß" neben dem Rollstuhl – auch, wenn ein großer Hund daherkam und an seiner

Leine zerrte. Manfred sprach dann leise mit seinem Hund und ging seiner Wege. Wenn es Ärger gab mit anderen Hunden, dann, wenn ich mit Ouzo unterwegs war.

Manfred, Du strahltest Ruhe und Gelassenheit aus, die sich auf den Hund übertrugen. Ouzo war eine Seele von einem Tier. Eben ein Geschenk des Himmels.

Wir hatten Besuch aus Österreich.

Sie meinten: „Wo habt Ihr Euren Hund trainiert? Und wer trainiert mit ihm? Ich bin viel auf dem Hundetrainingsplatz. Ihr habt einen wirklich gut erzogenen Hund, das findet man selten."

Das Lob ging an Dich, und Du freutest Dich darüber.

„Unser Ouzo war noch nie auf einem Hundeplatz", entgegnetest Du bescheiden und strahltest.

Ouzo war ja eigentlich Michaels Hund. Nicht wahr, Manfred, wir zwei haben Ouzo damals in Griechenland Michael geschenkt – eigentlich.

Dass ein Tier Pflichten mit sich bringt, die wir nur gemeinsam bewältigen können, war uns allen klar. Bald fanden wir auch einen Rhythmus. Frühmorgens war Michael an der Reihe. Während seiner Schulzeit ging er immer mit ihm Gassi, ehe er zum Schulbus ging. Er hatte auch an Samstagen Schule.

Einmal wunderte er sich, warum er nicht jenen Menschen morgens begegnete, die er sonst sah, wenn er Gassi ging. Er brachte den Hund nach Hause, gab ihm Futter, frühstückte und ging zum Bus. Samstags durfte ich immer ausschlafen. Michael, der sehr selbständig war, machte mir damit ein großes Geschenk. Als der Busfahrer ihn beim Einsteigen fragte, wohin er denn wolle, fand er das sehr seltsam. Auch waren außer ihm gar keine anderen Fahrgäste im Bus.

„Ich will in die Schule", meinte er tapfer.

Da lachte der Busfahrer und fragte, ob er denn wisse, wie viel Uhr es sei. Michael war davon ausgegangen, dass es sieben Uhr sei und zuckte vorsichtshalber mit den Schultern.

„Junge, es ist ein Uhr in der Nacht! Komm', ich bringe Dich nach Hause."

Die Nacht war dann etwas kurz für den armen Michael, denn nachdem er dann noch einmal tief und fest eingeschlafen war, klingelte der Wecker einfach zu früh. Dafür ging ich dann aber mit dem Hund Gassi.

Auch meine Mutter hatte eine große Freude an dem Hund, und Ouzo mochte sie auch. Einmal, als wir, die ganze Familie (Manfred, Michi, meine Mutter, Herta, ein Zivi und ich) zum sonntäglichen Mittagessen in unsere Pizzeria wollten, begegneten wir einem Mann, der drei Hunde hatte. Wir kannten den Mann mit seinen Hunden. Ouzo konnte einen davon nicht leiden. Sie wichen einander immer knurrend aus. Manchmal, so wie an diesem Tag, kam es zu einer kurzen Keilerei. Meine Mutter konnte das nicht einschätzen und meinte, ihr Ouzo werde jetzt gefressen, worauf sie mutig mit ihrer Handtasche auf den fremden Hund einschlug. Dabei kam ihr aber einer der kleinen Hunde, der auch mitmischen wollte, zwischen die Beine, und meine Mutter fiel hin. Das ging so schnell, da konnte keiner eingreifen. Was Mutter nicht wusste, aber wir, war: Wenn das Herrchen der drei Hunde pfiff, folgten alle sofort und liefen weiter. Aber meine Mutter war schneller als jeder Pfiff. Das Herrchen der Hunde pfiff – und alle waren weg.

Das Ganze hatte keine drei Minuten gedauert. Nur konnte Mutter nicht mehr alleine aufstehen. Und als zwei Männer sie aufrichteten, hatte sie starke Schmerzen in der Hüfte. Ich verzichtete aufs Mittagessen und fuhr mit ihr ins Krankenhaus. Nach einigen Tagen war aber alles wieder in der Ordnung, und die Schmerzen klangen ab. Als Kind hatte meine Mutter einen Schäferhund, und Ouzo war ja zumindest ein halber. Er war kleiner als ein Schäferhund, hatte aber ein solches Fell, Schlappohren und einen Ringelschwanz. Mama fiel der Name ihres Hundes von damals wieder ein: „Kuno“ hieß das liebe Tier ihrer Kindheit, und man sah ihr immer an, dass es an ihn angenehme Erinnerungen gab. Ouzo und meine Mutter verband dann noch eine jahrelange Freundschaft.

Unsere Traumhochzeit mit kleinen Hindernissen

7. Wir gehörten zusammen

Beinahe hätte ich zu erzählen vergessen, wie es zu unserer Traumhochzeit kam.

Also Manfred, gib es endlich zu, wer hat wen geheiratet?

Hat es Deine Mutter – meine Schwiegermutter – Mitte November 1984 vorausgesehen? Nachdem Michael und ich zum dritten Mal am Sonntagnachmittag bei Dir und Deiner Familie zum Kaffee eingeladen waren, sagte sie, mich anschauend: „Jetzt kann ich ruhig sterben, jetzt hat mein Mannele eine Frau."

Vor Schreck verschluckte ich mich an meinem Kuchenstück. Wusste sie, wie krank sie war? Nutzte sie diese Gelegenheit, die Familie auf ihren Tod vorzubereiten?

Damals, im November 1984, als Deine Mutter dies sagte, dachten wir beide noch lange nicht ans Heiraten. Aber sie sah weiter als wir. Endlich konnte und wollte sie die Verantwortung für Dich abgeben. Sie war eine tapfere Frau, die nach dem Tod Deines Vaters mit vier fast erwachsenen Kindern das Hotel weiterführte – eine Frau, die Deinen Unfall nicht nur verkraftet, sondern in dieser schweren Zeit auch die Familie zusammengehalten hat. Auch sorgte sie dafür, dass Du emotional stabil wurdest. Sie begleitete und umsorgte Dich, bis sie wusste, jetzt kann ich loslassen, jetzt ist es gut. Jetzt hat unser Manne eine Familie. Oft muss ich an sie denken. Du bist dann zur Kur und kamst ins Krankenhaus. Und als Du nach so langer Zeit wiederkamst, war Deine Mutter fort. Nach kurzer schwerer Krankheit verstarb sie. Kurz vor ihrem Tod habe ich sie noch einmal im Krankenhaus besucht. Wir hätten uns beide gefreut, wenn sie bei unserer Hochzeit dabei gewesen wäre.

Plötzlich stand das Thema „Heiraten" im Raum. Mir machte es Angst, wenn ich immer wieder damit konfrontiert wurde, an Deinem Sterbebett zu stehen. Du warst wieder einmal lange Zeit im Krankenhaus gelegen, ich wich nicht von Deiner Seite, eine Magenoperation stand an. Würdest Du die OP überleben? Keiner wusste es. Wir hatten ein gemeinsames Leben aufgebaut. Wir gehörten zusammen, wir wohnten zusammen, wir zogen ein Kind zusammen auf, hatten einen gemeinsamen Hund, aber ich war nicht Deine Ehefrau.

Das ärgerte mich maßlos und sagte es Dir auch, als Du wieder einmal beschlossen hattest weiterzuleben. Oder war es der Himmel, der wusste was noch anstand und uns eine Chance gab. Mit Dir über meine Ängste zu reden war schwer, und ich konnte meine Gefühle nicht in die richtigen Worte fassen. Eines Tages, es war im Krankenhaus, wurde auch Dir mein Dilemma bewusst.

Der Arzt sagte: „Sie können das nicht unterschreiben, Sie sind nicht die Ehefrau."

Da wurde auch Dir bewusst, dass Du mich aus einem Teil Deines Lebens ausschließt, ich war immer für Dich da, das wusstest Du.

Vielleicht hattest Du Angst, dass ich eines Tages keine Lust mehr habe, Krankenpflegerin oder Krankenschwester in einer ehelichen Beziehung zu sein. Du hattest es immer wieder erlebt, dass die Frauen, mit denen Du zusammen warst, doch andere Vorstellungen von einem gemeinsamen Leben hatten als Du es ihnen aufgrund Deiner schweren Behinderung ermöglichen konntest. Du hattest noch mit keiner Frau ein „Nest" für eine Familie gebaut. Vor knapp zwei Jahren hattest Du Dir auch schwer damit getan, als wir zusammenzogen. Mit unseren zwei Wohnungen wurde es doch schwierig, denn Du konntest nicht bei mir übernachten. Dies war wegen Deiner Behinderung und Deiner aufwändigen Pflege nicht möglich. Auch bei Dir war für mich kein bequemer Platz.

„Was wäre", sagte ich eines Tages mutig, „wenn wir uns ein Haus kaufen würden?"

Du schautest mich groß an.

„Nein", meinte ich verlegen, „ich meine, in einem Haus sind meist unten die Wohnräume und oben die Schlafräume. Lass' uns das doch mit unseren Wohnungen genau so machen."

Darüber musstest Du erst mal ein paar Nächte schlafen. Du konntest nicht alles haben. Vertrauen, Liebe, Geborgenheit, Zusammengehörigkeit – Worte, die so viel beinhalten, müssen in einer Beziehung gelebt werden.

Endlich konntest Du mir vertrauen. Aus meinem Wohnzimmer wurde das Kinderzimmer, aus dem Kinderzimmer das Zimmer des Zivildienstleistenden, aus meinem Schlafzimmer unser Schlafzimmer. So war unser Nest schon gebaut und fertig, als Du endlich den Mut fandest, die Frage aller Fragen zu stellen.

Wir waren so glücklich

Natürlich hast Du mir einen Antrag gemacht. Das war schön. Und so viele Schmetterlinge flatterten in meinem Bauch, und ich möchte wetten, auch in Deinem. Es waren doch keine Hummeln, Manne?

Nachdem Du Dich endlich entschlossen hattest, hattest Du es eilig. Am zweiten Weihnachtstag 1988 haben wir uns in unserem italienischen Stammrestaurant verlobt. Es hatte geschlossen, und nur wir speisten, „Erlesenes". Du warst ein Gourmet, ich musste erst einer werden. Das Essen war ein Reinfall für mich, bis heute esse ich keinen Hummer! Du warst enttäuscht, aber nicht einmal Dir zuliebe konnte ich dieses Tier essen.

Ich hatte die Tiere noch im Wasserbecken im Lokal beobachtet. Und dann liegen sie plötzlich garniert vor mir auf einer Platte. Wie soll man so was essen, bitteschön? Wo anfassen? Auseinanderbrechen? Aha, nein, danke. Ich weiß, es ist nicht logisch. Inzwischen esse ich gerne Fisch. Aber der Fisch soll bitte zwar nach Fisch schmecken, aber man muss ihn nicht mehr als solchen erkennen. Womöglich mit Kopf, Augen und Schwanz ... Nein danke!

Da hatte ich schon als Kind meine Nöte. Mein Vater bestellte in einem Urlaub am Inn für mich eine „Forelle blau". Ich sah rot. Der Fisch auf meinem Teller schaute mir in die Augen. Der Kellner erkannte meine Not und fragte meinen Vater, ob er mir etwas anderes bringen dürfte. Tafelspitz in Meerrettichsoße, das weiß ich noch ganz genau. Damals war ich zehn Jahre alt und hatte noch Zöpfe.

Und nun dies. Trotz der großen Liebe konnte ich es nicht über mich bringen, dieses Tier zu verspeisen. Michael saß vor einem Teller Muscheln und strahlte.

Auch dieses Mal bekam ich etwas anderes, und der Wirt reichte Dir das Essen. Das war für ihn nichts Neues, das tat er oft. Und heute waren wir seine einzigen Gäste.

Du hast mir verziehen und mich trotzdem geheiratet.

In Stuttgart gab es ein alteingesessenes Schmuckgeschäft, das schon jahrzehntelang mit dem Slogan warb: „Soll die Ehe glücklich sein, kauf bei K. die Ringe ein."

In dieses Geschäft führtest Du mich an meinem Geburtstag im

Dezember. Wie sollte ich bei der riesigen Auswahl den richtigen Ring finden? Du sagtest, ich dürfe ihn aussuchen, denn Du konntest ja keinen anziehen. Dazu waren Deine Finger zu verkrümmt. Und den Ring an einer Kette um den Hals zu hängen, fandest Du blöd. Für welchen Ring werde ich mich wohl entscheiden, bei der großen Auswahl? Es war dann wie immer, wenn ich mich für etwas entscheiden wollte: Liebe auf den ersten Blick! Den Ring sah ich gleich am Anfang und sagte: „Der ist es."

Er war schön. Gold wechselte sich ab mit Weißgold, winzige Diamanten waren im Gold eingearbeitet. Der Juwelier legte ihn auf die Seite. Ich schaute zwar noch viele andere an und legte nochmals zwei Ringe beiseite. Fragend schaute ich Dich an, Du lächeltest, Deine blauen Augen lachten mit.

„Der erste, gelt, der ist's?", fragtest Du mich leise. Ich nickte mit dem Kopf und hatte Tränen in den Augen.

Wie viele Bräute brechen beim Juwelier in Tränen aus? Es war nicht der Wert des Ringes, der mich beeindruckte. Es war vielmehr die Tatsache, dass ich begriff, dass dies ernst gemeint war und Du wirklich wolltest, dass ich Deine Frau werde. Es gab hübschere Frauen, es gab intelligentere Frauen, es gab vor allem nicht behinderte Frauen in Deinem Umfeld, und ich spürte schon ab und zu die Konkurrenz. Den Versuch ist es wert, mögen einige Frauen gedacht haben. Aber die Zeit der Schau war für Dich vorbei. Du hattest Dich entschieden – für mich, für unseren Sohn, für unsere Ehe.

Ich kann mich noch ganz genau an den Tag erinnern, an dem wir beide mit unseren Rollstühlen nach Möhringen fuhren, um das Aufgebot zu bestellen. Wegen der vielen Stufen vor und im Rathaus konnten wir das nicht gemeinsam tun. Ich stieg die vielen Treppen in dem alten Rathaus in den ersten Stock. Wie sollten wir hier heiraten? Viel zu viele Treppen. Der Standesbeamte erklärte mir, dass wir in der Stadtmitte im Rathaus heiraten müssten, dort müsstest Du zurechtkommen. Als ich wieder zurückkam, um Dir die Neuigkeit, über die wir noch gar nicht nachgedacht hatten, zu erzählen, standest Du nicht mehr vor der Tür. Da kamst Du schon mit einem wunderschönen Blumenstrauß um die Rathausecke gebraust. Er war Dir in den Arm geklemmt worden, und Du drücktest den Arm fest an Dich, damit die Blumen nicht hinunterfielen. Da ich um die Anstrengung wusste, die es Dich kostete, mir den Strauß so zu überreichen, war dies etwas ganz Besonderes für mich. Die Blumenverkäuferin hätte Dir die Blumen sicher auch hinten am Netz des Rollstuhls befestigen können. Aber dann hättest Du ihn mir ja nicht überreichen können. Wir waren so glücklich, so verliebt!

Dieses Blumengeschäft hat jetzt den Auftrag bekommen, Dein Grab zu pflegen.

Am 3. Mai 1989 war es dann endlich so weit

Am 29.04.1989 wurde ab 19 Uhr gepoltert. Ohne Scherben. Warum? Rollstuhlreifen mögen keine Scherben. All unsere lieben Freunde brachten Salate und Kuchen mit. Wir sorgten für das Fleisch und den Wein. Es war schön, laut und natürlich aufregend. Alle freuten sich mit uns, und wir waren glücklich.

Dann hatte ich das gleiche Problem wie alle Bräute der Welt: Was ziehe ich an?

Mit Angelika, meiner Freundin und Trauzeugin, ging ich die nötigen Textilien einkaufen. Auf ihren Geschmack konnte ich mich verlassen. Einen schwarzen langen Rock, durchsichtig der obere Stoff, darunter zwei gleichfalls dünne Unterröcke. Der Rock wirkte zart, leicht und beschwingt. Als ich ihn anprobierte, war mein erster Gedanke, mit diesem Rock sollte man eine Nacht lang Rock and Roll tanzen dürfen ...
In diesem Rock durfte ich mit Dir zum Traualtar. Ein weißes lässiges Top ohne Ärmel war schnell gefunden. Und dann brachte die Verkäuferin den weißen Chasuble! Es war ein weichfließendes, elegant-lässiges, weißes, ganz dünnes Mantelkleid, das ich offen über dem Rock tragen konnte. Ich sah elegant aus.

Wir waren so ausgelassen, dass wir es nicht lassen konnten, auch in ein Hutgeschäft reinzuschauen.

„Mensch, schau Dir diesen Hut an!“ Ich war ganz aus dem Häuschen.

Ein weißer Hut mit einer nicht zu breiten Krempe – und das war's – ein kleiner Schleier, der die Hälfte des Gesichts bedeckte.

Lachend und schwatzend trafen wir uns mit Dir und Deinem Zivi im Café.

„Jetzt brauche ich erst mal ein Wasser und einen Capuccino, Manfred.“

Du hörtest nur Andeutungen und unser Gekicher. Wir wollten natürlich nicht verraten, was in den Tüten steckte. Michael, der auch dabei war, bekam einen Anzug, ein weißes Hemd und eine Fliege.

„Ja, wen heirate ich denn jetzt?", fragte ich lachend, als mein kleiner Sohn uns im Laden ganz stolz sein neues Outfit präsentierte.

Am 3. Mai 1989 war es dann endlich so weit. Wir fuhren zum Standesamt – ich in einer Nadelstreifen-Hose meines Schwiegervaters, die er bei seiner Hochzeit am 29. Mai 1935 anhatte, als der junge Architekt Kurt Schütze an seinem Geburtstag sein Clärle zum Altar führte.

Ein überforderter Standesbeamter

Wegen der vielen Treppen kamen wir also nicht in das Standesamt unseres Stadtbezirks. Deshalb mussten wir uns im Standesamt in der Stadtmitte Stuttgarts trauen lassen. Aber auch da, Treppen. Der Aufzug war viel zu klein für den mächtigen Mann im Rollstuhl. Wir waren es ja gewohnt, dass wir auf Barrieren stoßen, und so nahmen wir den Lastenaufzug am Hintereingang.

Dass der Standesbeamte nicht auf uns vorbereitet war und es sich anmerken ließ, fanden wir schon weniger lustig.

Schon Tage vorher hatte ich mit einem Standesbeamten telefoniert und ihm ausführlich erklärt, was den Standesbeamten erwartet. Es sollte ein reibungsloser Ablauf garantiert werden. Unter anderem konnte unser Trauzeuge Jess nicht mit der Hand unterschreiben, weil er körperlich noch schlechter dran war als Du und nie gelernt hatte, mit dem Mund zu schreiben. Sein Zivildienstleistender benutzte in seinem Beisein zur Unterschrift einen bestimmten Stempel.

„Kein Problem", hatte mir der Standesbeamte am Telefon versichert.

Nur war der Beamte, der uns trauen sollte, ein anderer Beamter. Und leider war die Information nicht weitergegeben worden. Deshalb war der Beamte, der uns trauen sollte, nicht auf uns vorbereitet. Er hatte ein Problem, das man ihm ansah, spürte und gleich darauf auch hörte.

Mit soviel belasteten Menschen auf so engem Raum – das war zuviel für ihn. Zwei behinderte Menschen, die heiraten wollten, einen kleinen Jungen zwischen sich sitzend, mit zwei Trauzeugen, die ebenfalls eine Behinderung hatten und ebenfalls im Rollstuhl saßen.

Der Standesbeamte war eindeutig überfordert. Ich hatte das Gefühl, als wolle er fragen, ob wir überhaupt heiraten dürfen.

„Lauter Behinderte – iiii!".

Ich spürte diese Gedanken förmlich. Der ganze Raum war angefüllt mit unguten Gedanken. Ich wurde laut und sauer, als er meinte, es wären doch auch gesunde Menschen hier, die unterschreiben könnten, und zeigte auf meinen Schwager. Aber Jess war der Trauzeuge meines Mannes. Kochend vor Wut forderte ich ihn auf, seinen Chef anzurufen, um die Sache zu klären. Als nichts mehr ging, wollte ich aufstehen. Mein Schwager Horst drückte mich sanft auf den Stuhl zurück und sprach besänftigend und leise auf mich ein: „Bitte keine Schlägerei jetzt, liebe Schwägerin." Aber nachher!

Was hätte ich wohl für eine Strafe bekommen, wenn ich dem Mann eine Backpfeife gegeben hätte???

Ich fühlte mit Jess, der in seinen Rollstuhl festgebunden dastand und sich nichts anmerken ließ. Querschnittsgelähmt und von Zivis versorgt wie Du. Ihr wart wirkliche Freunde. Er konnte weder seine Hände noch Arme gebrauchen. Ich hatte ihn gern. Er war Polizist gewesen, ist nach dem Dienst mit Kollegen nach Hause gefahren, das Auto kam von der Straße ab, ein Kollege war tot, Jess war querschnittsgelähmt. Ihr habt euch im Club Behinderter und ihrer Freunde kennen und schätzen gelernt. Eine solche Missachtung hatte er nicht verdient. So dürfen Menschen nicht miteinander umgehen.

Nachdem keiner im Raum dem Standesbeamten zu Hilfe kam, gab er schließlich nach und ließ die Unterschrift gelten. Das ganze Theater hätte er sich und uns ersparen können.

Die Stimmung war am Boden. Am liebsten hätte ich aufgeheult. Ich stürmte zum Zimmer hinaus, als er endlich fertig war, ich brauchte Luft.

Draußen vor der Tür standen zwei ganz liebe Menschen und wollten uns Glück wünschen. Beinahe hätte ich sie über den Haufen gerannt.

Ich kann nicht erwarten, dass mich Menschen mögen. Aber aufgrund einer körperlichen Belastung so ausgegrenzt zu werden, habe ich immer mit hilfloser Wut über mich ergehen lassen. Als

Jugendlicher ist es mir zweimal passiert, dass ich hörte, wie ältere Männer im Vorbeigehen murmelten: „So etwas hätte es bei Hitler nicht gegeben.“ Jedes Mal war ich mit behinderten Freunden zusammen. Und jedes Mal war ich es, die es hörte.

Dieses Mal war es noch viel schlimmer.

Liebe die, die Dich hassen, heißt es. Das ist oft schwer.

Es war Mittagszeit. Wir waren verheiratet und gingen fein essen.

Glücklich und voll des guten Essens wollten wir drei Stunden später ins Auto einsteigen. Da hatte die Bus-Hebebühne keinen Strom mehr. Manfred, Du warst müde, Dein Hinterteil wollte im Bett auf die Seite gedreht werden. Aber wir schauten uns an und lachten. Wir dachten: Jetzt kann's nur noch bergauf gehen!

Dann wurde es doch noch eine Traumhochzeit

Gefeiert haben wir immer den 6. Mai. Das war unser Hochzeitstag.

120 geladene Gäste: unsere Verwandtschaft, Deine Freunde, meine Freunde. Alles war auf das Beste vorbereitet – nur Deine Nerven nicht. Nie werde ich die Nacht davor vergessen. Fast die ganze Nacht saß ich an Deinem Bett und fragte mich, wie wir den nächsten Tag überleben sollten. Kurz, aber nur ganz kurz sah ich mich an der Tür zur Kirche stehen und sah, wie ich alle Gäste wieder heimschickte.

So, wie für mich das Standesamt zur Prüfung wurde, so wurde die Nacht vor der kirchlichen Hochzeit Deine Prüfung. „Ein Bund fürs Leben“, das war uns beiden klar.

Die wilden Zeiten, die wir hinter uns hatten – konnte das gut gehen?

Alle Ängste und Zweifel stiegen Dir in dieser Nacht auf die Brust und nahmen Dir den Atem. Am Morgen unserer Trauung saßen wir „etwas erschlagen“ beim Frühstück. Wo hattest Du nur Deinen Kreislauf abgelegt? Keiner konnte ihn finden.

Aber als wir dann kurz vor 14.00 Uhr zur Kirche aufbrachen (wir wohnten direkt neben der Kirche) und zwischen all den Gästen zum Altar schritten, musste ich lächeln. Sie hätten sich nicht nach Hause schicken lassen. Sie hätten Dich, lieber Manfred, in die Kirche getragen.

Als wir in der Kirche saßen, hast Du mir zugeflüstert: „Nicht böse sein, dass ich nicht singe, ich muss gleichmäßig atmen, damit ich nicht kollabiere." Du hast mir so leid getan.

Dann wurde es doch noch eine Traumhochzeit. Und je später der Abend, desto ausgelassener wurdest Du. Sekt stabilisierte Dir den Kreislauf.

Sogar eine mehrstöckige Hochzeitstorte bekamen wir. Und in einem riesigen Karton und einer Sackkarre wurde ich entführt. Was haben wir in dieser Nacht gelacht!

Tante Lene mit ihren vierundachtzig Jahren, die zuerst meinte, lange könne sie aber nicht aus- und durchhalten, war morgens gegen ein Uhr dreißig eine der letzten lieben Freunde und Verwandte um uns herum, die sich so viel Liebes für uns hatten einfallen lassen. „Die Liebe siegt."

Ankunft in Patras

8. Unsere Reise stand unter keinem guten Stern

Weißt Du noch – unsere letzte gemeinsame Griechenlandreise?

Wir waren Griechenlandfans und waren beide, als wir uns noch nicht kannten, schon öfters in unserer Wahlheimat. Von unserer ersten gemeinsamen Reise brachten wir unseren Hund Ouzo mit nach Hause. Wir träumten unseren Traum der Ausreise und Übersiedlung – bis zu dieser letzten Reise. Dann nahmen wir Kehrbesen und Schaufel und begruben unseren Traum. Es war trotzdem schön, dass wir diesen Traum zusammen träumten!

Die Mentalität der Griechen sprach uns sehr an. Ihre Freundlichkeit, ihre Aufgeschlossenheit und ihre Natürlichkeit uns „Behinderten“ gegenüber hat dazu geführt, dass wir zu einigen Griechen, die wir kennenlernen durften, eine jahrelange Freundschaft knüpften.

Diesmal wollten wir nach Lya an der Westküste Griechenlands, zweieinhalb Stunden südlich von Patras.

Aber unsere Reise stand unter keinem guten Stern.

Mit zwei Autos, einem Wohnwagen, viel Gepäck, drei deiner Männer einschließlich das Gepäck unseres Sohnes Michael, der in einer Woche mit dem Flugzeug nachkommen sollte, waren wir unterwegs. Wir wollten nicht auswandern, nur vier Wochen in unser geliebtes Griechenland. Sonne, Meer, Ruhe. Du und ich, wir freuten uns. Die Vorbereitungen liefen schon seit Wochen.

Dein Plan war durchaus vernünftig. Ich würde mit einem Deiner Zivildienstleistenden mittags um 12 Uhr losfahren, da man mit dem Wohnwagen nur langsam vorankommt. Schön langsam mit höchstens 80 km/h. Wir würden uns in der Schweiz, am höchsten Punkt unserer Reise, treffen. Mir war unwohl, mir wäre lieber gewesen wir wären zusammengeblieben. Zu lernen auf mein Bauchgefühl zu achten, war das einer meiner Lebensaufgaben?

Kurz nach der Grenze in der Schweiz platzte ein Reifen am Wohnwagen, fünfzig Meter vor einem Parkplatz mit Telefon. Kein WC, aber Telefon. Das WC hätte ich vor Aufregung auch brauchen können.

Dich zu Hause anzurufen war sinnlos, denn Ihr müsstet schon eine Stunde unterwegs gewesen sein. Der Pannendienst wollte kommen und uns helfen. Was nun?

Die Panne würde uns Stunden an Zeit kosten. Und das Schiff?

Es würde ohne uns in See stechen, so einfach war das. Wenn ich in Panik gerate kann ich nicht mehr logisch denken.

Ich hör Dich lachen und sagen: „Seit wann kannst Du logisch denken, deshalb hast Du doch mich als Lebenspartner ausgesucht. Dass ich das für Dich übernehme." „Eben, und wo warst Du, als meine Logik aussetzte?" Ach, wie gerne hätte ich mit Dir das noch ausdiskutierten, als Du da warst. Hier auf der Erde hatten wir nie Zeit dazu.

Wir hatten uns also auf einem Pass verabredet. Also fuhren wir dorthin (1988 hatten wir noch keine Handys). Es waren fast zwei Stunden Fahrt bis zu unserem Treffpunkt. Irgendwann musstet Ihr an unserem Pannen-Parkplatz vorbeigefahren sein. Aber wie hätten wir uns bemerkbar machen können? „Schau mich nicht so an, ich weiß, das war der Punkt der Unlogik. Aber nur bei Dir. Nächstes Mal steh ich an die Autobahn und produziere ein Verkehrschaos!"

Wir ließen den Wohnwagen auf dem Parkplatz stehen, der Pannendienst wollte kommen und uns helfen, aber ob er so schnell einen Ersatzreifen auftreiben konnte, das wusste der Mann am Telefon nicht. Heute würde ich vielleicht anders handeln, aber damals wusste ich mir keinen anderen Rat und so überließen wir den Wohnwagen dem österreichischen Pannendienst und wir fuhren zu unserem verabredeten Treffpunkt.

So fuhren Du und ich und ein Zivi von unserem Pass-Treffpunkt wieder zurück zum Pannen-Parkplatz. Unterwegs wurde mir ganz heiß, würde ich den Rastplatz wiederfinden? Aber es war kein Wohnwagen mehr da!

Alles sah genau so aus wie beim ersten Mal, ein Parkplatz mit Telefon, sonst nichts. Es fehlte nur eins, der Wohnwagen. Endlich fand ich den Hinweis des Pannendienstes oben auf dem Telefon. Die Adresse und die Wegbeschreibung hin zur Werkstatt waren perfekt. Nichts wie hin. Unser Wohnwagen stand fix und fertig da und wartete auf uns. Wir konnten uns nicht einmal beim Personal des Pannendienstes bedanken, weil wir es nicht mehr zu Gesicht bekamen ... Weißt Du noch? Jetzt aber los, mit 80 km/h!

In Ancona sahen wir das Schiff nicht mal mehr von hinten.

Wir brauchten fünf Tage ...

Wir brauchten fünf Tage, bis wir endlich auf dem Campingplatz bei Lya waren, denn ein anderes Schiff hätte uns nichts genützt. Es gab nur *ein* Schiff, das nach Patras fuhr, in dem Du, Manfred, mit Deinem Rollstuhl zurechtkamst: die SI.

Also mussten wir warten! Anrufen. Neu buchen. Drei Autos, ein Wohnwagen, zwei Rollstuhlfahrer, drei Zivildienstleistende, ich und Ouzo.

Wer redete über Geld? Wäre es nicht sinnvoller gewesen, umzukehren? Klar – im Nachhinein, Jahre später, denkt man so, aber in unserer konkreten Situation?

Schauen wir uns derweil Italien an, beschlossen wir mutig. Jeder bemühte sich um eine gute Miene. Schließlich waren wir im Urlaub, und der fängt an, wenn man zu Hause die Tür zuschlägt. Auch wenn man geschmierte, dick belegte Brote für sieben Mann in der Tiefgarage hatte liegen lassen, die nun Siegfried, unser Freund und Nachbar mit in die Arbeit nahm – mehrere Tagesrationen!

Das hieß für uns, dass wir viel Geld fürs Essen ausgeben mussten, und Du, armer Manfred, hast nicht nur bezahlt, sondern hattest auch Sehnsucht nach Deinen Wurststullen. Das Weißbrot im Ausland war immer ein Grund, viele Wurstbrote mitzunehmen ...

Manfred, Du kanntest Dich aus, wie überall:

„Da müsste doch – da war doch mal?"

Die Karte wurde studiert – und richtig ...

„Ah ja, schau, diese Straße da ..."

Ich kann mich heute nur noch an die nächste Katastrophe erinnern.

Übernachtung auf einem Campingplatz, den Du kanntest und wieder gefunden hast.

Wir hatten so gepackt, wie wir das Gepäck nacheinander gebraucht hätten. Fahrt, Schiff, Fahrt, Ziel.

„Also, wir stellen jetzt wegen einer Nacht, die wir hier verbringen kein Zelt auf. Ich schlafe auf einer Luftmatratze unter dem Sternenhimmel", verkündet mein Manne.

„Ich auch", rief ich tapfer.

Selten hatte ich unter freiem Himmel geschlafen, mit einem Sonnenschirm über uns. Wovor uns der schützen sollte in der Nacht – keine Ahnung mehr. Aber ich bohrte ihn zwischen unsere Matratzen in den Sand. Wir hatten unser Bettzeug dabei. Gegen 23.00 Uhr lagen wir fein eingekuschelt und schliefen den Schlaf der Gestressten.

Zuerst ging ein feiner Wind. Es war so dunkel. Wo sind die Sterne? Ich lauschte in die Stille.

Stille? Der Wind wurde immer stärker. Die ersten Tropfen fielen. Gut, dass ich den Sonnenschirm ... Schnell wurde aus den Tropfen ein Regen, ein Guss! Ich hielt krampfhaft den Sonnenschirm fest, weil er umzufallen drohte, sich aber jetzt als Regenschirm bewährte. Ich kniete auf dem Bettzeug und bemühte mich, den Schirm so zu halten, dass Du, Manfred, nicht allzu nass wurdest.

Unser Hund Ouzo musste mal nachsehen, was da so los ist und verließ sein trockenes Plätzchen unter dem Wohnwagen und legte sich nass und mit schlammigen Pfoten auf mein Kissen.

So schnell, wie das Unwetter gekommen war, war es auch wieder weg. Aber es blieb die Nässe, das Feuchte. Uns war klar, dass die Wiese bis zum Morgen nicht abgetrocknet sein würde. Der Zimmer-Lift, in dem Du Manfred in den Rollstuhl gehievt werden musstest, versank im Schlamm. Du warst auch für zwei Männer zu schwer, um Dich aus dem Bett in den Rollstuhl zu heben, deshalb hattest Du ja einen Lift. Zwei breite Gurte, einen unter Deinem Po und einen in Deinem Rücken mit Ketten am Lift befestigt, pumpte man Dich hoch, schob den Lift über den Rollstuhl und ließ Dich langsam ab. Seit Dein rechtes Bein fehlte war das viel schwieriger geworden. Dazu brauchte es nicht zusätzlich eine nasse Wiese. Unsere Laune passte sich dem Wetter an, auch sie versank im Schlamm. Den elektrischen Rollstuhl zogen vier Mann auf den Asphalt. Alles war schmutzig. Um 11.00 Uhr gab es das Frühstück im Camping-Café!!!

Und da, lieber Manfred, hätten wir umkehren sollen. Einfach sagen: „Pech, dumm gelaufen, heim ins warme Bett.“

Der Kapitän, der uns Tage zuvor vermisst hatte, kam uns am Kai entgegen und fragte, wo wir denn gesteckt hätten. Er kannte uns von früheren Fahrten.

Es gab noch Plätze für unseren Fuhrpark. Und geschlafen haben wir an Deck.

Endlich saßen wir in einer gemütlichen Bar im Schiff und witzelten.

„Stellt Euch vor, wenn wir das zu Hause erzählen, das glaubt uns keiner."

„Ja, ja, wenn einer eine Reise tut, dann kann er was erzählen."

Keiner ahnte, dass die Geschichte erst anfing, die es später zu erzählen gab.

„Heidelberg, ich muss nach Heidelberg"

Du warst immer der Meinung und hattest recht, es war der schönste Campingplatz Griechenlands – unser Zielort!

Nachdem der Stress der Reise nun vorbei war, ging es Dir schon in der zweiten Nacht schlecht. Während einer Stresssituation bist Du immer ganz ruhig geblieben. War sie aber vorbei und andere atmeten auf, versagte irgendetwas in Deinem Körper. So ruhig und gefasst, wie Du auf uns gewirkt hast, warst Du lange nicht.

Ich habe es in den 20 Jahren darauf immer wieder erlebt, dass Dein Körper auf Stress, den Du ihm gewollt oder ungewollt zugemutet hast, mit Versagen reagiert hat. Am anfälligsten waren Deine Blase und Niere. Harnwegsinfektion!

Der herbeigerufene Arzt wollte Dich in ein Krankenhaus in Griechenland schicken. Aber Du bist selbst in Deutschland nur in *eine* Klinik gegangen. Also, wie kommen wir so schnell wie möglich heim? Wir waren mit drei Fahrzeugen, einem Wohnwagen, sieben Personen und einem Hund unterwegs.

„Lieber Gott, hilf!" Zu mehr Gebet war ich nicht mehr fähig, aber diese Bitte kam von Herzen.

„Heidelberg, ich muss nach Heidelberg. Ich muss zu Professor Paeslack, Dr. Spahn, Frau Dr. Maschke. Ich muss zu den Schwestern und Pflegern die mir helfen können. "

Das Wasser rann Dir die Stirne herab. Mit Badetüchern und einer Binde bekamst Du einen Turban, damit Dir das Wasser nicht in Ohren und Hals lief. Es war nicht die Zeit für Diskussionen. Die Angst schnürte mir die Kehle zu.

Ich rief in Hamburg an und dann bei Professor Paeslack in Heidelberg, damit die Dringlichkeit eines Rettungsflugs in Hamburg ärztlich bestätigt werden konnte. Jetzt wusste ich, warum Du Mitglied bei einem Rettungsflugdienst in Hamburg warst.

Soweit, so gut. Der Flughafen war in Athen, und da war ich

erst gestern gewesen und hatte Michael abgeholt. Dort hatte es fast 40 Grad. Für uns eine unzumutbare Strecke. Wir waren an der Westküste des Peloponnes, und nach Athen war es weit. Das würden wir nie schaffen, dazu ging es Dir, Manfred, zu schlecht. Der einzige Flughafen, den es gab, war ein Militärflughafen, die fünf km würden wir schaffen. Aber nicht quer durchs Land.

„Dort bekommen wir keine Landeerlaubnis", meinte die Stimme aus Hamburg. „Doch bestimmt, ganz bestimmt, es geht ihm wirklich sehr schlecht. Bitte!"

Ich hätte den Chef des Militärflughafens auf Knien angefleht, wenn es hätte sein müssen.

Dann landete das Rettungsflugzeug

Eine halbe Stunde später kam der ersehnte Anruf: „Wir dürfen auf dem Militärflughafen landen. Das war noch nie der Fall. Sie werden dort erwartet."

Danke, lieber Gott, danke! Alles war nun unwichtig geworden. Es ging nur noch um Leben und Tod. Das hört sich für andere sehr dramatisch an, aber Du und ich, Manfred, wussten, dass es so war.

Michael, Ouzo, die Zivis und ich begleiteten Dich. Unsere Freunde blieben auf dem Campingplatz. Es wurde besprochen, wer von den Helfern mit nach Deutschland fliegt.

Der Militärarzt war sehr nett und fragte, was er für uns tun könne, bis die Maschine kommt.

„Sauerstoff!!! Sauerstoff wäre wichtig. Manfred ist stark unterbeatmet!"

Lieber Gott, lass mich jetzt das Richtige tun, um das Richtige bitten, flehte ich leise.

„Wer weiß, was Sauerstoff auf Englisch heißt?"

In drei verschiedenen Sprachen verständigten wir uns. Aber der Blick, den der Arzt auf Dich warf, Manfred, zeigte mir, dass er die Situation richtig einschätzte. Manfred, Du warst ganz auf Dich konzentriert, wie immer, wenn es Dir sehr schlecht ging. Ich bemühte mich, ruhig zu bleiben und die richtigen Entscheidungen zu treffen, obwohl ich nicht wusste, was die richtigen Entscheidungen waren.

Der erste Militärkrankenwagen fuhr vor, und es wurde ein Koffer gebracht, eine Maske wurde Dir aufgesetzt, das Ventil aufgedreht – leer! Das Ganze wiederholte sich drei Mal. Wir rätselten später, was da wohl los war, als wir weg waren. Welcher arme Tropf dafür verantwortlich gemacht wurde, dass die Erste-Hilfe-Geräte nicht ordentlich gewartet waren?

Aber dann gab es doch noch eine volle Flasche Sauerstoff, und Du fühltest Dich nach ein paar Atemzügen schon etwas besser. Deine graue Gesichtsfarbe verschwand langsam. Deine Augen wurden wieder klar. Durch Deine hohe Querschnittslähmung spürtest Du keine Schmerzen in Deinem Körper, dort wo es weh tun müsste, sondern Dir lief das Wasser die Stirn herunter. Wir hatten Dir einen Turban aus Handtüchern gemacht; sie waren nach kurzer Zeit schon wieder nass. Wir erhielten frische, trockene Handtücher. Wenn möglich, aus einem Trockner, schön warm. Das war eine Wohltat für Dich.

Michael saß derweil an einem Tisch und aß und aß, ich weiß nicht, wie viel, Eis. Jeder wollte helfen, jeder wollte nett sein, lächeln - ein Eis und noch eine Cola, das ist eine internationale Sprache. Michael hatte sie verstanden und hätte nie zugegeben, wie schlecht ihm wurde.

Ist dies eine Gelegenheit, dem griechischen Militär noch einmal Danke zu sagen! Ich, und ich weiß auch Du, wünschen es uns!

Stunden später landete das Rettungsflugzeug der Flugrettung Hamburg. Zwei Stunden später warst Du in Frankfurt. Mit dem Notarzt ging es weiter in die Uniklinik nach Heidelberg. Alles war hervorragend organisiert, und wir waren für die Möglichkeit dieser Art von Rettung sehr dankbar.

„Ich wollte keinen anderen Gedanken zulassen“

Michael zuliebe wollte ich in Griechenland bleiben. Er war mit seinen elf Jahren alleine von Stuttgart nach Athen geflogen und erst vierundzwanzig Stunden da, als sein Vater wieder nach Deutschland zurück musste. Damals hatte ich einen alten Krankenwagen, in dem man gut schlafen konnte. Auch unsere Freunde wollten bleiben, und unser Hund Ouzo wollte nun endlich im Meer schwimmen. Deine Helfer mussten sofort mit Deinem Auto und dem Wohnwagen zurück. Wieder umbuchen.

Zwanzig Minuten, nachdem die Jungs abgefahren waren, rief Doktor Spahn, der Heidelberger Arzt, der Dir einige Male das Leben gerettet hat, auf dem Campingplatz an und bat mich:

„Kommen Sie schnell nach Hause, wir wissen nicht, ob es Manfred schafft!"

In Athen anrufen, Flug buchen.

„Mein Auto bleibt da. Ouzo! Was machen wir mit dem Hund?"

„Der bleibt nicht hier, der dreht schon durch, weil Manfred fehlt!"

„He, da kommt ja unser Volvo!"

Ich verstand gar nichts mehr! Die Zivis waren vor drei Stunden mit dem Wohnwagen Richtung Patras gefahren. Wieso war jetzt ein Zivi mit dem Auto wieder zurück?

„Die Papiere, die Papiere! Die musst Du in der Tasche haben, Elsbeth", rief mir der Zivi zu.

„Ja, natürlich, hier."

Ich gab ihm die Papiere.

„Ich muss gleich wieder los, dann reicht es noch aufs Schiff, wir konnten umbuchen, Tschüss."

Da war doch noch was?

„Halt! Halt! Ihr müsst Ouzo mitnehmen! Und hier, sein Futter! Ich fliege morgen früh mit der ersten Maschine nach Frankfurt. Manne geht's schlecht, wir telefonieren, ich melde mich von der Klinik aus, räumt schon mal aus und auf."

Gott sei Dank ist mir das in dem Moment noch eingefallen. Ich war so perplex, weil ich mit dieser Lösung gar nicht gerechnet hatte, und sie war ja die einfachste. Wie auch ... Ich weiß nicht, ob ich gewusst hätte, wie ich heiße, wenn mich jetzt jemand gefragt hätte. Ich war völlig fertig. Immer war ich bei Dir und um Dich, wenn es Dir nicht gut ging. Aber dass Du jetzt so weit weg alleine mit dem Tod kämpfst – das war ein schrecklicher Gedanke.

Fliegen mag ja schön sein, aber Michael zieht mich heute nach so viel Jahren noch mit unserem ersten gemeinsamen Flug auf.

„Mama, schau, ist das nicht schön? Schau das Meer, Mensch ist Athen groß, schau die Schiffe, wie klein sie sind!"

„Mama, wo schaust du denn hin?"

„Ich? Ich fixiere den Haken links vor mir, bis wir oben sind, o.k.?!"

„Mama, ist das schön! Schau, das Wasser, schau doch!"

Michael war ganz aufgeregt und begeistert, wie der Pilot die Halbinsel umflog.

Das Flugzeug stieg in einer Schräglage nach oben. Mein Magen auch. Ruhig atmen, mir wird nicht schlecht, dachte ich, tief einatmen. Michael war begeistert über die Aussicht. Athen, das Meer. Mit seinen elf Jahren flog er nun schon das zweite Mal innerhalb von vier Tagen. Ein bisschen wird der Flug ihn für den verdorbenen Urlaub entschädigt haben. So hoch oben in der Luft fühlte ich mich Gott nicht näher. Mir war der sichere Boden unter den Füßen lieber.

„Bitte, lieber Gott, sei Du bei Manfred, hilf ihm. Dein Wille geschehe."

Wie ein Mantra dachte ich diesen Satz, immer und immer wieder. Ich wollte keinen anderen Gedanken zulassen. Ich wollte keine negativen Gedanken aufnehmen.

In Frankfurt angekommen, übergab ich Michael einer Flugbegleiterin und eilte zu einem Taxi. An der Hand der fremden Frau drehte sich mein kleiner großer Sohn noch einmal um und rief: „Pass auf Dich auf, Mama!"

Sagen das nicht immer die Mütter zu ihren Kindern?

Im Krankenhaus erzählte mir Dr. Spahn, dass er gerade unter der Tür Deines Zimmers gestanden hatte und der Schwester Anweisungen gab, als er Dich nach Luft schnappen und dann ein Röcheln hörte. Blitzschnell warf er sich mit seinem ganzen Gewicht von ungefähr fünfundneunzig Kilo auf Dich: Und die Lungenbläschen machten noch einmal auf! Die Schwester hätte das mit ihrem Gewicht nicht geschafft. Du wärst erstickt. Sorgte nicht Gott dafür, dass der Arzt gerade in dem Moment in der Tür stand? Wie oft hatte er Dir durch seine gelungenen Operationen, durch seine Umsichtigkeit, schon das Leben gerettet? Wieder einmal warst Du knapp dem Tod entronnen. Wie schon so oft - warum?

Gott hatte noch so viel vor mit uns. Später sagte ich einmal: „Meine Kinder habe ich auf der Autobahn zwischen Stuttgart und Heidelberg erzogen."

Aus den Krankenhausaufenthalten haben wir immer das Beste gemacht.

Meine Schwester Herta

9. ... immer ein bisschen verliebt in Dich

„Manfred, Du hattest meine Schwester Herta immer gerne und sie Dich. Ich glaube, sie war immer ein bisschen verliebt in Dich."

„Bestimmt! Nur ein bisschen?", fragtest Du, überzeugt von Deiner Ausstrahlungskraft. Verschmitzt sahst Du mich an.

Es war ein trüber, kalter Abend. Du hattest mit einem neuen Bild begonnen. Vor ein paar Tagen hattest Du beschlossen, etwas Neues auszuprobieren. Auf der CMT-Messe in Stuttgart, einer Reisemesse, hattest Du einen Mann kennengelernt, der Hinterglasbilder malte. Das hatte Dich so angesprochen, dass Du Dir Glas und Farben gekauft hast. Und nun entstand das erste Bild. Fasziniert schaute ich Dir zu, wie das leere Glas sich mit leuchtender roter und blauer Farbe füllte. Vor unseren Augen entstand langsam ein Strauß mit Mohnblumen, gemischt mit Kornblumen – meinen Lieblingsblumen –, dazwischen das helle Grün der Blätter. Ich bewunderte Deinen Mut, wie Du eine neue Technik ausprobiertest. Wie leuchtend die Farben waren! Ich sah es Dir an den Augen an, dass es Dir Spaß machte.

„Erzähl mir von Herta. Gibt es einen Unterschied, ob man von Geburt an behindert ist oder später behindert wurde? Sie war ja wohl beides."

„Ich weiß, was Du meinst, Manfred", sagte ich. „Herta kam zwar leicht behindert auf die Welt, aber erst nach der Hirnhautentzündung mit zwölf Jahren war sie ausgeschlossen, wurde sie isoliert und aus der Gemeinschaft anderer Kinder genommen. Lass mich von vorne erzählen, denn trotz allem glaube ich fest daran, dass Hertas Leben von Gott geführt und beschützt wurde."

Meine sieben Jahre ältere Schwester Herta war von Anfang an ein Sorgenkind. Sie kam mit einem Kaiserschnitt zur Welt. 1943. Meine Mutter Else hatte einen Schnitt von der Scheide bis hoch zum Nabel. Als Kind war ich immer entsetzt, wie die Geburt eines Kindes seine Mutter so entstellen kann. Herta war behindert, ein Sorgenkind. Sie lernte sprechen, gehen, aber ihre rechte Seite war gelähmt. Der rechte Fuß war nach innen gedreht, die rechte Hand fehlgebildet. Doch damit nicht genug. Mit zwölf Jahren erkrankte sie an Hirnhautentzündung. Man kämpfte um ihr Leben. Sie durfte ihr Leben zwar behalten, aber es blieb eine Epilepsie zurück, die auch mit Medikamenten zeitlebens nicht einstellbar war.

Sie besuchte die normale Hauptschule. Vierzig Schüler waren damals die normale Klassenstärke. Nahezu jeden zweiten Tag hatte sie einen starken Anfall. Sie fiel dann bewusstlos aus der Bank, hatte Schaum vor dem Mund und schlug um sich. Dadurch wurde der Unterricht jedes Mal für einige Zeit unterbrochen. Kinder können sich an einen solchen Anblick zwar gewöhnen, aber es dauerte jedes Mal lange, bis der Unterricht fortgesetzt werden konnte. Zwei Schülerinnen durften Herta nach einem solchen Anfall nach Hause bringen. Für die Schule mit einer Klassenstärke von damals 40 Kindern war sie nicht mehr tragbar. Deshalb wurde Herta in der siebten Klasse ausgeschult. Die erste Schule für körperbehinderte *Kinder* gab es in Stuttgart erst 1962.

So saß Herta also zu Hause, und das war schlimm für sie, denn Herta war nicht dumm. Im Gegenteil, mir half sie später bei den Hausaufgaben. Vielleicht wäre es für Herta und mich einfacher gewesen, wenn der Altersunterschied zwischen uns nicht so groß gewesen wäre. Vielleicht hätte meine Mutter sie auch besser fördern können, wenn sie, als Herta sieben Jahre alt war, nicht noch einmal schwanger geworden wäre?

Das dritte Kind kam auf die Welt: ICH!

Schwanger! Meine Mutter jammerte, klagte an, sie haderte mit ihrem Schicksal: „Nein, nein, nein, der Arzt sagte, ich darf nicht mehr schwanger werden, ich will nicht, ich kann nicht, lieber Gott, ich bin 33 Jahre alt! Der Arzt sagte, ich darf kein Kind mehr bekommen, ich hatte vor zwei Jahren einen Abgang. Ich möchte das alles nicht noch einmal erleben. Bitte."

Bittere Tränen. Und dann eine heillose Wut auf den Mann, der ihr das angetan hatte. Sie gab meinem Vater die Schuld.

In letzter Sekunde wollte es doch nicht mehr auf diese Erde kommen. Mit einer Zange musste es gewaltsam geholt werden. Am Kopf gepackt und gezogen, bevor Mutter und Kind starben. Raus da, hier spielt die Musik! Ein paar Gehirnzellen wurden dabei zerdrückt, das war knapp. Armer Papa, Dir gab sie die ganze Schuld!

Zwei behinderte Kinder. Wie soll man mit dieser Last leben? Tante Maria, Elses (meiner Mutter) ein Jahr ältere Schwester, Doris, ihre Tochter, Onkel Otto (Marias Mann), Oma Emmi mit dem schönen roten Haar. Das war Elses Familie. Sie trugen zusammen die Last.

Auch als Herta mit 12 Jahren Gehirnhautentzündung bekam und wochenlang zwischen Leben und Tod schwankte, stand Elses Familie hinter ihr. Meine Oma, die schon Doris großgezogen hatte, weil Tante Maria arbeiten ging, nahm sich liebevoll meiner an.

Soeben fingen die dritten Sommerferien für mich an. Ich langweilte mich.

„Oma, ich bin so traurig, dass Rose weggezogen ist. Sie war meine beste Freundin. Mit wem soll ich nun spielen?"

Oma musste nicht lange überlegen:

„Zwei Häuser weiter, hier in der Straße, wohnt ein Mädchen, sie kann nicht gehen, sie besucht keine Schule, weil sie keine Treppen laufen kann. Sie hat einen Lehrer, der sie zu Hause unterrichtet. Besuch' sie doch mal. Komm, geh."

Ich traute mich tatsächlich. Ich war sehr schüchtern, und es war für mich eine große Überwindung. Aber so begann eine fünfzehn Jahre dauernde Freundschaft mit Sigrid.

Herta war eben Herta!

Ich erzählte: „Wir wohnten in einem Stuttgarter Stadtteil mit viel Industrie. Mein Vater ging zur Arbeit, mein großer Bruder ging in die Lehre, ich zur Schule, und Herta saß zu Hause.

Sie war für ein Jahr in einem Heim gewesen, weil meine Eltern gemeint hatten, sie könne außerhalb der Familie noch etwas lernen. Das Heim war aber nur eine Aufbewahrungsanstalt, und Herta sollte doch noch etwas dazulernen. In den fünfziger Jahren waren die meisten ‚Anstalten' Aufbewahrungszentren. Da sagte meine Mutter zu Recht, dass sie das genau so gut kann, und Herta kam wieder nach Hause.

Daheim wurde meine Schwester bald aufmüpfig.

‚Papa, ich will auch arbeiten und Geld verdienen', verkündete sie eines Abends einem erstaunten, müden Vater.

‚Dann musst du zu einer Firma gehen und fragen, ob sie dich nehmen.'

So einfach war das damals. Mutter war mit Herta schon mal beim Arbeitsamt. Sie sollte in einer ‚Lumpenfabrik' am Band sortieren. Mama schüttelte energisch den Kopf.

‚Und wenn sie einen Anfall bekommt? Ob es ihr gut tut, den ganzen Tag auf etwas zu schauen, was sich bewegt?'

Damals war ich zwölf Jahre alt. Folgendes Ereignis weiß ich noch, als ob es gestern gewesen wäre, und ich kann es mir in die Vorstellung zurückholen wie ein Video. Was Herta getan hat, hätte ich mir nie zugetraut, nicht in hundert Jahren. Aber Herta war eben Herta!

Wir sind sonntags mit unseren Eltern oft in den Wald gegangen – Papa und ich vorneweg, Herta und Mama ein Stück hinter uns. Unser Weg führte uns durch das Industriegebiet, an den Porsche-Werken und an der Lackfabrik vorbei.

Herta kannte also den Weg ins Industriegebiet. Warum aber ging sie bis zu SEL? Das war ganz schön weit zu Fuß. Sie konnte das auch nicht erklären, aber sie erzählte dann später: ‚Am Waldrand stand eine große, große Firma, mit einem Häuschen, wo man sich melden und sagen musste, was man will.'

‚Ich will arbeiten', strahlte meine Schwester den verdutzten Mann an. ‚Aha, na denn.' Er telefonierte und drückte ihr einen Passierschein in die Hand. ‚Dann gehen Sie mal diese Straße entlang bis ...'

Um 12.30 Uhr kam ich aus der Schule. Meine Mutter sah ich schon von ferne. Sie beugte sich im 1. Stock weit aus dem Fenster und ... ja, wo schaute sie denn hin? Unsere Aussicht war nicht überwältigend – eine Hauptverkehrsstraße, rechts, links gegenüber Häuser, linkerhand eine Kreuzung, die man aber nicht weit einsehen konnte.

Ich werde es herausfinden, dachte ich, als ich die Treppen zur ersten Etage hochstieg und anfing zu schnuppern, was es wohl zu essen gab. Ich hatte Hunger. Aber es roch nach nichts, stellte ich fest, als ich die Wohnung betrat. Der Gasherd in der Küche empfing mich nicht mit blauem Flämmchen, das ich so gerne beobachtete, auch der Tisch in der Stube war nicht gedeckt, und meine Mutter streckte schon wieder den Kopf aus dem Fenster. Ich fügte mich in mein Schicksal und streckte ebenfalls den Kopf zum Fenster hinaus. Zu gerne wollte ich aber wissen, nach was wir Ausschau hielten. Die Antwort auf meine Frage war kurz: *‚Herta!'*

Das konnte bedeuten, dass sie einkaufen war, deshalb gab es wohl kein Essen? Aber meine Mutter hätte ja gewusst, in welchen Laden sie Herta geschickt hatte.

‚Wo ist Herta?', versuchte ich es nochmals.

‚Weiß nicht', kam die zögernde Antwort. Das war allerdings etwas Neues. Meine Mutter wusste sonst haargenau, wo Herta gerade war, was sie tat und wie lange sie ausbleiben würde.

Auf einmal fing meine Mutter an, mit den Armen zu fuchteln, und ein Seufzer der Erleichterung kam von ihren Lippen: ‚Herta!'

Jetzt sah ich sie ebenfalls, wie sie um die Ecke kam. Herta winkte uns zu, sie hatte etwas in der Hand. Dass sie erregt war, erkannten wir von weitem.

Ob es nun bald etwas zu essen gab?

Immer wieder hieß es, ich sähe halb verhungert aus, und noch zwei Jahre zuvor rannte ich um den Esstisch herum wie um mein Leben, Mutter mit einem Esslöffel Lebertran hinterher. Lebertran sollte den Appetit anregen oder gesund sein oder so etwas Ähnliches. Das hat mir damals sogar eine Tracht Prügel eingebracht, aber es schmeckte zu scheußlich!"

„Das Problem hatte ich nie", lachtest Du, Manfred, „und Du, liebe Elsbeth, heute auch nicht mehr."

„Was soll das heißen?", fragte ich verdutzt. Du lachtest noch immer, „erzähl' weiter."

„Mutter rannte die Treppen runter bis zur Haustür. Ich stand oben im Flur und lauschte.

‚Schnell', keuchte meine Schwester, ‚wir müssen einkaufen, ich brauche eine Schürze und eine neue Handtasche, morgen fang' ich an zu arbeiten!'

Ich dachte: Sie wird doch nicht gleich lospreschen, um einzukaufen? Ich habe Hunger! – Nein, sie kommen die Treppe herauf.

Das alles weiß ich noch so genau, nach fast fünfzig Jahren.

Aber ich weiß nicht mehr, was es zum Essen gab, wahrscheinlich Reste vom Sonntag. Richtig, es war ja Montag. Spätzle mit Fleisch und Soße, Kartoffelsalat. Reste vom Sonntagsessen, prima. Aber was hatte Herta erlebt? Sie erzählte es uns ausführlich beim Essen, und es war so spannend, dass ich beinahe vergaß, die Gabel in den Mund zu schieben:

‚Mit dem Passierschein in der Hand ging ich zum Bau zweiundfünfzig', fing Herta an zu berichten, ‚dort ist im zweiten Stock die Personalabteilung.'"

„... wir bekommen das schon hin."

„Herta sprach weiter: ‚Der Mann, der mit mir sprach, war der Personalleiter persönlich. Er war sehr nett und hörte mir zu und stellte mir viele Fragen. Immer wieder schüttelte er den Kopf. Dann streckte ein anderer Mann seinen Kopf zur Tür herein und wollte gleich wieder gehen, als er sah, dass ich da saß. ‚Nein, komm nur herein', rief der Personalleiter und erzählte dem Mann, dass ich arbeiten will. Wieder schüttelte er ratlos den Kopf. Nachdenklich schaute mich der Mann an, der zur Türe hereingekommen war.

Er sah lieb aus, hatte freundliche Augen und lächelte mich an.

Er sagte: ‚Ich probiere was, schick sie mir in meine Abteilung. Vielleicht klappt es.'

Er gab mir die Hand und sagte: ‚Bis morgen, Fräulein Brekle, wir bekommen das schon hin.'

Herta war ganz zappelig, so kannte ich sie gar nicht.

‚Stellt euch vor; Fräulein Brekle nannte er mich, und morgen soll ich zu ihm kommen, und dann werde ich arbeiten.'

Und am Dienstag ging meine Schwester zum ersten Mal zur Arbeit, und dann achtundzwanzig Jahre lang. Sie war fast nie krank. Sie litt zwar immer an Kopfweh und hatte auch immer wieder einen epileptischen Anfall. Das hinderte sie aber nicht, zur Arbeit zu gehen, denn wie sollte die Abteilung ohne sie auskommen?

‚Nein, nein, ich gehe zur Arbeit', setzte sie sich Mutter gegenüber durch, ‚die bringen mir nur alles durcheinander.'

Sie arbeitete bei SEL, dem „Schwäbischen Elektro Lädle", wie die Firma von den Stuttgartern liebevoll genannt wurde.

Jahre später sah sie in der Kantine einen Rollstuhlfahrer, den sie sehr interessant fand. Der gefiel ihr, diese Augen, wie freundlich er lächelte und nett grüßte! Herta beobachtete interessiert, wie dieser Mann von einem jüngeren Mann gefüttert wurde. Dankbar, selbst essen zu können, wandte sie sich ihrem Essen zu und hatte natürlich keine Ahnung, dass dies ihr zukünftiger Schwager werden sollte."

„Ja, ja", sagtest Du zufrieden, „ich hatte alle Chancen in Deiner Familie. Aber sind dies die Zufälle des Lebens – oder steckt nicht ein weiser Plan hinter allem? Es ist ja schon erstaunlich, was Du über Deine Schwester erzählst. So tragisch es auf der einen Seite ist, so wundervoll ist doch die Führung in ihrem Leben."

„Ja", bestätigte ich „wir sind immer schnell bereit, das Ungute in unserem Leben Gott in die Schuhe zu schieben, aber wann denken wir einmal darüber nach, wo Gott uns geführt, gerettet und beschützt hat?"

Oma wird doch nicht Alzheimer haben?

Die Medikamente machten Herta im Laufe der Jahre immer phlegmatischer und dicker. Ihre Anfälle wurden zwar seltener, sie blieben aber hartnäckig. Ihre langjährigen Kopfschmerzen wurden wieder stärker. Nach einem Sturz morgens im Bus, als sie zur Arbeit fuhr, wurde sie mit Blaulicht ins Krankenhaus gebracht. Es folgte eine stundenlange Gehirnoperation. Sie brauchte lange, bis sie sich davon erholt hatte.

Wieder einigermaßen fit, kam Herta zur Kur. Es war ihre erste Kur nach siebenundzwanzig Jahren Arbeit. Oma wurde von mir in einer Pension untergebracht, ganz in der Nähe der Kurklinik. So waren sie nicht weit voneinander entfernt und konnten Hertas freie Stunden zusammen verbringen – dachte ich.

Ich fuhr sie also zur Kur an die Schweizer Grenze. Oma fühlte sich nicht wohl.

„Mein Kreislauf", klagte sie.

Und auf der Rückfahrt dachte ich: „Gut gemacht, Elsbeth!". Aber man soll den Tag nicht vor dem Abend loben, und vielleicht sollte man sich überhaupt nicht selbst loben!

Am anderen Tag, gegen Mittag, rief die Pensionswirtin an.

„Ihre Mutter kam nicht zum Frühstück. Gegen 11 Uhr klopfte ich an ihre Zimmertür. Als sich nichts rührte, ging ich ins Zimmer – leer! Der Koffer liegt auf dem Bett, das Bett ist unberührt. Ihre Mutter hat, so wie es aussieht, heute Nacht nicht hier geschlafen."

Was nun? Ihr Kreislauf? Bestimmt ist sie in den nahen Wald gelaufen und zusammengebrochen. Liegt nun ... Nicht auszudenken! Elsbeth, du schaust zu viel Fernsehen ... Da ist eine Kurklinik.

Jemand hätte sie gefunden, rief ich mich zur Ordnung – oder etwa doch nicht?

O.k., Polizei. Welche ist zuständig?

„Ja, Schütze, Stuttgart, ich möchte eine Vermisstenanzeige aufgeben."

Ich dachte nur noch: Oh Gott, bitte verzeih mir alles, was ich je falsch gemacht habe, bitte lass uns Oma finden!

Zwei Stunden später rief die Pensionswirtin wieder an.

„Alles o.k. Ihre Mutter ist hier. Gerade als ich mit den Polizisten sprach und ihre Mutter beschrieb, kam sie zum Hof herein, sehr erstaunt, was man von ihr will."

Weißt Du noch, wie wir aufgeatmet haben?

„Und – woher kam sie?", fragte ich mit angehaltenem Atem.

„Von zu Hause, sagt Ihre Mutter." Du und ich schauten uns ratlos an.

„Von zu Hause, aha, ja, danke."

Am nächsten Tag wiederholte sich das Spiel. Nachmittags verschwand Mutter, am darauf folgenden Tag gegen Mittag war sie wieder da und ging mit Herta spazieren!

Mutter wollte doch lieber in ihrem Bett zu Hause schlafen.

Und so fuhr sie tatsächlich jeden Nachmittag von der Schweizer Grenze nach Stuttgart, um in ihr Bett zu kommen. Es war nicht zu fassen, und mit Mutter war nicht zu reden.

„Ein bisschen teuer, meinst du nicht?", fragte ich meinen Bruder Erich, „die Kosten für die Pension, in der Mama weder isst noch schläft, die Bus-, Zug- und Straßenbahnkosten. Das gäbe in vier Wochen eine ganz schöne Summe. Warum tut Mama das?"

Sie war leicht dazu zu überreden zu Hause zu bleiben. Und eigentlich wundert mich das noch heute.

Erich fuhr am nächsten Wochenende hin, holte den Koffer, beglich die Rechnung. Ich fand all die Fahrscheine, die sie gelöst hatte. Keiner verstand es, keiner wollte es verstehen.

Nach dieser Kur nahmen wir unseren gewohnten Rhythmus wieder auf.

Manfred, ich weiß noch, Du warst der erste, der gesagt hatte: „Die Oma wird doch nicht Alzheimer haben?"

Damals war die Krankheit noch nicht so bekannt wie heute.

Die Waschmaschine von Oma und Herta gab den Geist auf, war

ja auch an der Zeit. Uralt und museumsreif, sagten wir schon seit Jahren. Die nasse Wäsche musste jedes Mal in eine extra Schleuder umgeladen werden. Und der Platz und überhaupt.

Nun musste Erich einmal in der Woche nach der Arbeit, auf dem Weg zu seiner Familie, zum Wäschewaschen bei seiner Mutter antreten.

Oma wusste nie, auf welchen Knopf sie drücken musste. Herta konnte nach ihrer letzten Kopfoperation nicht mehr arbeiten. Sie hatte keine Kraft mehr. Achtundzwanzig Jahre waren eine lange Zeit, und sie war mit Recht stolz darauf. Wir wussten, dass es nicht selbstverständlich war, dass sie mit ihrer starken Behinderung so einen guten, auf sie zugeschnittenen Arbeitsplatz gehabt hatte. Dieser Arbeitsplatz war schon immer ein Geschenk gewesen. Was vor achtundzwanzig Jahren keiner wusste: Herta konnte sich Zahlen gut merken. Zwölf- bis sechzehnstellige Zahlenreihen waren für sie kein Problem. Sie warf einen Blick darauf und wusste, wo diese Zeichnung war, wer sie geholt hatte und wann man sie wieder zurückbringen würde.

Erst nach ihrem Weggang wurde ihr Arbeitsplatz durch einen PC ersetzt, und so kam es, dass sie mit Würde aufhören konnte und nicht wegrationalisert wurde.

„Nach zwanzig Jahren kann ich gerade mal meine Kontonummer auswendig. Lach nicht, Manfred – also gut, ich weiß sie nicht."

„Der Hunger treibt's rein"

Herta kam mit Mutter zuerst sonntags und später dann jeden Tag zu uns zum Essen.

„Weißt Du", vertraute sie mir einmal an, „bei uns gibt es entweder Grießbrei oder Nudelsuppe, jeden Tag. Am liebsten würde ich bei SEL zum Essen gehen."

Manfred, Du hattest es auch gehört. Wir beide schauten uns an – und nickten uns zu. Dafür liebte ich Dich: Wenn es darum ging, jemandem beizustehen, reichte ein Blick zwischen uns, um das Einverständnis des anderen einzuholen.

„Weißt du was, Herta", meintest Du, Manfred, und Du lächeltest Deine Schwägerin liebevoll an, „dann kommt ihr halt jeden Tag zu uns zum Essen, ist doch schön, wenn ihr hier seid. Und wenn

Elsbeth und ich was vorhaben, kannst Du ja immer noch Grießbrei oder Nudelsuppe essen.“

Herta strahlte, in ihrem Gesicht und in ihrem Herzen ging die Sonne auf. Sie wusste gar nicht, wohin mit der Freude! Wenn sie Dich nicht schon geliebt hätte in ihrem reinen Herzen, hätte sie es ab jetzt getan. Überraschenderweise war auch Mutter sofort einverstanden.

Zwei Jahre sind Herta und Mutter nahezu jeden Tag zum Essen gekommen. Oft hast Du für die ganze Familie gekocht, und es hat Dir Spaß gemacht. Eine Stunde Fahrt mit der Straßenbahn, Essen, danach ein Nickerchen im Sessel, und dann sind sie wieder zusammen nach Hause gefahren. Hab' ich Dir, Manfred, jemals dafür gedankt?

Du und ich, wir waren uns einig: Wenn Mutter mal stirbt, kommt Herta zu uns. Daniel, unser neues Pflegekind, hatte eine Freude an Oma. Oma genoss ihren neuen Enkel und Herta ihren Schwager. Und es war einfacher, für mehrere Personen zu kochen als für wenige. Selten hat es Dir, Manfred, „die Sprache verschlagen“, aber einmal – weißt Du noch? Du bist lange in der Küche gestanden und hast ein kulinarisches Wunderwerk geschaffen. Es duftete im ganzen Haus nach Entenbrust mit Apfel-Rotkraut – und erst die Weckknödel, die Du mir zuliebe machtest! Allen lief das Wasser im Mund zusammen ...

Natürlich freute Dich auch ein Lob beim Essen.

„Herta, wie schmeckt's?“, strahltest Du Deine Schwägerin an. Sie wollte Dir ein Lob geben, aber Dir fiel der Unterkiefer nach unten, als sie Dich ebenfalls anstrahlte und sagte: „Der Hunger treibt's rein.“

Das wurde zum geflügelten Wort bei uns. Das beste Lob für ein wirklich gelungenes Essen war ab da stets unter Grinsen: „Der Hunger treibt's rein.“

Und auch da fanden wir zwei Zeit für uns. Nachdem unsere Großfamilie gesättigt in Sesseln und Betten verteilt waren, die Spülmaschine lief, der Zivi sich in sein Zimmer verzogen hatte, gingen wir zwei mit dem Hund raus. Ein gemütlicher Capuccino, ein Gläschen Wein, ein bisschen italienisches Brot. Nur wir zwei, Händchen haltend und still. Glücklich.

Es ging sehr schnell ... Herta war nicht mehr da

Am 24. Dezember 1990 feierten wir den Heiligen Abend, wie wir es liebten. Mit Oma, Herta, Michael, Daniel, mit Angelika, einer Freundin und Edwin, einem Freund sowie mit einem Zivildienstleistenden und Ouzo, unserem Hund. Großfamilie. Dankbar zu Hause sein zu dürfen, nicht wissend, was da als nächstes auf uns zukommen sollte.

Wir freuten uns über unseren Daniel, der noch so ein richtiges kleines Baby war, und uns war das Jesuskind sehr nahe.

„Wenn Ihr eines der Kindlein aufnehmt, dann nehmt Ihr mich auf“, so steht es in der Bibel.

Wir saßen lange zusammen, wir waren glücklich. Waren wir zu glücklich? In China sagen die Mütter, ihr neugeborenes Kind sei hässlich und entstellt, damit die Götter nicht auf das Kind aufmerksam werden. Unser Wurm war ja schon blind und gerade mal so lebensfähig.

Wir wurden noch einmal geprüft. Die ganze Familie.

Die Ereignisse kamen so schnell hintereinander und überschlugen sich so, dass ich mir heute, beim Schreiben, überlege, wie wir das geschafft haben.

Wir machten an diesem Heiligen Abend eine Flasche Sekt auf.

Meine Schwester Herta, die wegen ihrer Epilepsie keinen Alkohol trinken durfte, trank mit uns ein halbes Glas Sekt.

Gegen 22 Uhr fuhren Herta und meine Mutter nach Hause. Morgens, gegen 5.00 Uhr, stand meine Schwester aus dem Bett auf, wollte wohl zur Toilette und erreichte sie nie. Zwischen Bett und Schrank brach sie zusammen und war tot. Hirnschlag. Es ging sehr schnell. Für uns war es ein Schock. Mutter war nicht mehr ansprechbar.

Später habe ich mir öfter überlegt, ob sie wohl überlebt hätte, wenn der Sekt nicht gewesen wäre ...

Herta war nicht mehr da.

Mein Bruder Erich und ich erledigten zusammen die traurigen Formalitäten. Du, Manfred, riefst Deinen Bruder Horst an. Er kam mit Evelyne, seiner Frau. Sie kümmerten sich um Dich und die Kinder.

Ich hörte, wie Daniel weinte …

Jedes Mal, wenn ich zu Hause anrief, hörte ich im Hintergrund, wie Daniel weinte. Was war nur mit unserem Kind los? Daniel weinte sonst selten. Am zweiten Weihnachtsfeiertag rief ich meine Freundin Ute an und fragte, ob sie Daniel und mich ins Krankenhaus begleiten würde. Bei Daniel müsse nachgesehen werden, was los ist. Die Diagnose: Mittelohrentzündung!

Daniel hatte den Tag vorher schon die Nahrung verweigert, und ich wusste nicht, wie ich jetzt ein krankes Kind pflegen sollte. In der Klinik fragte ich an, ob er nicht ein paar Tage bleiben könne, bis ich wieder Land sehe. Jeden Tag besuchte ich meinen Schatz. Am 31.12. sah mich der Arzt auf dem Flur und bat mich, mit ihm ins Zimmer von Daniel zu kommen. Er nahm den Verband am Ohr ab und fragte mich, ob ich sehe, was er sieht. Natürlich sah ich die Veränderung hinter dem Ohr. Verständnislos sah ich ihn an.

„Er muss sofort operiert werden. Ich rufe einen Krankenwagen. Das können wir hier in der Klinik nicht operieren."

„Aha!" Mehr fiel mir dazu nicht ein. Dass mein Kind in akuter Lebensgefahr schwebte, erklärte mir einige Stunden später eine wütende, ruppige Narkoseärztin.

„Ja, mehr als ins Krankenhaus bringen kann ich ihn ja wohl nicht, oder?", versuchte ich die Angriffe der Ärztin abzuwehren. Ihre Antwort möchte ich nicht wiedergeben.

„Muss unser Kind jetzt sterben? Wegen einer Mittelohrentzündung?"

Am 31.12. um 22.30 Uhr wurde Daniel operiert.

Gut, dass ich so viele Freundinnen hatte. Du, Manfred warst den ganzen Mittag auf gewesen und musstest dringend ins Bett. So kam die gute Freundin und Nachbarin Alwine und verbrachte mit mir einige bange Stunden in einem Lokal. Ich hatte den ganzen Tag noch nichts gegessen und bestellte mir eine große Portion Cevapcici. Dabei hatte ich ein sehr schlechtes Gewissen, weil meine Freundin mit ihren Kindern und ihrem Mann Besuch hatte und bei ihnen ein Silvester-Fondue-Essen geplant war. In zwei Stunden sollte ein neues Jahr beginnen.

Hatten wir Fehler gemacht? Unser Kind, das wir erst vier

Monate hatten, lag im OP. Gestern erst hatten wir Herta zu Grabe getragen. Was mochte das Neue Jahr bringen?

Daniel erholte sich rasch und hätte nach vierzehn Tagen wieder nach Hause gekonnt. Das ging aber nicht, weil Michael inzwischen Keuchhusten und eine Lungenentzündung hatte.

Seltsam ist, dass Michael im Mai 1984, als mein Vater starb, auch schwer erkrankte.

Du, Manfred, übernahmst seine Pflege mit einem Zivildienstleistenden zusammen. Der Arzt war regelmäßig da, und es gab schlimme Nächte. Deshalb schlief Michael nachts in unserem Schlafzimmer.

Es wurde April, bis er wieder zur Schule konnte.

Noch in der akuten Phase von Michael sollte Daniel entlassen werden. Ute nahm ihn zu sich und kümmerte sich mit ihren drei Kindern rührend um unseren Schatz.

Dankbar darf ich sein, so gute Freundinnen zu haben, die mir damals so beigestanden sind, was hätte ich ohne Ute und Beate und ihre Mutter gemacht.

Die mir ohne viel zu fragen die Kinder abnahmen, damit ich mich um Dich kümmern konnte? Ihnen wünschen wir zwei Gottes Segen auf all ihren Wegen, nicht wahr?

Nachdem der Arzt sagte, dass Michael über den Berg sei, durfte auch Daniel wieder zu uns nach Hause.

Wird Manfred durchkommen?

Aber warum fingst Du, Manfred, jetzt an zu husten?

Bitte nein, dachte ich. Ein Husten, eine Bronchitis war für uns ein Alptraum. Schleim, der sich nicht löste, brachte Dich schnell in Atemnot. Zu zweit musste man Dich weit vorbeugen, tagsüber im Rollstuhl, nachts zu zweit an Deinem Bett. Du konntest kaum liegen. Da bekamst Du schnell Hustenreiz, musstest aufsitzen. So konntest Du nachts also auch nur im Bett sitzen, und der Zivi und ich beugten Dich vor, um abzuhusten. Das war so anstrengend. Ich atmete und hustete in Gedanken so mit Dir, dass mir alles wehtat. Wir waren müde. Irgendwann schliefst Du doch für ein paar Stunden ein. Dein Po nahm Dir solche Sitzmarathon-Veranstaltungen übel. Dekubitus war die Folge. Ein Teufelskreis.

Woran es lag, weiß ich nicht. Aber eines Tages sah ich, dass Dein Stuhlgang schwarz war. Die Diagnose in einem Stuttgarter Krankenhaus war: Magendurchbruch. Dein Bruder Horst konnte den Arzt überzeugen, dass Du in Heidelberg in der Uniklinik für Querschnittsgelähmte besser aufgehoben bist als in einer Stuttgarter Klinik. Du solltest mit einem Flugzeug der Flugrettung transportiert werden, weil man Dich dem langen Transport nicht aussetzen wollte. Deine Kraftreserven, die Du gebraucht hättest, um die Diagnose zu verarbeiten, waren fast erschöpft. Aber das Wetter war so schlecht, dass ein Flug nicht möglich war und Du mit dem Krankenwagen in die Querschnittsabteilung der Uniklinik Heidelberg gefahren werden musstest, zu Professor Paeslak, Herrn Dr. Spahn und Frau Dr. Maschke. Zu den Ärztinnen und Ärzten, Schwestern und Pflegern der achtziger Jahre, die Du kanntest, denen Du vertrautest, die Dir schon oft das Leben retten durften, weil Gott es zuließ.

Zur „OP“ wurdest Du dann nochmals in ein anderes Krankenhaus in Heidelberg gefahren.

Manfred, Du vertrugst keine Narkose. Den Narkosearzt konnte ich nur mit Engelszungen davon abhalten, dass er Dir den gleichen Vortrag hielt wie mir. Man kann keinen Magen operieren ohne Narkose. Die Aussichten waren gering, dass es gut gehen würde bei Deinem großen Körpergewicht und Deiner Narkoseunverträglichkeit. Ich unterschrieb die Papiere zur Genehmigung der OP. Es kam mir vor, wie wenn ich ein Todesurteil unterschrieben hätte.

Ich dachte: Unser Vater im Himmel, Dein Wille geschehe – loslassen – festhalten?

„Wird Manfred durchkommen?“

Mit flehenden Augen schaute ich den Arzt an. Der Narkosearzt zuckte mit den Schultern.

„Vielleicht wacht er ja auch gleich wieder auf, das kann keiner sagen, Sie müssen mit dem schlimmsten rechnen. Koma, Beatmungspatient, für kurz, für lang, für immer“ – ein Alptraum!

Ich dachte: Bitte, lieber Gott. Wir haben zwei Kinder. Ich liebe ihn. Hilf!!! Dein Wille geschehe.

Ich war essen während der OP, wie immer bei extremen Situationen in meinem Leben. Begleitet wurde ich von einer der Schwestern aus der Querschnitt-Uniklinik. Ich dachte: Ich muss essen, ich muss stark sein. Manfred wird aufwachen und mich brauchen. Es wird weitergehen. Er wird leben.

„Ich brauche Manfred“, flehte ich Gott an.

Ich habe ‚gebittet und gebettelt’. Ich habe telefoniert, und Menschen, die uns lieb hatten, haben für uns gebetet. Kein Angehöriger sollte in einer solchen Situation alleine sein.

Während Du operiert wurdest, kamen Deine Brüder Horst und Kurt und strahlten Zuversicht aus:

„Wie oft dachten wir schon ...“, bemühten sie sich, mich zu trösten, „und immer hat er es geschafft, es wird schon werden, liebe Schwägerin, Manfred schafft das schon.“

Ich war dankbar für all die Freunde, die uns in Gedanken begleiteten – und am nächsten Tag warst Du wieder wach! Es war wirklich ein Wunder! Noch eins!

Immer wieder waren wir an dem Punkt, alles Gott zu überlassen, immer wieder wurden wir erhört – Du, die Kinder – wie viel durfte ich schon erleben. Ich hatte Dich wiederbekommen, und ich dankte Gott dafür.

Und Gott hatte noch so viel mit uns vor

Aber es dauerte fast zwei Jahre. Und diese Jahre haben Dich so viel Kraft gekostet. Am Ende des zweiten Jahres hast Du Dein Leben ganz Gott übergeben.

Über unsere Freundin Angelika hörten wir von der Lehre Bruno Grönings und befassten uns ernsthaft damit. Wir überzeugten uns, dass es sich beim Freundeskreis Bruno Gröning nicht um eine Sekte handelte und gingen den geistigen Weg gemeinsam und konsequent bis zu Deinem Heimgang, Manfred, genau zehn Jahre lang.

Im November 1992 wurdest Du in der Klinik von Freunden des Bruno-Gröning-Freundeskeises besucht. Danach veränderte sich unser Leben grundlegend, und wir wollten keinen Tag davon missen. Zu Weihnachten kamst Du – Gott sei es gedankt – wieder nach Hause.

Am 6. Januar 1993 besuchtest Du zum ersten Mal eine Gemeinschaftsstunde des Bruno-Gröning-Freundeskreises. Ich brauchte noch zwei Monate, bis ich mitging. Zuerst war ich skeptisch und kritisch, aber dann immer neugieriger und aufgeschlossener. Unser Herz ging auf. So hat das Christus wohl gemeint, als er sagte: „Kommet her, alle, die ihr mühselig und beladen seid, ich will euch erquicken."

Lebenslange Fragezeichen bekamen eine ganz natürliche Antwort. Nicht von einem Menschen. Wir lernten, mit dem Herzen zu sehen und zu verstehen. Manfred, Du wurdest so gesund, dass Du zehn Jahre ohne Klinikaufenthalte auskamst. Es war vorbei. Das Leben stellte andere Herausforderungen an uns. Deine Gesundheit war immer eine Schwachstelle und wir mussten immer auf sie achten. Wir begriffen, dass unser Körper ein Geschenk Gottes ist, ein Geschenk für dieses Erdenleben. Waren wir sorgsam mit diesem Geschenk umgegangen? Wir wollten es lernen.

Wir gingen gemeinsam einen Weg, von dem wir uns sicher waren, dass er zu Gott führt. Und er hat uns auch dahin geführt. Jesus nahm Wohnung in unseren Herzen, und das ist für uns das Wichtigste im Leben geworden.

Aber die Schulstunden in der Erdenschule hatten noch einiges auf dem Stundenplan. Im Oktober 1991 hatten wir es endlich alle begriffen: Meine Mutter hatte Alzheimer. Zwei Psychologinnen haben sich im Krankenhaus um mich gekümmert, als ich einen Nervenzusammenbruch hatte. Man brachte mich in ein leer stehendes Zimmer, und ich habe geweint wie noch nie in meinem Leben.

Welch ein Jahr! Ich bekam Infos über die Krankheit, las in Windeseile zwei Bücher über betroffene Angehörige – und erkannte in dem Gelesenen immer wieder meine Mutter.

Es war ein langer Weg gewesen für die ganze Familie – zwischen Ahnen, Wissen und Der-Wahrheit-ins-Auge-Schauen.

Wir hatten viele glückliche Zeiten

Daniel

10. Daniel war Dein Kind, Dein Erstgeborener

Schon oft dachte ich, Manfred, dass es gut ist, dass wir nicht in die Zukunft schauen können. So nehmen wir jeden Tag wie er ist, suchen das Positive und freuen uns daran. Dem Negativen sagen wir den Kampf an. Wir lernten beide, dass ein halb volles Glas wertvoller ist als ein halb leeres Glas. Eigentlich haben wir das Ungute immer schnell vergessen und uns an dem Guten erfreut, das uns widerfahren ist.

In den ersten zehn Jahren unseres Zusammenlebens lagst Du zweimal zwei Jahre im Krankenhaus. Dazwischen kamen immer wieder kürzere Aufenthalte in verschiedenen Kliniken hinzu, nicht gerechnet die Kuraufenthalte. Wie oft wurde ich angerufen, ich solle schnell kommen, aber sie wüssten nicht, ob ich Dich noch lebend sehe! So waren die ersten zehn Jahre unseres Zusammenlebens oft ein Kampf; oft wollte uns das Elend überrollen, aber wir ließen das nicht zu. Wir sahen immer andere, denen es noch schlechter ging als uns. Ihnen wollten wir Mut zusprechen, denn wir hatten uns, unsere Liebe und unsere Kinder.

Ich habe Dich nicht oft sprachlos gesehen.

Eines Tages sagte ich zu Dir: „Manfred, ich will noch ein Kind!“

Ich hielt die Luft an, zog die Schultern ein und wartete auf das Donnerwetter. Wie heftig würde Deine Reaktion sein? Ich wusste, dass ich nicht nachgeben würde. Deine Gegenargumente kannte ich alle schon im Voraus. Aber es war mir klar, irgendwo wartet ein Kind auf uns: Unser Kind. Erklären konnte ich das nicht. Ich wusste es einfach. Nur, wie konnte ich Dich davon überzeugen?

Als Du begriffen hattest, wie ernst es mir damit war, gabst Du nach. Auch Du wusstest, manche Entscheidungen muss man mit dem Herzen treffen, nicht mit dem Verstand. Alle Argumente haben wir immer wieder durchgekaut, was dafür und was dagegen sprach. In meinem Innern spürte ich, dass jemand nach mir rief. Wie sollte ich Dir das erklären, ohne für verrückt gehalten zu werden?

Als Heilerziehungspflegerin hatte ich schon seit Jahren einen guten Kontakt zum Jugendamt. Wie lange würde es dauern, bis wir Bescheid bekommen?

Aber das wusstest Du ja schon: Pflegeeltern eines belasteten Kindes wird man schnell ...

War ich aufgeregt, war ich gespannt!

Aber auch ich hatte heimlich schlaflose Nächte, von denen Du nichts erfahren solltest.

Würde ich es bewältigen können?

Einundvierzig Jahre werde ich dieses Jahr alt, dachte ich. Jung? Alt ?

Es wird das letzte Kind sein!

Bin ich zu alt, um noch mal Mutter zu werden?

Wie lange wird das Kind mich brauchen?

Was ist, wenn ...

„Lieber Gott, lass mich einschlafen, beschütze unsere Kinder, segne uns, Dein Wille geschehe."

Endlich war ich eingeschlafen.

Daniel wurde mein fünftes Pflegekind.

Aber es war Dein Kind, Dein Erstgeborener! Es war Liebe auf den ersten Blick. Ich hatte dies schon erlebt, bei Peterle und Michael. Aber für Dich war das eine völlig neue Erfahrung.

Und dann lag der Winzling im Krankenhaus das erste Mal auf Deiner Brust. Du hattest die Rückenlehne des Rollstuhls nach hinten abgelassen, und der kleine, nicht mal viertausend Gramm schwere Winzling kuschelte sich an Deine Brust. Lange war das sein Lieblingsplatz. Bis er einfach zu lang und zu schwer für Dich wurde.

Die Liebe zu Daniel wuchs. Für Dich als Realisten, der Du warst, hatte Liebe auf den ersten Blick nichts mit einem Kind zu tun. Aber Du wurdest eines Besseren belehrt.

Im Heilbronner Kreiskrankenhaus lag der kleine Wurm und sehnte sich nach Liebe und Geborgenheit. So selbstverständlich, wie Michael in der Zeit, als es bei Mutter kein Fleisch gab, vom Nachbarn Manfred seine Schnitzel und Würste hinter Mutters Rücken bekam, so selbstverständlich, wie er bei der Hochzeit am 3. Mai 1989 zwischen uns saß, so selbstverständlich wurdest Du „letztendlich", Manfred, zum zweiten Mal Vater. Nachdem Du den kleinen Mann das erste Mal gesehen hattest, war eine Liebe zwischen Euch, die nicht zu erklären war. Michael war ja schon fünf Jahre alt als Du sein Vater wurdest, aber jetzt bekamen wir einen Säugling. Nicht, dass Du begeistert warst, nicht, dass Du nicht einhundertfünfzig gute Gründe aufgezählt hättest, warum das totaler Schwachsinn wäre.

Aber ich spürte, da wartet ein Kind auf uns, und ich setzte mich durch. Es hatte nichts mit Logik zu tun. Gar nichts. Logik und realistisch denken, das war nicht mein Ding. Ich war immer ein Gefühlsmensch, durch und durch. Diesmal kamst Du auch mit Deinen noch so durchdachten Argumenten nicht weiter.

Später hast Du einmal gesagt, wenn ich nicht nachgegeben hätte, wäre unsere Beziehung ernsthaft in Gefahr gewesen und Du seiest froh darüber, dass ich so stur gewesen war und mich durchgesetzt habe. Ich konnte das nie beschreiben, Manfred. Immer wieder in meinem Leben treffe ich eine Entscheidung und muss dann den eingeschlagenen Weg konsequent gehen, auch wenn mich niemand versteht. Auch wenn es tausend Gründe dagegen gibt. Auch wenn es unlogisch ist.

Was haben Schicksal, Bestimmung, Vorsehung mit Logik zu tun?

Natürlich ist die Entscheidung, ein behindertes Kind anzunehmen, eine schwerwiegende Entscheidung. Vor allem in unserer Situation. Es war, wie wenn eine Frau schwanger ist und darauf besteht, ihr Kind auszutragen.

Aber ein Kind konnten wir nur *gemeinsam* erziehen. Heute wissen wir beide, dass es *unser* Weg war, wenn auch ein schwerer.

Anfang August 1990 durften wir fünfzig Kilometer von zu Hause weg in ein Kinderkrankenhaus fahren, um das kleine Kind zu sehen, das da einsam und verlassen, winzig und verloren in einem viel zu großen Kinderbettchen lag.

Mir schlug das Herz bis zum Hals. Nun würde dieses winzige Geschöpf zu uns gehören. Tränen der Freude und Dankbarkeit liefen mir über die Wangen: Nun durften wir gemeinsam noch einmal Eltern werden.

Nur mit seinem Namen konnten wir uns überhaupt nicht anfreunden.

„Michael ist sein Zweitname“, wollte uns eine freundliche Kinderschwester weiterhelfen.

„Michael heiße ich“, war der empörte Ausruf unseres Großen. Er hatte dann auch den passenden Namen gefunden.

„Daniel, er soll Daniel heißen!“, rief unser Michael aufgeregt.

„Daniel in der Löwengrube – das passt, nicht wahr?“ Fragend schaute ich Dich an.

„Daniel“, hast Du lächelnd bestätigt, „Daniel in der Löwengrube, holen wir ihn heraus!“

Und so wurde Daniel später sein Tauf- und Rufname. Und Schritt für Schritt ist er aus seiner ‚Löwengrube’ herausgeklettert.

Daniel wäre, wenn er nicht zu uns gekommen wäre, in ein paar Tagen in ein Kinderheim gekommen.

Er war und ist ein hübsches Kind, schwarze Haare, ein schmales, etwas längliches Gesicht. Die Augen halb geschlossen: Blind.

Daniels Start ins Leben war denkbar schlecht

Der Start ins Leben war denkbar schlecht für unseren Sohn Daniel. Mit 6½ Monaten geboren, 750g schwer. Keiner war da, der ihn lieb haben konnte oder wollte. Zuerst ging es darum, ihn am Leben zu erhalten. Die Medizin konnte sein Leben retten, aber was war mit dem Urvertrauen eines Kindes, das Vertrauen, aus dem Bauch auf den Bauch der Mutter zu kommen? Diese Welt war kalt, rau, schmerzhaft, laut.

Was wollte Gott uns da anvertrauen? Was war die Aufgabe für dieses Kind hier auf der Erde? Würde es bei uns all das lernen können, was es sich in diesem Erdenleben vorgenommen hatte? Würden wir es richtig begleiten können? Mein Gott, Daniel war noch so klein. Und was hatte er schon alles erlebt! Viel zu früh geboren, wochenlang im Brutkasten, an Schläuchen, die in seinen Körper drangen, Nadeln, die stachen, wehtaten! Der Schleim im Mund wurde regelmäßig abgesaugt. Es ist laut, so laut auf dieser Welt!

Wenn eine Schwester eine oder zwei Minuten Zeit hat, streichelte sie ihn. Das ist alles, was er an Liebe erfährt.

Heute noch, sechzehn Jahre später, muss er gegen Panik ankämpfen, wenn ihm Blut abgenommen wird.

Die Liebe, die innere Wärme, die Ruhe und Geborgenheit, die er braucht, um seelisch zu gedeihen – keiner war da, der es ihm geben konnte.

Kann man das alles nachholen? Kann man einem Ausgestoßenen so viel Liebe schenken, dass er diese Zeit der Entbehrungen vergisst? Oder wird ihn dieser Verlust sein Leben lang begleiten? Wird er seinen misslungenen Start mit sich herumtragen wie einen zu schweren Rucksack? Wir wussten es nicht.

Wir lassen uns auf dieses Abenteuer ein

Aber wir würden uns auf dieses Abenteuer einlassen, weil wir wussten, Gott hat uns dieses Kind anvertraut, und er macht keine Fehler. Gespräche mit dem Arzt, den Schwestern, dem Kind – wir lernten einander kennen, und Gott legte uns die Liebe füreinander ins Herz. Ich legte ihn mir auf den Bauch und erzählte ihm leise, dass er nun Eltern habe, einen Bruder und einen Hund.

Damals wussten wir zwar, dass er blind ist, aber wir wussten nichts von seiner mächtigen inneren Unruhe, die wir dann als Hospitalismus, später als Hyperaktivität diagnostiziert bekamen.

Aber als Du zum ersten Mal im Krankenhaus Deinen neun Monaten alten, 3.990 g schweren Sohn sahst, da war es um Dich geschehen. Wenn Du das Rückenteil Deines Rollstuhls nach hinten abgelassen hattest, konntest Du pinkeln, Deinen Po entlasten und Deinen zweiten Sohn Dir auf den Bauch legen lassen.

Auch Michael konnte sein Herz aufmachen, auch wenn er dieses winzige Etwas noch kritisch musterte.

Er nahm ihm nichts weg. Er schenkte ihm etwas. Liebe.

Oh, wie gut das euch tat! Daniel war so klein und leicht, dass er auf Deiner Brust liegend schlief ohne dass er Dir zu schwer wurde. Wie gut Euch beiden das Kuscheln tat: Daniel hörte endlich das beruhigende Geräusch eines schlagenden Herzens, spürte zum ersten Mal die Nähe und die Liebe eines Vaters.

Der letzte Augusttag 1990 war heiß, und auf der Rückfahrt mit dem Auto wollten wir vermeiden, dass es zieht, aber braten wollten wir auch nicht. Beate fuhr mit mir, um unseren neuen Schatz nach Hause zu holen. Auch sie war gespannt auf dieses kleine Geschöpf. Sie und Gottfried, ihr Mann, wurden Daniels Paten. Beate war Sonderpädagogin und fing in der „Kurzzeit“ an zu arbeiten, als ich aufhörte. Ihre ruhige, gelassene Art, mit den Kindern umzugehen, die Sachen, die ihr wichtig waren, zu tun, erleichterten mir den Abschied von meinem Berufsleben. Ich wusste mein Erbe in guten Händen. Gottfried leistete einst seinen Zivildienst in der „Kurzzeit“. Er war ein ruhiger, umsichtiger junger Mann. Und so hatten wir etwas Gemeinsames, etwas Verbindendes: Für die Außenseiter der Gesellschaft da zu sein, uns einzusetzen für die

Bedürfnisse und Rechte von Menschen mit schwerer Behinderung und ihrer Familien.

Als wir nach Hause kamen, lagst Du im Bett, um zu ruhen. Ich legte Dir den Schatz in die Arme. Kann es sein, dass Du Dich nun viel lieber mittags zur Ruhe legtest, es keine lästige Pflicht mehr war? Denn von nun an machtet Ihr zu zweit Mittagsschlaf. Nahezu vierzehn Jahre lang durftet Ihr beide Euch haben.

Und zum Ende Deines Lebens drückte sich wieder Daniels Körper an Dich, nun diesmal in Deinem Bett auf der Intensivpflege. Du hast es gespürt. Wir konnten es auf dem Monitor verfolgen, wie sich Deine Werte stabilisierten. Eure Liebe hier auf Erden endete, wie sie begann: Aneinander gekuschelt.

Wenn alle kinderlosen Ehepaare, die sich so sehr ein Kind wünschen, eines annehmen würden, das alleine und ungeliebt zurückgeblieben ist, würde es dann auf der Welt nicht anders aussehen?

Ich war keine neun Monate schwanger, bei keinem meiner Kinder. Aber ab dem Moment, als ich auf dem Jugendamt anrief und sagte: „Ich möchte noch einmal ein Kind haben“, wuchs in mir die Liebe zu dem unbekannten Wesen. Ich war aufgeregt und gespannt, denn ich wusste, ein Kind zu bekommen ist ein Gottesgeschenk. Er vertraut uns eine Seele an, sie in der Schule des Lebens zu begleiten.

Daniel passte wie angegossen auf Deine breite Brust. Da hätte er schon viel früher hingehört, denke ich oft. Auch bei Dir geschah das Wunder. Auch Du wurdest von dieser Liebe noch mal angesteckt und hast ihn vom ersten Tag an geliebt.

Die Kommentare unserer Freunde, als bekannt wurde, dass wir ein blindes Kind annehmen, waren nicht gerade aufbauend. Aber nachdem wir zwei uns entschieden hatten, standen wir zu unserer Entscheidung.

Manfred, Du fandest wie immer die richtigen Worte: „Daniel kann mir die Türe aufmachen, ich sage ihm, wo sie ist.“

„Lieber Gott, wie bekomme ich so ein Vögelchen groß?“

Aber bevor Daniel seinem heiß geliebten Vater die Türen auf machte, musste er wachsen und zunehmen, an Leib und Seele gesunden. Mit der Pipette flößte ich ihm die Milch ein, wenn er nicht saugen wollte.

‚Lieber Gott, wie bekomme ich so ein Vögelchen groß? Hilf mir!'

Wenn er schlafend in seinem Bett lag, aufwachte, es ruhig um ihn war und keiner da war, fing er an, mit dem Kopf auf die Matratze zu schlagen. Er schrie nicht, er weinte nicht, so dass man ihn gehört hätte. Er schlug den Kopf nicht nur auf die Matratze. Er robbte zum Bettrand und schlug mit dem Kopf rhythmisch gegen das Gitter. Dass das Bett ausgepolstert war, spielte keine Rolle. Er fand seine Stelle. Jahrelang hatte er eine mehr oder weniger offene Wunde an der Stirne. War er auf dem Boden und krabbelte umher, schlug er immer wieder blitzschnell den Kopf auf den Boden.

Mittags, wenn Du auf der Seite lagst, um zu ruhen, lag Daniel zufrieden an Dich gekuschelt. Das war der Grund, weshalb wir ihn in unser Schlafzimmer nahmen. Er schlief in meinem Arm ein, und sobald er nachts unruhig wurde, berührte ich ihn mit der Hand und schaukelte ihn in den Schlaf. Das hieß aber für mich, abends um neunzehn Uhr ins Bett zu gehen. Natürlich wollte ich nur warten, bis er tief und fest schlief. Aber das dauerte oft lang, und sobald ich vorsichtig meinen Finger aus seiner Faust ziehen wollte, wachte er auf. Und meistens war ich es, die einschlief. Oft hatte ich Dich gebeten, mich zu wecken, wenn Du mit dem Hund raus gingst.

Erst als er schon lange zur Schule ging, zog er eines Tages freiwillig in sein Zimmer. Aber das Einschlafen blieb ein Problem. Er wollte keinen Teddy, kein Spielzeug, kein Kissen zum Schmusen ins Bett nehmen. Ob die erste Zeit im Brutkasten ihn so geprägt hatte?

Michael, inzwischen zehn Jahre alt, begegnete seinem neuen Bruder mit gemischten Gefühlen. Selbst, als Kleinkind, war er ja auch verlassen, ungeliebt, zurückgelassen worden. Würde er genug Liebe in den Jahren, die er bei uns lebte, erhalten haben, um seinen Bruder nicht nur zu akzeptieren, sondern ihn zu lieben? Würde er eifersüchtig auf Daniel sein?

Unser Daniel kämpfte sich tapfer durch die ersten Jahre, und wir mit ihm, geliebt von seinem großen Bruder. Und dann musstest

Du, Manfred, für fast zwei Jahre ins Krankenhaus, nachdem wir sechs Monate als glückliche Familie zusammengelebt hatten.

Daniel genoss es, in Deinen Armen zu liegen – auch im Krankenhaus

Laufen lernte Daniel auf den langen Fluren der Heidelberger Uniklinik unter den Anfeuerungsrufen des vorbei eilenden Personals. Er war damals knapp drei Jahre alt.

Jeden zweiten Tag waren wir bei Dir, meistens war auch Michael dabei. Ihm war es wichtig, bei Dir zu sein. Ansonsten hatte er gute Freunde bei denen er sein konnte. War uns damals bewusst, wie viel Hilfe und Freundschaft wir erfahren durften, zu Hause und auch im Krankenhaus? Nur mit so viel Liebe und Fürsorge von Freunden zu Hause und von liebevollen Schwestern und Pflegern haben wir diese schwere Zeit überhaupt durchgestanden. Mit der Bereitschaft, aus jedem Tag das Beste zu machen. Professor Paeslack und Dr. Spahn retteten Dir mehr als einmal Dein Leben, weil Gott es zuließ. Deine Zeit war noch nicht um. Es erschien uns immer wieder als ein Wunder, wie Du Dich nach einer schweren Krise erholtest. Dein unbändiger Lebenswille, Deine Liebe zu Deiner Familie ließen Dich immer wieder zum Leben zurückkehren, wie der Phönix aus der Asche.

Wie stolz war „Papa", als er zum ersten Mal nach langer Zeit wieder aufstehen durfte und mit seinem Sohn eine Runde im Hof drehen konnte! Daniel hielt sich am Finger von Papas herabhängender Hand fest. Du brachtest uns zum Auto, wir mussten wieder nach Hause. Die Abschiede in der Klinik waren manchmal schon herzzerreißend. Du warst so tapfer, aber auch so traurig. Dein Zimmer im Krankenhaus war zwar klein, aber Gott sei Dank ein Einzelzimmer. Es wurde zum Schlaf-, Wohn- und Esszimmer der Familie. Die Pfleger und Schwestern liefen bereitwillig um den Laufstall herum. Krankenpfleger Manfred, selbst Opa, hüpfte mit Daniel im Zimmer und im Gang herum, so dass die Jauchzer im ganzen Flur zu hören waren. „Glückliche Patienten werden schneller gesund", war ihre Devise, und so drückten sie auch ein Auge zu, wenn die vierköpfige Familie sich manchmal abends nicht trennen konnte.

Weißt Du noch, als ich damals in den Osterferien 1991 den

Wohnwagen auf dem Parkplatz der Klinik stehen hatte, um dort mit den Kindern und dem Hund die Osterferien zu verbringen? Wir wollten Dir nahe sein! Wir hatten gelernt, dass nichts selbstverständlich ist. Herta war gestorben, Daniel am Ohr operiert und fast gestorben, Michael hatte Keuchhusten und Lungenentzündung gehabt und Du einen Magendurchbruch, und das alles innerhalb eines halben Jahres.

Unseren Kindern hat es nicht geschadet, dass wir so oft nach Heidelberg fuhren. Sie haben gelernt, dass man sich immer in erster Linie um den kümmern muss, dem es gerade nicht so gut geht. Liebe schenken, das lernten sie in dieser Zeit. Und dass man glücklich sein kann, egal unter welchen Umständen, wenn man bereit ist, sich zurückzunehmen und dem anderen Zeit und seine ganze Liebe zu schenken. Daniel genoss es, in Deinen Armen zu liegen. Auch in einem Krankenhaus kann man groß werden. Er gab Dir durch seine Liebe, die er forderte, das Gefühl, gebraucht zu werden. Wir alle schenkten Dir so viel Liebe, dass Du wieder gesund werden durftest.

Aber sobald es Dir besser ging, Du im Rollstuhl das erste Mal den Flur in der Klinik entlang gefahren bist, ohne dass Dein Kreislauf kollabierte, warst Du nicht mehr zu bremsen. Strafpredigten von den Ärzten ließest Du geduldig über Dich ergehen. Alle wussten, dass sie nichts nützten! Du wolltest raus, am Neckar entlang spazieren oder nach Heidelberg rein, um einmal die Einkaufstraße entlang zu fahren, Menschen beobachten, Schaufenster ansehen, riechen, fühlen, schauen, das Leben fühlen mit all seinen Sinnen.

Das Gefühl, wieder einmal überlebt zu haben, es machte Dich froh und gleichzeitig auch benommen.

Einmal hast Du mir anvertraut, dass Du ein Nahtod-Erlebnis hattest. Du warst außerhalb Deines Körpers, hast ihn unter Dir im Bett liegen sehen. Du warst schmerzfrei und fühltest Dich einfach nur wohl. Auf einmal warst Du weg aus der Klinik, weit fort. Du sahst eine wunderschöne Landschaft unter Dir, Du fühltest Dich frei und glücklich. Aber auf einmal zog es Dich zurück, Du wusstest plötzlich, es ist noch nicht soweit. Du warst wieder im Krankenzimmer, und wusstest, gleich würden wieder Regungslosigkeit und Schmerz Dein Schicksal sein.

Wieder einmal war Dein Drang, die Klinik zu verlassen, größer als alle Vernunft und wichtiger als die strengen Blicke der Ärzte. Du machtest einen wunderschönen Spaziergang mit Deinem Zivi, und Ihr habt den herrlichen Frühlingstag genossen. Die Bäume bekamen das erste zarte Grün, und Du konntest Dich an dem Wunder der Natur nicht satt sehen. Jedes Blümlein, das am Wegrand sein zartes Köpfchen aus der Erde streckte, um dem Licht entgegen zu kommen, faszinierte Dich. Auch Du hattest das Gefühl, wiedergeboren zu sein. Die Dankbarkeit, leben zu dürfen, wurde übermächtig in Dir. Aber Dein Körper war so großen Gefühlen nicht gewachsen. Du klapptest zusammen, und Dein Kreislauf schickte Dich schlafen. Armer Zivi! Mit dem Handy rief er einen Notarzt herbei, der Dich in Dein Krankenhausbett schaffte. Peinlich.

Jetzt erst fällt mir auf, dass Du mir nie erzählt hast, was die Ärzte genau zu Dir sagten, als sie Dich wieder stabilisiert hatten ...

Fast vier Stunden lang hat sich Daniel aufgebäumt

Aber trotz aller Liebe und Fürsorge, die wir uns gegenseitig zukommen ließen, machten wir uns Sorgen um unseren Daniel, und so ließ ich mir einen Termin bei Frau Dr. Prekop geben. Seine innere Unruhe und vor allem das Kopfschlagen auf den Boden mit blutenden Verletzungen machten uns große Sorgen. Der Drang, sich selbst weh zu tun, sich so stark spüren zu müssen, jagte uns Angst ein. Reichte unsere Liebe nicht aus? Was machten wir falsch? Konnten wir etwas besser machen?

Frau Dr. Prekop arbeitete im Olgahospital in Stuttgart in der Abteilung für Entwicklungsstörungen und war mir durch meine größeren Kinder schon bekannt. Ihr konnten wir uns anvertrauen. Sie erklärte mir, dass Daniel weder im Bauch seiner Mutter, noch in seinen ersten Lebensmonaten genügend Liebe erfahren hätte. Das konnte ich nachvollziehen, und die Festhaltetherapie war mir eine logische Konsequenz.

Festhalten – in Liebe festhalten.

Jeder, der in tiefer seelischer Not von einem Menschen, dem er vertraut, festgehalten wurde, müsste diese Therapie nachvollziehen können.

Ich halte Dich.

Ich liebe Dich.
Du gehörst zu mir.
Ich lasse Dich niemals mehr alleine.
Du kannst mir vertrauen.

Festhalten heißt: Einen, der in tiefer seelischer Not ist, in den Arm zu nehmen und solange mit Liebe festzuhalten, bis er seine Wut hinausgeschrieen und seinen Kummer ausgeweint hat und sich wieder freier und zufriedener fühlt. Diese Therapie schien mir einleuchtend, und nur deshalb konnte ich sie mit Daniel auch machen.

Ich werde das erste „Festhalten" nie vergessen. Vier Stunden lang hat Daniel sich aufgebäumt, gewehrt, geschrieen, geweint. Wir waren aufgeweicht von unserem Schmerz, unseren Tränen. Ich hielt ihn fest in meinen Armen. Liebe, die nicht loslässt. Liebe, die Dich nicht allein lässt. Liebe, die Dich festhält.

Ich durfte nicht zur Toilette, konnte nichts trinken, das Telefon läutete: Umsonst.

Auf einmal wird er ganz weich, kuschelt sich an meine Schulter und seufzt *„Mama"*. Zum ersten Mal sagt er das Wort. Dann heule ich. Freudentränen.

Das folgende Festhalten dauerte nicht mehr so lange. Seitdem musste er sich auch nicht mehr von mir abwenden, sondern kuschelte sich mit dem Gesicht zu mir gewandt an mich.

Mit dem Festhalten hörte ich auf, als Du an Weihnachten 1992 aus der Klinik wieder nach Hause kamst. Du konntest das Weinen nicht ertragen. Du hast den Sinn und Zweck der Therapie verstanden und fandest es o.k., aber Deine Nerven lagen blank. Nicht nur Daniel musste festgehalten werden!

Wir hatten uns wieder und waren dankbar

Als Du im Krankenhaus das erste Mal aus dem Bett und aus dem Zimmer konntest, klammerte sich Daniel an einen Deiner Finger und lief mit Dir von Deinem Zimmer bis zum Auto. Was waren wir stolz auf unsere Kinder! Die Liebe Deiner Kinder half Dir, Dich wieder zu Hause einzuleben und Dich zurechtzufinden. Michael ist in den zwei Jahren Deines Krankenhausaufenthaltes groß und selbständig geworden. Nach Deiner Rückkehr war er um Dich, zeigte Dir seine Liebe, indem er mit Dir einkaufen ging, Dich umsorgte.

Daniel und Ouzo wollten raus in die Natur. Für Dich war es wunderschön: Im kommenden Frühling konntest Du Dich nicht satt sehen am Grün der Bäume und der Wiesen. *Gott ist die Natur*, diese Worte konnten wir nur unterstreichen. Selbstverständliches war nach zwei Jahren Klinik etwas Besonderes.

Wir hatten uns wieder und waren dankbar dafür.

Schutzengel-Großalarm ...

Dass Daniel laufen konnte, war nicht nur reine Freude. Er war nicht zu bremsen. Überall kletterte er hinauf, rüber und drüber, uns wurde himmelangst. Abschließbare Fenster, Balkontüren, Verriegelung der Autotüren von innen – wir bekamen erst jetzt mit, was man alles sichern konnte, und wie.

Einmal hat er es aber doch geschafft, zu fliegen. Das war, als Du noch in der Klinik warst. Ich war mit ihm zu Besuch bei meiner Freundin Gabi. Der Balkon, auf dem wir frühstückten, sah uns Beiden „Danielsicher" aus. Daniel spielte mit einem Kleiderbügel und hatte viel Freude daran, an dem Eisengeländer hin und her zu laufen und „Musik" zu machen. Wir wären nie auf die Idee gekommen, dass er sich zwischen Balkongeländer und Boden durchzwängen könnte. Aber er konnte. Er fiel zweieinhalb Meter tief auf die Erde, saß dann auf einer Grasnarbe, die so groß war wie sein Po und schrie wie am Spieß. Rechts von ihm lagen faustgroße Steine, links von ihm ein großer Stein. Wäre er auf die Steine gefallen und nicht mit dem Po voraus, er hätte ...

Im Krankenhaus, in das wir sofort fuhren, wurde festgestellt, dass er sich nur eine Rippe gebrochen hatte. *Nur eine Rippe.*

An diesem Tag hatten wohl unsere Schutzengel Großalarm.

Das war an einem Freitag, im Sommer 1992. Du, Manfred, hattest vom Krankenhaus Wochenendurlaub bekommen, eine Krankenschwester wollte Dich privat begleiten. Am darauf folgenden Tag waren wir bei Daniels Pateneltern Beate und Gottfried zur Hochzeit eingeladen.

Mit meinem Kleinen zu Hause angekommen, stellte ich das Kinderbettchen ins Wohnzimmer und legte Daniel ins Bett. Der Arzt im Krankenhaus hatte gesagt, ich solle noch aufpassen und ihn beobachten, falls er doch eine Gehirnerschütterung habe.

Wir warteten auf Dich. Wo wart Ihr solange? Ihr wart doch

schon vor drei Stunden in Heidelberg weggefahren. Du solltest doch nicht länger als unbedingt nötig sitzen. Wie ein Tiger im Käfig lief ich unruhig im Wohnzimmer auf und ab und ließ das Telefon nicht aus den Augen. Endlich kam Michael nach Hause und setzte sich zu Daniel. So konnte ich mit Ouzo einen kleinen Spaziergang machen. Als ich zurückkam, beruhigte mich Michael sofort: „Daniel schläft, und Papa hat angerufen. Sie sind in einer halben Stunde da. Alles in Ordnung." Endlich ging die Türe auf. Du warst ganz schön geschafft. Ein Reifen war bei achtzig Stundenkilometern auf der Autobahn geplatzt. Alles war gut gegangen, es war nichts passiert.

Voller Dankbarkeit über diesen zweifachen Schutz bedankte ich mich bei den vielen Schutzengeln, die da wieder einmal im Einsatz waren.

Es war herrliches Wetter. Du hattest Dich zu Hause wieder richtig eingelebt, und wir genossen es, den Balkon zu richten. Er war schön groß und musste mal wieder so richtig geputzt und bepflanzt werden.

Du überlegtest, wie und was als nächstes dran war. Zuerst wollten wir alles Alte, Verdorrte entfernen und dann Blumen einpflanzen. Du wolltest es so richtig farbenfroh haben. Dein Zivi war auf dem Vordach und entfernte das hoch gewachsene Unkraut. Daniel war geschützt, dachten wir. Er erkundete den Balkon auf allen Vieren und zog sich immer wieder hoch, um zu ertasten, was weiter oben war. Da er sich aber keine Erde in Mund schob, ließen wir ihn seine Erkundigungen fortsetzen. Dass er gefährdet sein könnte, konnten wir nicht annehmen. Er war doch so klein und das Gitter so hoch, und er war blind und konnte sich nicht eine Stelle aussuchen.

Aber wie kam es, dass er plötzlich auf dem Geländer lag, auf das er eigentlich gar nicht hinauf kommen konnte? Genau an der Stelle ging es sieben Meter in die Tiefe. Wenn er auf das Blumenbeet geklettert wäre, indem er sich hochgezogen hätte, wäre dies für uns verständlich gewesen. Das hätte für ihn keine Gefahr bedeutet. Aber wie kam er an dieser besonderen Stelle so schnell so hoch? Uns zitterten noch am nächsten Tag die Knie.

Der Balkon wurde danach mit hohen Glasscheiben rund herum dicht gemacht. Da konnte er nun nicht mehr runterfallen.

Die Verglasung war ganz schön teuer. Leider schlugen Jugendliche, die damals betrunken und bekifft waren, die Scheiben mit Steinen nachts wieder ein.

All das Schlimme in unserem Leben war weg ...

Wir sind beide den geistigen Weg gegangen. Jeden Mittwoch fuhren wir zur Gemeinschaftsstunde des Bruno-Gröning-Freundeskreises. Es gab auch eine Kindergemeinschaft, in der Kinder mit der Lehre Bruno Grönings bekannt gemacht wurden.

Ich weiß noch wie heute, wie wir zwei in der Bruno-Gröning-Gemeinschaftsstunde saßen und ich meinen Gedanken nachhing. Oder habe ich gebetet? Oder geträumt? Wie soll ich es Dir beschreiben?

Schon immer habe ich mit belasteten Kindern gearbeitet. Aber ich habe nie wieder Kindern von Gott erzählt, außer meinen eigenen, seit ich als Kinderkirchhelferin mit siebzehn von zu Hause wegging. – „Warum eigentlich nicht?“, fragte ich mich.

Das würde ich gerne wieder tun, Kindern die zarte Pflanze des Glaubens ins Herz legen. Aber sofort meldete sich mein Verstand zu Wort: „Was willst Du denn noch alles!“ Aber träumen darf man ja.

Einige Wochen später, ich hatte meinen Tagtraum-Wunsch schon wieder vergessen, kam die damalige Leiterin der Kindergemeinschaft auf mich zu und fragte, ob ich mit ihr zu Herrn Bernstein gehen würde.

Sie müsse ihm sagen, dass sie die Kindergemeinschaft abgibt, es würde ihr zuviel.

„Dann sag ihm gleich, ich mache es“, strahlte ich sie an. Warum war sie gerade auf mich zugekommen, hat mich gefragt? Zufall? So wurde ich Leiterin der Kindergemeinschaft und bin es zehn Jahre lang gewesen. Du hast immer Rücksicht auf diesen Termin alle drei Wochen genommen, genauso wie auf den Donnerstagmittag, an dem ich in unserer Kirchengemeinde den Seniorenkreis leiten darf. Bis heute darf ich „junges Küken“, wie mich die Senioren einmal bezeichneten, das Programm zusammenstellen, die Referenten einladen, den Nachmittag mitgestalten, indem ich mir eine Stunde ausdenke, Lustiges mit Besinnlichem verbinde, ein Gedächtnistraining ausarbeite, Geschichten vorlese oder ein Musikprogramm zusammenstelle, in dem man mitsingen, raten und zuhören kann. Das macht mir Spaß, und so wurde ich in den schweren Zeiten ohne Dich mit Liebe und Fürsorge von beiden Gruppen getragen.

Das waren zwei Termine, die meine Familie immer respektierte, und es wurde darauf geachtet, dass ich da von der Familie entlastet wurde.

Ich weiß, dieser Freiraum war ein Dankeschön von Euch.

Aber es war nur möglich, weil Du, Manfred, nicht mehr ins Krankenhaus musstest und weil wir zu Hause lebten. Auf einmal war das Schlimme weg. Wie dankbar bin ich für diese Zeit!

„Angst, was ist das? Kann man Angst essen?“

Daniel war vier Jahre alt, als er anfing, in Sätzen zu sprechen. Vorher hatte er ungefähr zehn bis fünfzehn einzelne Wörter zur Verfügung, mit denen er gut zurechtkam. Seinen ersten Satz hörten wir 31.12.1993 abends gegen neunzehn Uhr in Geseke: „Mama sitzen, Ball spielen.“

Und mein Sohn, der keine Sekunde lang freiwillig sitzen konnte, setzte sich auf einen Stuhl. Unsere Knie berührten sich, und sein neuer Klingelball rollte auf unseren Oberschenkeln hin und her, hin und her. Mindestens 10, 15, 20 Minuten lang, ich wusste es nachher nicht mehr. Für mich stand die Welt still, ich durfte wieder einmal ein Wunder erleben!

Daniels Spielverhalten bestand lange darin, alles aus der Spielkiste ins Zimmer zu werfen. Wenn ich ihn mal dazu gebracht hatte, seine Spielzeugkiste auch wieder einzuräumen, war ich nicht stolz auf ihn, sondern auf mich. Alles, womit man keinen Krach machen konnte, war für ihn uninteressant. Damals war ich sehr dankbar über einen Besuch einer Frau von der Universität Marburg. Sie machte eine Untersuchung über blinde Kinder im Alter von ein bis vier Jahren. Als ich ihr das Spielverhalten meines Sohnes erklärte, erfuhr ich, dass Daniel etwas über die Tiefe und Höhe des Raumes erfuhr, wenn er seine Bausteine wirft.

Es war manches Mal schon schwer, sich in Daniels Lage zu versetzen und nachzuvollziehen, was in ihm vorgeht. Letztendlich konnten wir das alle nicht. Je lauter, je lieber! Dabei konnte man aber zuschauen, wie er sich innerlich „hochschraubte“.

Mit vielen Spielsachen konnte man ihn nicht alleine lassen, sie waren dann einfach kaputt. Man konnte ihn überhaupt keine

Minute alleinelassen. Er kletterte überall hoch, auf jeden Schrank, auf jedes Regal, er nahm alles auseinander. Eine zeitlang war sein Lieblingsspielzeug die Bedienung des elektrischen Bettes von Dir, Manfred, weißt Du noch? Sicher, Du warst todmüde und wolltest nur noch ins Bett und schlafen.

Wir dachten, Daniel sei eingeschlafen und gingen ins Wohnzimmer im ersten Stock. Bei dem Zivildienstleistenden war die Türe angelehnt, wir hatten ein Babyfon unten. Daniel konnte schleichen wie sonst keiner. Er hatte ein neues Spiel entdeckt und Dein elektrisches Bett rauf und runtergelassen, rauf und runter, rauf und runter. Verbot – was ist das?

Um dreiundzwanzig Uhr mussten wir den Monteur holen, damit Du, armer Papa, ins Bett konntest. Du warst so müde, und wir haben dann rasch gelernt: Wenn die Bettbedienung nicht funktioniert, kann der Motor überhitzt sein. Wenn der Motor zu heiß geworden war, ging nichts mehr. Nun wussten wir dank Daniel, dass man einen Ventilator unters Bett stellen kann, damit der Motor schneller abkühlt ...

Wie viele kleine Kinder hatte Daniel den Tatendrang, alles zu öffnen, auf alles zu klettern, alles auseinanderzunehmen. Somit blieb uns nichts anderes übrig, als alle Fenster und Türen mit Schlössern und Riegeln zu versehen. Behinderungsbedingt hielt diese Phase viel länger an als bei gesunden Kindern. Dazu kam, dass Daniel jahrelang massive Einschlafprobleme hatte. In diesen Jahren saßen wir nächtelang an seinem Bett, entweder Du, Manfred, oder ich oder wir gemeinsam, und warteten, bis er einschlief. Wir lasen vor, beteten, sangen und hofften auf ein Wunder. Gemeinsam abends wegzugehen, war nicht mehr möglich. Daniel spürte es genau, wenn wir etwas vorhatten, und dann war an Einschlafen nicht mehr zu denken. Wir waren manchmal traurig und ratlos.

Er war ständig gefährdet, weil er Gefahren nicht erkennen oder mit natürlicher Angst nicht umgehen konnte.

„Angst, was ist das, kann man Angst essen?“, fragte er einmal.

Ich hatte oft Angst, obwohl ich weiß, dass man mit Angst „das Unglück anzieht“. Manches Mal fragte ich Gott, ob er sich nicht geirrt hatte: Waren wir wirklich die richtigen Eltern für Daniel?

„Könnten andere Eltern es nicht besser?“

Was mich immer an Daniel faszinierte, war, dass er immer wusste, ob man etwas essen konnte oder nicht. Wir schauen mit den Augen, Daniel mit den Fingern. Er achtet auf Geräusche und Töne, die wir gar nicht wahrnehmen. Zum Anschauen hat er ja auch immer alles in den Mund geschoben. Das Steinchen kam wieder raus, Smarties blieben drin.

„Schlag mich doch, wenn Du kannst ...“

Daniels Menschenkenntnis, sein Gespür für Stimmungen, seine Wahrnehmung menschlicher Zwischentöne erstaunten uns immer wieder. Aber je älter er wurde, desto mehr versuchte er, seine Umgebung zu manipulieren.

Daniel liebt Menschen, kennt viele und testet sie alle. Je nachdem, ob die Menschen den Test bestanden haben oder nicht, wurden sie von ihm geachtet oder manipuliert.

Er sagte zu seinem Bruder: „Nein, du sollst nicht auf mich aufpassen, du bist so streng.“

Von seinem vierten bis siebten Lebensjahr hatte er eine sechsundsiebzigjährige Freundin, die ihn betreute. Frau Zarei kam zweimal in der Woche, solange er mittags um 13.30 Uhr vom Kindergarten nach Hause kam, in den Ferien dreimal in der Woche. Frau Zarei hatte weder Mann noch Kinder, war ein Leben lang arbeiten gegangen und stürzte sich mit ihrer ganzen aufgestauten Liebe auf Daniel. Ihr Problem war, sie konnte vor lauter Liebe keine Grenzen setzen. Sie war mir gegenüber sehr kritisch. Erst als sie mit anderen Leuten (auch mit ihrem Heilpraktiker) über Daniel gesprochen hatte und bestätigt bekam, dass Daniel enge Grenzen und eine kurze Leine brauchte, um sich nicht zu verlieren, sah sie mich etwas gnädiger. Sie schaffte es leider nicht, Daniel gegenüber konsequent zu sein. Je älter er wurde, desto mehr suchte er bei ihr seine Grenzen. Da er sie von ihr nicht vermittelt bekam, verhielt er sich ihr gegenüber oft nicht sehr fair, schrie und hüpfte, zwickte sie und geriet ganz aus dem Häuschen, zog sie beim Spazierengehen kreuz und quer durchs Gelände, sodass mich schon die Leute darauf angesprochen haben.

Nachdem alles Reden nichts half, mussten die Besuche dramatisch eingeschränkt werden und dann ganz aufhören. Das war schade, denn wir konnten Daniel keine Großeltern bieten.

Als Daniel größer war, ging er mit dem Papa alleine einkaufen. Manfred, Du erklärtest ihm, wo was im Regal stand, und ihr habt nie einen Aufsteller umgeworfen. Oder wurde mir da etwas verheimlicht? Kann es sein, dass ich Dich lachen höre?

Das Jahr 1999 war typisch für die Auseinandersetzungen mit Daniel in seiner wilden Phase. Auf der einen Seite machte er enorme Fortschritte, dafür hat er uns so herausgefordert, dass wir manches Mal dachten, jetzt geht's nicht mehr, wir müssen ihn abgeben, er wird wohl im Heim aufwachsen müssen. Aber wir haben den Kampf durchgestanden, und heute bin ich froh darüber. Was ist er doch für ein prächtiger Bursche geworden, wenn man mit ihm umgehen kann!

Das Wochenende im April war der Höhepunkt in Daniels Karriere, als es darum ging, Dich zu ärgern. Er suchte Deine Nähe, wollte mit Dir kuscheln und spielen, suchte aber auch ständig seine Grenzen. Vater zeigte sie ihm, verbal natürlich, in Liebe, aber streng, wollen mal sehen, wer stärker ist.

„Schlag mich doch, wenn du kannst!"

Er stand vor Dir und wusste genau, was er sagte. Für Dich war dieser Satz wie eine Backpfeife, und die hattest Du nicht verdient. Denn der Bursche wusste ganz genau: Vater kann ihm keine wischen.

Daniel zu bestrafen, war nicht einfach. Konnte er seine Handlungen überblicken, wann war er in der Lage, die vorgegebenen Grenzen zu erkennen und einzuhalten und wann nicht? Er hatte seit dem Sommer neue Handfunksprechgeräte, die auf der Seite kleine Gumminoppen zum Drücken hatten. Wenn man sprechen wollte, musste man sie drücken. Diese Gumminoppen hat Daniel abgepult und wusste genau, wo der eine liegt. Diesen haben wir auch wieder gefunden. Genau da, wo ich die Nachbarin getroffen und kurz mit ihr geredet hatte.

„Der andere liegt auf der Wiese, Mama."

Die Geräte konnte ich wegwerfen. Es war schade.

Der Osterhase ist an unserem Hause vorbeigehoppelt – die einzige Sprache, die Daniel verstand. Man erklärte ihm etwas, einmal und noch fünfmal, man erhebt die Stimme, nichts tat sich. So hatten wir uns die Erziehung von Daniel nicht vorgestellt. Wir fühlten uns oft alleingelassen obwohl das nicht stimmte. Wir hatten immer guten Kontakt zum Jugendamt und Daniel bekam jahrelang Musikunterricht und war bei einem Spieltherapeuten gut untergebracht.

Wir spielten dann ein anderes Spiel, das hieß: „Ich sage dir was, und du tust es gleich oder du liegst im Bett." Natürlich musste er die Spielregeln ausprobieren, ob sie wirklich konsequent eingehalten wurden. Gab es nicht doch ein Schlupfloch?

Anke, unser achtzehnjähriges Kindermädchen, war eines Sonntags den Tränen nahe. Obwohl Daniel schon im Bett war und Anke im Nebenzimmer bei offener Türe lernen wollte, provozierte er sie ohne Ende. Er stand wieder auf, machte einen Stuhl kaputt, der gerade wieder vom Schreiner frisch aufgerichtet und gebracht worden war. Daniel machte dies, nur um zu sehen, wie Anke sich verhalten, wie sie reagieren würde.

Obwohl wir es genossen hatten, dass wir nach langer Zeit wieder einmal zu zweit etwas unternehmen konnten, hatten wir ein schlechtes Gewissen, als wir zurückkamen und eine weinende Anke sowie ein stolzes Kind antrafen, mit einem Gesichtsausdruck, der besagte: „Na, wie hab ich das gemacht! Da war was los, kann ich Euch sagen!"

An einem Samstagabend schlug Daniel die Türe vom Kinderzimmer vor Vaters Nase zu, als er ihm eine „Gute Nacht" wünschen wollte. (vorher war nichts gewesen). Das hat Dich, Manfred, ziemlich geschafft. Daniel wusste ganz genau, dass Papa die Türe nicht aufmachen kann.

Die Ereignisse überschlugen sich

Die Ereignisse überschlugen sich. Natürlich war Daniel an Deinem Zusammenbruch, Manfred, nicht schuld. Aber es kam dazu, unmittelbar nach seinen Eskapaden, und es hat ihn nachhaltig beeindruckt. Danach war die ganz schlimme Phase vorbei.

Es war eigentlich ein friedlicher Tag. Du warst im Büro und hast gemalt. Ich war mit Daniel draußen. Du gingst zu Bett, und Dir ging es plötzlich nicht gut. Du hattest Schmerzen in der Brust, und Du fingst an zu schwitzen. Das war immer ein Alarmzeichen, wenn Du im Bett lagst und Dir das Wasser die Stirn herunter lief. Das war ein Zeichen, dass Dein Körper Schmerzen hatte, die Du aber nicht spüren konntest. Wir riefen unseren Hausarzt.

Als er hörte, was Du, Manfred, für Beschwerden hattest, hat er sofort nach dem Telefon gegriffen, und fünf Minuten später war der Notarzt da mit Blaulicht und Sirene. Wir schauten uns sprachlos an: Symptome eines Herzinfarktes.

Daniel war schon im Bett, schlief aber noch nicht und hörte gespannt zu, was sich da vor seinem Zimmer abspielte. Der Zivildienstleistende hob ihn auf die Arme und trug ihn zu Alwine.

Gute Freunde und gute Nachbarschaft haben uns immer wieder gerettet. Ich war in der ersten Nacht mit Dir im Krankenhaus.

Manfred, Du lagst von Montagabend bis Mittwochmittag auf der Intensivstadion. Der behandelnde Arzt war sehr bemüht, gründlich und besorgt, alles war Gott sei Dank in Ordnung. Später, nach der zweiten „Herzattacke“, wussten wir, was die Symptome ausgelöst hatte. Manfred, Du warst sehr traurig darüber. Du vertrugst das Verdünnungsmittel für die Ölfarben nicht mehr und musstest das Malen eine ganze Zeitlang drastisch einschränken. Als Du dann zurückkamst, war Daniel ein Lämmchen, und er wusste gar nicht, was er Dir zuerst Gutes tun sollte. Er wusste sehr wohl, dass er sich Dir gegenüber nicht fair benommen hatte.

Eine Zeitlang sind Daniel und ich regelmäßig mit Patentante Beate und ihren zwei Kindern Max und Philipp schwimmen gegangen. Kinder haben oft Hemmungen, mit Daniel normal umzugehen. Er bewegt sich anders, bleibt nicht stehen und beobachtet nicht, was er ja mit den Ohren auch könnte – nein, er will sofort mitten drin sein im Geschehen. Kinder, die sich irgendwo treffen, beobachten sich, nehmen Blickkontakt auf, werfen sich vielleicht im Wasser einen Ball zu und fangen so an zu spielen, ohne viel miteinander zu reden – oder gar nichts. Das kommt oft erst an zweiter Stelle.

Daniel ist nicht nur der Blickkontakt verwehrt, er schaut mit den Händen. Das ist den Kindern befremdlich, sie merken oft nicht, dass Daniel blind ist und wollen sich ihm entziehen. Dann hält er sie erst recht fest. Und Daniel ist stark, die Kinder weichen ihm aus. Er muss immer gebremst werden, weil er vor lauter Freude so ungestüm wird. Er fällt den Kindern durch sein dauerndes Hüpfen und Schaukeln beim Gehen und Stehen auf, sie können das nicht einordnen.

Mit Beate hatte sich eine enge Freundschaft entwickelt, und ich war oft mit Daniel bei ihr und ihren Kindern.

Daniel war fünf Jahre alt, als Max geboren wurde, zwei Jahre später kam Philipp zur Welt. Die zwei sind mit ihm aufgewachsen und nehmen ihn, wie er ist, aber eine normale Spielsituation gab es fast nie.

Immer wieder war es schwierig, weil Daniel so ungestüm war. Ob im Schwimmbad oder auf dem Spielplatz: Er brauchte immer einen Erwachsenen an der Seite, der ihn und die anderen Kinder vor ihm beschützte.

Was mich an Daniel faszinierte ...

Zu Hause spielte Daniel am liebsten mit seinem Kassettenrekorder und einer Leerkassette „Aufnehmen". Sein Spiel beschränkte sich darauf, Töne zu erzeugen – egal wie, egal womit, egal, was dabei kaputt ging. Spiel-, Ess- und Kochgeschirr wurde zum Klappern benutzt. Alles, was er in die Hände bekam, wurde nur zum Scheppern und Klappern benutzt. Es interessierte ihn überhaupt nicht, wozu das Ding erfunden wurde, das er auf den Boden oder an seinen Kopf schlug. Die Dinge wurden von ihm nur nach ihrem Klang beurteilt und danach, ob sie die Schläge überlebten, die sie bekamen.

Ab und zu brachte ich ihn zum gemeinsamen Lego-Spielen. Dann baute er Türme oder mit mir zusammen ein Haus. Ich gab ihm die Legosteine einzeln. Mit der ganzen Legokiste war er überfordert.

Endlich fandest Du, Manfred, ein Spiel, das ihr zusammen spielen konntet: Häuser aus Legosteinen bauen. Du sagtest Daniel mit einer Engelsgeduld, welcher Stein wo hinkommt. Bald gab es auch Fenster im Legohaus. Ich bewunderte Dich, Manfred, mit wie viel Geduld Du Daniel erklärtest, wo der Stein hingehört. Jeder mit einer gesunden Hand hätte der Versuchung, seine Hand zu führen, wohl nicht widerstehen können. Du hattest keine Hand, mit der Du ihn führen hättest können. Den Häusern war bald Deine Liebe zur Architektur anzusehen.

Wenn man mit Daniel spielen wollte, sagte er oft: „Mach Du!" Das ging bei Dir nicht. Daniel lernte auch bald, Dir zu helfen, und der Satz, den Du ausgesprochen hattest, als wir ihn zu uns nahmen, wurde Wirklichkeit. Du sagtest Daniel, wo die Türe ist, und er machte sie auf.

Vorlesen und erzählen: Immer wieder, ganz kurz. Er merkte sich auch die Geschichten und Begebenheiten und kam dann irgendwann an und fragte nach den Begriffen, die er nicht verstanden hatte. Wir gingen sehr viel miteinander spazieren. Daniel lief tapfer neben Deinem Rollstuhl her und durfte immer wieder ein Stück auf der Lehne sitzen.

Nebenbei kann man dann herrlich schmusen.

Wie oft mussten wir über unseren treuen Hund lachen!

Unser Hund Ouzo freute sich, dass sein Herrchen wieder da war. Er wich Dir nicht von der Seite. Wir erzählten es niemandem, aber er schlief jetzt öfter in Deinem Bett als ich.

„Ja, ja, ich weiß, er ist auch kleiner und gibt sich mit dem Bettende zufrieden und liegt still. Hund müsste man sein …"

Als Du so lange in der Klinik warst, saß oder lag Ouzo stundenlang vor der Terrassentür und schaute zu Dir ins Zimmer. Lagst Du auf der Seite und konntest zur Terrassentür schauen, war weit und breit kein Arzt oder Pfleger da, öffnete sich schon mal die Tür, und hörte Ouzo die Stimme seines Herrchens, dann war er nicht mehr zu bändigen. Weder die Ärzte, noch die Schwestern haben es je mitbekommen, wenn Ouzo unter Herrchens Bett verschwand. Und einmal lag er sogar bei einer großen Chef-Visite unter Deinem Bett. Nicht nur Manfred und ich haben dabei die Luft angehalten, der Hund auch.

Wie oft mussten wir über unseren treuen Hund lachen, wenn wir zusammen aus dem Haus gingen und uns am Weg trennten – Du links zum Metzger, ich geradeaus zum Bäcker. An der Apotheke wollten wir uns wieder treffen. Ouzo blieb stehen und schaute uns nach. „Wem lauf ich jetzt nach?" Die Frage war ihm in sein Hundegesicht geschrieben. Du hast immer gewonnen, lach' ruhig. Auch der Hund konnte Deiner Aura und der Liebe, die Du ausstrahltest, nicht widerstehen, ich verstand ihn ja.

Er wich Dir auf der Straße nicht von der Seite, und obwohl Du ja keine Leine führen konntest, wich Dir der Hund auch dann nicht von der Seite, wenn auf der anderen Straßenseite ein Mann lief mit einem doppelt so großen Hund wie Ouzo. Der andere Hund zog sein Herrchen beinahe über die Straße, als wollte er Ouzo fressen. Du redetest ganz leise mit Ouzo, und ihr gingt seelenruhig Euren Weg. Diese Nerven hätte ich nicht gehabt. Von weitem beobachtete ich die Szene, und mir blieb schier das Herz stehen.

Er war ein Prachtkerl, unser Ouzo, und wir waren immer dankbar, dass wir ihn haben durften. Er war Dir ein treuer Freund. Michael hat durch ihn gelernt, dass Liebe und Verantwortung zusammengehören und dass Verantwortung schön sein kann.

Für Oma, die ja immer mehr in der Vergangenheit lebte, war plötzlich Kuno, ihr Hund aus ihren Kindertagen, wieder lebendig geworden. Oft hat Ouzo unter ihrem Bett geschlafen und sie tagsüber mit seiner Gegenwart erfreut.

Am Ende seines Lebens wurde Ouzo sehr krank. Das hat uns allen sehr wehgetan. Aber wir haben ihn bis zum Schluss begleitet, und er war in den Händen eines guten Tierarztes.

Ich rief die Polizei an …

Weißt Du noch, wie ich einmal die Polizei angerufen habe, um Dich als vermisst zu melden? Ich hatte einen Stresstag. Obwohl Daniel lieb war, war der Spaziergang mit ihm anstrengend. Er hatte seinen Roller dabei, und ich hatte aus Unwissenheit den falschen Weg gewählt. Mein Rollstuhl versank im Rollsplitt, und wir brauchten ewig, bis wir wieder auf einem asphaltierten Weg waren. Als ich mit Daniel zu unserer Stammkneipe kam, brauchten wir zuerst einmal etwas zu trinken.

„Manfred war vor zwanzig Minuten da und sucht Euch. Er wollte in Richtung der Felder nach Euch schauen“, erzählte uns der Wirt.

Mit Schrecken stellte ich fest, dass es schon sehr spät war. Den Roller ließen wir zurück, und ich nahm Daniel im Rollstuhl auf den Schoß und wir fuhren „Papa suchen“. Zuerst schauten wir zu Hause nach. Da war er nicht. Am Rand der Felder gab es mehrere Möglichkeiten. Wir wählten einen Weg, der wieder nach Hause führte.

„Papa ist bestimmt schon zu Hause und isst mit Michi und dem Zivi zu Abend“, beruhigte ich Daniel. Oder beruhigte ich mich?

Als wir an der Ampel beim Schwimmbad über die Kreuzung fuhren, merkte ich, dass mein Rollstuhl immer langsamer fuhr. Daniel ging tapfer weiter, aber lange hielt der Rollstuhl nicht mehr durch. Die Batterie war leer. Wir mussten ihn nach Hause schieben. Einen elektrischen Rollstuhl über längere Zeit zu schieben, dazu braucht man Kraft, viel Kraft! Ich hatte ihn schon durch einen Kiesweg geschoben und bin den Weg noch einmal zu Fuß gegangen, um den Roller zu holen. Das hätte mir an körperlicher Betätigung für den Tag gereicht. Mit einem blinden Kind Roller zu fahren, bedeutete hohe Konzentration, denn ich schaute ja für ihn mit.

Also schoben wir den Hundert-Kilogramm-Rollstuhl gemeinsam nach Hause.

Es war spät geworden, als wir dort ankamen. Kein Manfred da. Keiner wusste, wo er stecken könnte, und mich überkam die wahre Panik!

Ich rief die Polizei an und bat darum, die Felder nach Dir abzusuchen. Ob Du in einen Graben gefahren warst?

Zehn Minuten nach dem Anruf kamst Du zur Tür herein, erstaunt über unsere Gesichter. Du warst im Haus bei einer Veranstaltung, und ich hätte drauf kommen müssen, meintest Du. Wenn ich klar hätte denken können ... Ich war zu müde, um zu streiten, zu müde, um recht haben zu wollen ...

Aber mir fiel ein Stein vom Herzen, und ich wollte nur noch ins Bett.

Michael rief bei der Polizei an. „Unser Papa ist wieder da."

Was für ein Tag! Daniel ist dann schnell eingeschlafen und hat gut durchgeschlafen.

„Ich will Roller fahren!"

Es war Mai, unser Lieblingsmonat. Der Winter ist weit weg, die Sonne scheint, es ist angenehm warm, aber noch nicht so heiß, dass wir über Mittag nicht raus konnten. Der Mai war unser Monat. Um mittags spazieren zu gehen, brauchten wir nun keine Jacken mehr. Wir fühlen uns weder von der Kleidung, noch vom Wetter eingeengt. Die Bürostunden wurden auf den kühlen Abend verlegt. Und wenn es irgendwie ging, waren wir unterwegs über die Felder, die Hochebene bietet uns viele Möglichkeiten, mit den Rollstühlen auf gut geteerten Wegen ohne Verkehr stundenlang zu fahren. Natürlich kannten wir im Umkreis von dreißig Kilometern jede rollstuhlgerechte Gastronomie, auf der ich das WC benützen konnte. Wir begrüßen „unsere Bäume" und schauen nach, wie sie den Winter überstanden haben. Das zarte Grün ihrer Zweige war wie ein Gruß an uns.

Wenn Daniel mittags aus der Schule kam, rief er schon beim Aussteigen aus dem Schulbus: „Ich will Roller fahren!“

Daniel trippelte mit dem Fuß mehr, als er vorwärts fuhr. Heute nahm ich seinen Oberschenkel, mit dem er Gas gab, und zeigte ihm, wie das geht, wenn er größere „Schritte“ macht. Seither musste ich aufpassen, nicht dauernd überholt zu werden. Ich fuhr vor ihm, im Rollstuhl rückwärts, und er orientierte sich an meiner Stimme. Sein Lieblingsanfeuerungsruf war: „Schumi, gib Gummi!“

Mein nächstes Problem wird sein: Wo bekomm' ich einen schnelleren Rollstuhl her? Und ich hab schon einen schnellen.

Bis wir beim Bäcker angelangt waren, war ich ganz schön geschafft. Viele Bewohner unseres Stadtteils kennen uns und weichen Daniel und mir schon von weitem aus, bleiben lächelnd stehen und freuen sich mit uns. Aber jenen Menschen, die uns nicht kennen, müssen wir rechtzeitig ausweichen. Und ich fuhr ja rückwärts. Und Ouzo war ja auch immer dabei. Er lief uns nie im Weg herum, schnuffelte auf der Wiese, las die Hundezeitung etwas ausführlicher als sonst, jetzt hatte er Zeit. Er war auch immer zu allen Hunden freundlich, auch zu denen, die ihn nicht leiden können, und deshalb musste man ihn manchmal auch vor sich selbst schützen.

Das Problem hatte sich dann elegant gelöst. Daniel und ich bekamen von Dir ein Tandem geschenkt, ideal für uns. Daniel sitzt vorne auf dem Rad, seine Lenkstange ist starr, aber er hat Pedale zum Treten. Ich sitze hinten, das Rad hat hinten zwei Räder und ist somit stabil, es ist wunderschön, so durch die Gegend zu fahren. Ich muss bloß aufpassen, dass er mich nicht die ganze Arbeit tun lässt. Er testet heute noch.

Daniel ist trotz aller Schwierigkeiten und Kämpfe unser Goldjunge. Er kommt jetzt oft zu mir und sagt: „Papa ist hier, ich spür's genau, Du auch?“

Er hat Dich zu seinem Schutzengel auserkoren und fühlt sich Dir nahe.

... und hast gewartet, bis er einschläft

Wie viele Jahre litt unser Kind an Einschlafstörungen! Im Jahr 2004 wurde erkannt, dass er das Hormon Melantonin nicht selber herstellen kann, das man zum Einschlafen braucht und das der Körper abends normalerweise selbst herstellt. Jetzt bekommt er es abends zugeführt und schläft ein und schläft durch. Wie viele Jahre bist Du, lieber Manfred, neben Daniels Bett gesessen und hast gewartet, bis er einschlief.

Wie viele Nerven hatte es uns gekostet, wenn Daniel so tat, als schliefe er tief und fest, und nachdem wir uns leise zurückgezogen hatten, war er wieder putzmunter. Oder er wachte auf, wenn wir ins Bett gingen und beschäftigte uns die halbe Nacht. Das Einfachste war, ich nahm ihn mit in mein Bett, und er schlief bei mir. Erst als er in der zweiten Klasse war, konnte ich ihn aus meinem Bett verbannen. Aber dafür musstest nun Du, Manfred, oft bis 21.30 Uhr an seinem Bett sitzen.

Als ich Daniel das neue Medikament gab, bin ich an den ersten drei Abenden richtig erschrocken, weil er beim Vorlesen so schnell einschlief. Mit laut klopfendem Herzen beobachtete ich, wie sich seine Brust hob und senkte. Er atmet, er lebt. Er schläft jetzt durch! Er ist groß und breit geworden im Jahr 2004. Seine Figur hat sich innerhalb von einem Jahr so verändert, dass er jetzt die gleiche Kleidergröße hat wie unser Michael, der zehn Jahre älter ist. Nicht zu fassen! Eine tiefe Stimme ertönt, er redet gern und viel, und ein dunkler Flaum schmückt seine Oberlippe. Gott sei Dank ist er jetzt auch lenkbarer, und wir kommen ganz gut miteinander klar. Bei einer Weihnachtsfeier, zu der er mitdurfte, konnte er von 14.00 bis 16.30 Uhr still sitzen und zuhören. Er hatte es geschafft, wurde gelobt und war mit Recht stolz auf sich. Zur Belohnung fuhren wir beim Chinesen vorbei und holten drei Portionen Ente, das schmeckte gut. Michael, der nahezu jeden Samstag als Verkäufer arbeiten muss, freute sich natürlich auch über dieses Enten-Festessen und seinen lieben Bruder.

War das Essen jemals ein Problem bei unseren Kindern? Daniel hatte ich aufgepäppelt wie einen kleinen kranken Spatz, als er mit fast 4000 Gramm im neunten Lebensmonat zu uns kam.

Wo ist die Zeit geblieben, Manfred?

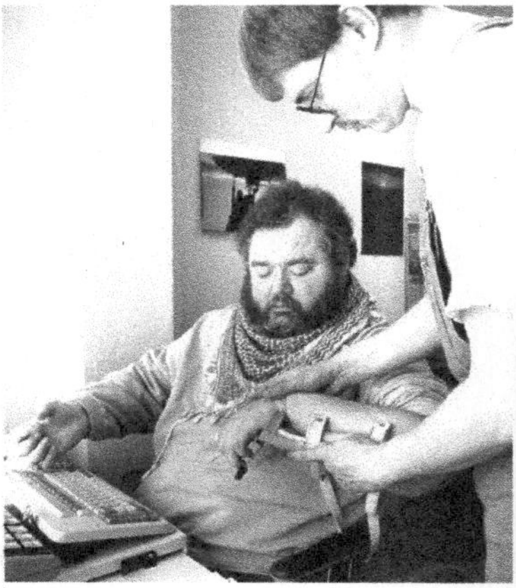

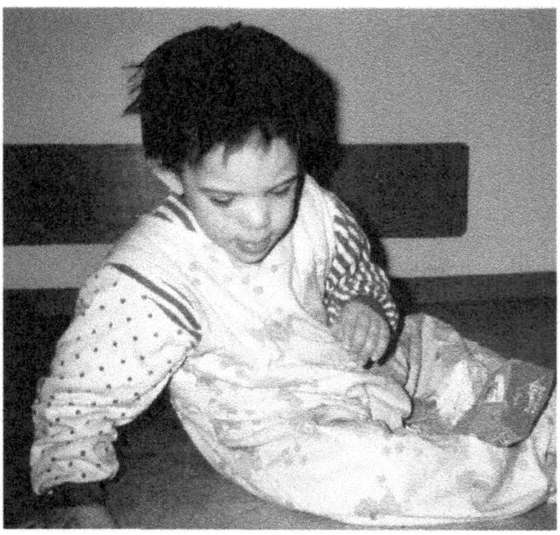

Oma mit Michael

11. Nun machte uns meine Mutter immer mehr Sorgen

O Manfred, ich danke Dir, dass Du dieses Kapitel unseres Lebens mit mir durchgestanden hast!

Wie haben wir das eigentlich gemeistert, Du in Heidelberg in der Klinik, ich fuhr jeden zweiten Tag zu Dir, mit Daniel und Ouzo und meistens auch mit Michael?

Und nun machte uns meine Mutter immer mehr Sorgen.

Im Krankenhaus wollte ich Dich nicht mit meinen häuslichen Problemen belasten, wusste aber aus Erfahrung, dass es Dich ablenkt. Solange Du über Oma, wie wir alle meine Mutter nannten, nachdachtest, konntest Du Dein eigenes Elend vergessen. Habe ich Dir jemals dafür gedankt, dass wir meine Mutter in unseren Haushalt aufgenommen haben? Es war so selbstverständlich damals. Du hast mir einmal gedroht, wenn ich nicht besser mit den Kapriolen von Oma umgehen lernen würde, dann müsse sie in ein Heim.

Du wolltest Frieden in Deiner Familie. Zu Hause in Frieden leben. Das verstand ich. Aber manchmal ging mein Temperament mit mir durch, ehe ich meinen Verstand einschalten konnte. Weil Du alles nicht so tragisch nahmst, war es mir auch immer mehr möglich, mich nicht über Oma zu ärgern. Außer damals, als sie mir mit meinem Schal, den ich dummerweise trug, als ich zu ihr ins Zimmer ging, versuchte mir den Hals zuzudrücken. Das war das einzige Mal in neun Jahren, dass Oma wirklich gewalttätig geworden war. Wenn man davon absieht, dass wir einmal mit Beate und Mike im Wohnzimmer saßen und uns nicht trauten, zur Türe zu gehen, weil Oma bewaffnet mit mehreren Blumenvasen dastand und bei jeder Bewegung von uns drohte mit Wasser nach uns zu werfen. Und sie tat es tatsächlich. Nach dieser Wasserdusche haben wir einen neuen Platz für die Blumenvasen gesucht. Unsere Freunde waren damals gekommen, um uns abzuholen. Wir wollten zusammen ein Bier trinken gehen. Von Duschen war nie die Rede, meinte Beate. Den ganzen Abend haben wir gekichert.

Solche Geschichten gibt es etliche – weißt Du noch? Aber lass' mich von vorne anfangen zu erzählen.

Sich um meine Mutter zu kümmern wurde nach dem Tod von Herta immer schwieriger. Sie lebte am anderen Ende der Stadt, aber immerhin in Richtung Autobahn Heidelberg, so dass ich auf dem Weg nach Heidelberg bei ihr vorbeifahren konnte. Mein Bruder Erich und ich wechselten uns regelmäßig ab, wenn es darum ging, nach Oma zu sehen. Für uns alle wäre es am bequemsten gewesen, Oma wäre bei uns eingezogen. Wir hatten schon öfters darüber geredet, Du und ich, dass Herta einmal zu uns zieht, wenn Oma nicht mehr unter uns wäre ...

Daran, dass Herta vor Oma in die geistige Welt gehen könnte, hatten wir nie gedacht. Herta und gleichzeitig Oma zu pflegen, hätten wir nicht geschafft. Das war uns klar. Herta hatte ihre „Erdenschule“ beendet und war zurückgekehrt in ihre geistige Heimat.

Warum tun wir uns so schwer mit diesem Gedankenbild? Weil wir es uns nicht vorstellen können! Aber glauben, daran glauben können wir doch. Jesus hat es uns Christen doch vorgelebt, von ihm glauben wir es doch auch, dass sein Geist schon lebte, bevor er auf die Welt kam. Was sagte er zu dem Gekreuzigten an seiner Seite, bevor er starb? „Wahrlich, ich sage dir: Heute wirst du mit mir im Paradiese sein.“ Und er sagte: „In meines Vater Hause gibt es viele Wohnungen.“ Warum tun wir Christen uns mit dieser Aussage Jesu so schwer? Für mich ist es tröstlich zu wissen, dass alles, was uns in unserem Leben begegnet oder auch nicht begegnet, dazu da ist, uns zu schulen. Wenn wir sterben, das heißt, wenn wir unseren Körper ablegen, werden wir erfahren, wie viel wir gelernt haben von dem, was wir uns vorgenommen hatten, bevor wir geboren wurden. Auch Jesus kam mit einem festen Vorhaben auf diese Welt, auch er ist versucht worden, seinen Auftrag doch zu vergessen. Er, unser Vorbild, er hat ihn nicht vergessen, er blieb sich treu. Auch er hatte täglich Kämpfe, wurde angegangen, wurde in Versuchung geführt. Aber er hat seine Sendung nie vergessen. Er gab zu, dass er Angst hatte, dass er um den leichten Weg wusste, aber er war stark. Stark im Glauben, weil er wusste, warum er lebt. Sind wir es ihm nicht schuldig, unser Möglichstes zu tun? Damit wir ihm eines Tages in die Augen schauen können?

Die nächste Prüfung in unserem Leben hieß für uns also: Meine Mutter.

Oma hat Alzheimer

Oma hatte schon Urenkel, von meinem Bruder, sie war Mitte siebzig und starrköpfig wie ein Maulesel. (Manfred, lach jetzt bloß nicht und sage, der Apfel fällt nicht weit vom Stamm, das finde ich nicht nett.) Nicht eine Nacht wollte sie anderswo schlafen. Es war mühsam für uns, und wir übten uns in Geduld. Ich brachte ihr Essen, sie aß es nicht, und mein Bruder warf es in den Mülleimer. Mein Bruder brachte ihr das Essen, sie aß es nicht, und ich warf es in den Mülleimer.

„Oma, wo hast Du denn Deine schmutzige Wäsche? Ich nehme sie mit und bringe sie gewaschen wieder."

Ein zorniger Blick traf mich.

„Was geht Dich meine Wäsche an? Ich mach das alles selber, was fällt Dir ein! Lass das, ich kann den Tisch selbst abwischen, geh jetzt!"

Mit zornigen Augen schaute sie mich an.

„Ich will Dir doch nur helfen, bitte, lass mich Dir helfen." Gleich würde ich anfangen zu weinen.

Was war mit Oma los? Warum war sie so? Sie hatte doch nur noch mich und Erich und Doris, meine Cousine, die bei ihr im Haus wohnte, aber auch nicht helfen durfte. Auch Doris hatte immer mehr Probleme mit ihrer Mutter. Maria, die Schwester meiner Mutter, meine geliebte Tante, auch sie veränderte sich immer mehr. Was war los? Was war das, was Oma und ihre ein Jahr ältere Schwester so veränderte?

Erzählt habe ich Dir mal, dass ich in Oma Emmis Häuschen gewohnt habe, ehe ich hier in die Wohnanlage zog, bei meiner lieben Oma Emmi mit den roten Haaren. Damals wohnte ich mit Tante Maria zusammen, die ja meine Patentante war. Ich liebte sie sehr. Aber so lange ich bei ihr im Haus wohnte, merkte ich, dass sie sich veränderte. Ich konnte nicht begreifen, wieso. Einmal, kurz vor meinem Auszug, beschuldigte sie mich, ich hätte die Dichtung der Klospülung geklaut. Ich!? Dichtung? Klospülung? Ich verstand überhaupt nichts mehr und schüttelte nur den Kopf. Sie war richtig aufgebracht. Ich erkannte zwar mein Temperament in ihr wieder, aber nicht „meine" Tante Maria.

Die langsame Veränderung meiner Mutter hat wohl schon angefangen, als Vater starb. Nun, nach Hertas Tod, brach nicht nur ihr Leben auseinander, sie bekam eine neue Persönlichkeit. Das kann man nicht fassen, nicht erklären, man spürt es aber, wenn man sie kennt. Und es machte mir Angst. Natürlich hatten wir schon mal etwas von der „Alzheimer Krankheit“ gehört. Aber es dauerte lange, bis wir einen Zusammenhang zwischen der Alzheimer Krankheit und Oma herstellten. Du, Manfred, warst der erste, der es einmal aussprach: „Oma wird doch nicht Alzheimer haben?“

Schnell sprachen wir von etwas anderem. Aber mit dem Schweigen darüber konnten wir es nicht aufhalten. Wir hatten uns mit dem Krankheitsbild bis dahin auch nicht auseinandergesetzt. Wir hörten von dieser „neuen“ Krankheit ab und zu im Fernsehen, da der amerikanische Präsident Reagan darunter litt, ebenso der Boxer Max Schmeling. Aber sonst? Wir hatten andere Sorgen. Bis jetzt.

„Mama, Du musst essen, Du verhungerst, wenn Du nichts isst.“

Oma verschwand murrend in der Küche. Ich schaute mich in dem Wohnzimmer um, in dem ich aufgewachsen war. Alles schien mir so vertraut und doch seltsam weit weg. Die Vergangenheit, meine Kindheit und Jugendjahre, die heimlich gerauchte Zigarette auf dem Klo an meinem 17. Geburtstag, die letzte Backpfeife meiner Mutter daraufhin.

Gedankenverloren nahm ich den Aschenbecher meines Vaters, der noch immer auf der Anrichte stand, in die Hand.

„Was tut denn der Zucker im Aschenbecher von Pa?“

Ich bekam keine Antwort. Mit dem Aschenbecher in der Hand fing ich an zu träumen.

Ich hab' ihn geliebt, meinen Papa ...

In meinem Herzen sprach ich mit Papa. Er fehlt mir. Auch wenn wir nicht viel miteinander gesprochen hatten, war er mir immer ein Fels, auf den ich mich verlassen konnte. Er war groß, hatte breite Schultern und riesige Hände. Als Kind legte ich immer voll Vertrauen meine kleine Hand in die große Hand meines Vaters und wusste mich geschützt, umsorgt und geborgen, wenn seine Finger sich um meine Hand schlossen. Da ich ja schon als Kind mit meinen Füßen und dem Gleichgewicht zu kämpfen hatte, gab er mir bei unseren langen Spaziergängen Halt und Sicherheit.

Wir konnten nicht voneinander Abschied nehmen. Er ging so schnell.

Papa starb 1986 im Garten an einem Herzinfarkt. Er fiel um und war für immer fort. Ich habe ihn nicht mehr gesehen, durfte ihn nicht begleiten. So einsam, wie er gelebt hatte, ist er gestorben. Meine Mutter stand neben ihm. Sie hatte einen Schock.

Sind sich meine Eltern in den letzten Jahren näher gekommen? Ich weiß es nicht, ich weiß so wenig über meinen Vater. Dafür schäme ich mich heute. Es wird mir jetzt erst richtig bewusst, da ich Dir aus seinem Leben erzählen möchte.

Traurig machte es mich manchmal, dass Du ihn nicht mehr kennen lernen durftest. Ob Du ihn genauso in Dein Herz aufgenommen hättest wie Mama und Herta? Dumme Frage, ich weiß ...

Mein Vater ist 1907 geboren. Auch wenn er den ersten Weltkrieg nicht bewusst miterlebt hat, wird seine Familie darunter gelitten haben. „Adel“, wie Papa genannt wurde, war das dritte von vier Kindern. Vom zweiten Weltkrieg hat er nicht viel mitbekommen. Er war als Soldat auf Wache, wurde überfallen und als Kriegsgefangener nach Amerika gebracht, ist mit dem Schiff um die halbe Welt gefahren, gleich am Anfang seiner Karriere als Soldat. Nach dieser Weltreise hat er es in Amerika als Gefangener vergleichsweise gut gehabt. Papa hat zugenommen und dafür gesorgt, dass Mama Carepakete aus Amerika bekam. Wie ist das wohl gewesen, als er nach vier Jahren wiederkam?

Nach dem Krieg hat Papa vierzig Jahre lang in einer großen, weltbekannten Maschinenfabrik gearbeitet. Wenn ich heute in einen Bäckerladen komme, schaue ich immer, ob die Backöfen im Verkaufsraum von Werner & Pfleiderer sind und freue mich, wenn ich einen entdecke. Als Papa noch gearbeitet hat, wurden die Brötchen noch in der Backstube gebacken. Trotzdem schaue ich nach den Öfen und denke an ihn.

Mein Vater war Vorarbeiter in seiner Abteilung und musste den ganzen Tag stehen. Davon hat er ein offenes Bein bekommen und hatte oft starke Schmerzen. Wenn er abends nach Hause kam, wollte er nur seine Ruhe haben.

Es war keine glückliche Beziehung, die meine Eltern miteinander führten. Der Krieg, die Gefangenschaft, die unterschiedlichen Erfahrungen, die sie im Krieg machten. Ein Fremder kam Jahre später nach Hause. Papa hat die Ehe durchgehalten, aber meine Eltern waren beide bestimmt sehr unglücklich. Ich war wohl sein Liebling, das Nesthäkchen, das ihm Mutter neun Jahre nach meinem Bruder und sieben Jahre nach Herta nie verzieh.

Wie klein und vertrauensvoll lag meine Hand in der großen Hand meines Vaters. Wie oft und wie lang sind wir kreuz und quer durch den Wald gewandert, mein Vater und ich. Weißt Du, Manfred, am schönsten war es, wenn er mich sonntags frühmorgens um vier Uhr weckte und wir uns die knarrende Treppe hinunter aus dem Haus schlichen. Durch die schlafende Vorstadt, durch das ausgestorbene Industriegebiet erreichten wir den Stadtpark und endlich den Wald. Kühl und dunkel begrüßte er uns, leise rauschten die Blätter, und ich hörte eine seltsame Melodie. Ich wagte es nie, Vater zu fragen, ob er die Musik des Waldes auch hört.

Wir streiften durch den Wald, verließen bald den Weg, und über Stock und Stein bahnten wir uns einen unsichtbaren Weg. Er kannte die Plätze, wo die ersten Maiglöckchen wuchsen. Ich war so glücklich, so unbeschwert in diesen Stunden. Ich erlebte meinen Vater im Wald ganz anders als zu Hause. Hier war er mir nah, ohne dass wir viel gesprochen hätten. Einmal, ich muss damals acht Jahre alt gewesen sein, sahen wir in der Morgendämmerung drei Rehe, und ich hörte zum ersten Mal, dass Rehe bellen. Mucksmäuschenstill standen wir da, und ich wunderte mich, dass die Rehe auf einmal in unsere Richtung schauten und flohen, wo ich doch kaum geatmet und mich bestimmt nicht bewegt hatte. Was hatte ich falsch gemacht?

Mit großen Augen sah ich meinen Vater an, und er erklärte mir, dass der Wind sich gedreht hatte. Die Rehe hatten unsere Witterung aufgenommen.

Am Sonntagnachmittag nahm mich Pa oft mit, wenn er auf den Sportplatz ging. Dort setzten wir uns an einen Tisch, wo schon einige Männer saßen, die, wie er, im Stadtteil aufgewachsen waren. Sie kannten sich schon ewig. Man sprach. Man schwieg. Sie sahen der spielenden Mannschaft zu. Früher hatten diese Männer zusammen Handball gespielt. Das waren noch Zeiten! Und ich hörte gerne zu. Aber ich war noch so jung und habe vieles vergessen.

So jung, wie ich war, habe ich aber begriffen, dass man ihnen die Kindheit und Jugend gestohlen hatte. Ich weiß nichts über Vaters Kindheit, nichts über seine jungen Jahre. Das hat mir schon oft wehgetan. Mit manchen Fragen sollte man nicht zu lange warten. Was hätte er mir erzählt?

Auch über seine Gefühle weiß ich nichts. Darüber wurde nie gesprochen. Aber heute weiß ich, was ich als Kind immer geahnt habe: Er war unglücklich. Aber er tat seine Pflicht als Ehemann und Vater. Nachdem ich heute weiß, was Liebe ist, tut es mir leid, dass er sie nicht kennenlernen durfte. Ich habe ihn geliebt, *meinen* Papa!

Mein Bruder heiratete, als ich dreizehn Jahre alt war. Ich hatte ein schwarzes Samtkleid an. Meine Mutter hatte es selbst genäht. Sie nähte gerne. Lieber hätte ich ein gekauftes Kleid gehabt, das traute ich mich aber nicht zu sagen. Da saß ich nun todunglücklich in dem schicken Kleid, und als mein Vater mich schweigend in den Arm nahm, kullerten die Tränen. Ich war nicht unglücklich wegen des Kleides, sondern weil ich doch meinen großen Bruder so liebte. Ich wusste, er verlässt mich.

Papa und ich sprachen kein Wort. Es fiel nur meinem Bruder auf. Er kam, setzte sich zu uns hin und fragte, was denn los sei.

„Nichts“, sprach mein Vater, „geh du nur, es ist alles in Ordnung.“

Das habe ich meinem Vater nie vergessen, und ich liebte ihn nun umso inniger. Zwei Tage vor seinem Tod war ich noch bei meinen Eltern und saß zusammen mit Papa am Tisch. Er hat die Zeitung gelesen, gesprochen haben wir nicht viel.

Sein Herz machte ihm schon lange Probleme, und seit er nicht mehr gearbeitet hat, ging es ihm nicht gut. Zudem wohnten wir an einer Hauptverkehrsstraße. Wenn wir das Fenster tagsüber öffneten, kamen mehr Abgase als Frischluft herein. Gelüftet haben wir deshalb oft erst spät abends.

Zusammen mit Oma und Mamas Schwester Maria hatten wir ein Gartengrundstück. Heute weiß ich, dass die Luft dort nicht viel besser sein konnte als zu Hause, aber es war leiser, und es standen zwei Kirschbäume da, dunkelrote süße Herzkirschen, die besten Kirschen, die ich je gegessen habe. Weißt Du noch, Manfred, dass wir einmal zusammen dort waren und uns unter dem

Baum sattgegessen haben? Mama und Papa gingen öfter auf das Grundstück. Mama wollte Rasen mähen, Pa ging es nicht gut, er wäre am liebsten zu Hause geblieben. Aber es war Mai, und wenn das Gras zu hoch gewachsen war, wurde das Mähen erst recht anstrengend.

„Ich kann heute nicht mähen, mir geht's nicht gut, aber ich geh' mit." Seufzend erhob sich Papa. „Nein, du sollst nicht mähen", meinte meine Mutter, „nur den Motor anwerfen, den Rest mache ich schon, der Spaziergang wird Dir gut tun."

Im Garten machte er, was von ihm erwartet wurde. Und das war für sein Herz schon zuviel. Mutter nahm die ratternde Maschine und lief langsam los. Hinter sich hörte sie einen Plumps. Vater war sofort tot. Herzschlag. Kein Abschied war mehr möglich.

Darüber bin ich lange traurig gewesen, bis ich mir klarmachte, wie er sich als Pflegefall angestellt hätte, alt, auf Hilfe angewiesen. Wie unglücklich wäre er gewesen! Da konnte ich endlich dankbar sein, dass er so gehen durfte. Mein Vater war nicht oft krank gewesen. Aber wenn er krank war, war seine Laune auf dem Gefrierpunkt. Nur zweimal musste er das Bett hüten, so weit ich mich erinnern kann.

Mutter hat seinen Tod nicht verwunden. Sie konnte ihn nicht lieben, aber gehen lassen wollte sie ihn auch nicht. Die beiden hatten wohl ein Abkommen. Sie waren eine Zweckgemeinschaft. Aber dass er sie allein ließ, das hat sie nicht verkraftet. Sie ist im Garten vor Vater gekniet, bis die Polizei kam und der Notarzt und endlich der Leichenwagen. Gartennachbarn hatten angerufen. Mutter war nicht mehr ansprechbar. Sie war nicht glücklich mit ihm, aber noch viel unglücklicher ohne ihn. Vierzig Jahre hatten sie zusammen gelebt. Vierzig lange Jahre.

Sie warf uns hinaus! Ich konnte es nicht fassen

Der Aschenbecher wäre mir fast aus der Hand gefallen ... und ich kam wieder zu mir.

„Mama!"

Tief holte ich Luft. Ich wollte ihr eine Gardinenpredigt halten. Sie hatte sich aufs Sofa gesetzt. Ihr Rock war hochgerutscht.

„Mama, was hast du an deinem Bein, was ist das?"

„Nichts, lass mich in Ruhe“, knurrte sie.

Das Bein war aufgeschürft, sah böse aus. Die Wunde musste gesäubert und richtig verbunden werden. So etwas konnte ich inzwischen gut. In diesem Haushalt gab es aber kein Verbandsmaterial neueren Datums. Genau, ein Arzt musste her, der konnte Oma sagen, dass sie mit mir kommen muss. Wenigstens eine Weile. Es würde alles gut werden.

Die Ärztin kam. Sie meinte: „Gegen den Willen Ihrer Mutter kann man gar nichts machen, ich verstehe Sie ja, und für Ihre Mutter wäre es das Beste, wenn sie mit Ihnen gehen würde, aber wenn sie nicht will, brauchen Sie eine richterliche Verfügung.“

Das heißt, sie muss entmündigt werden.

„Aber!?“ Manchmal war auch ich sprachlos. Mein Hirn war leer. Ich möchte sie nicht entmündigen lassen, dachte ich. Ich möchte sie verbinden und ihr etwas zu essen geben.

„Essen auf Rädern“, das ist es. Gedacht, getan, angerufen.

Eine sehr nette, kompetente Dame war am Telefon.

„Natürlich, wir bringen Ihrer Mutter das Essen, setzen uns zu ihr, und wenn sie gegessen hat, nehmen wir alles wieder mit.“

Prima Idee, klasse. Mama bekommt einmal am Tag eine warme Malzeit, die sie in Gesellschaft isst.

Einen Tag später trafen wir uns bei Oma in der Wohnung.

„Mama, wir brauchen einen Schlüssel für die Wohnung.“

Ich bemühte mich um eine gleichgültige Stimme.

„Schlüssel?“ Mamas Stimme klang schrill.

„Ja, weißt Du, dann bekommst Du jeden Tag etwas Warmes zum Essen! Jemand kommt und bringt es Dir.“

„Elsbeth, bleib’ ganz ruhig und gelassen“, redete ich mir selbst Mut zu.

„Ich koche schon über vierzig Jahre mein Essen alleine, mir kommt keiner ins Haus. Und jetzt geht, alle beide!“

Wütend stand sie vor der Frau und mir. Sie warf uns einfach hinaus! Ich konnte es nicht fassen. Was nun? Wir konnten nur abwarten.

Anfang Oktober 1992 gab es Ärger. Seit der Hochzeit meiner Eltern im Dezember1939 lebte die Familie in diesem Haus, in welchem meine Mutter bis jetzt ihr Zuhause hatte. Die jungen Leute, die mit im Haus wohnten, müssen morgens zur Arbeit und waren wenig erbaut darüber, zwei- bis viermal in der Woche nachts durch Klingeln an der Haustür geweckt zu werden. Denn bei ihren nächtlichen Ausflügen fand Oma immer öfter ihren Hausschlüssel nicht mehr und klingelte bei allen Mietern.

Immer öfter fand die Polizei Oma nachts auf der Straße und brachte sie nach Hause. Auf die Frage der Polizisten, was sie denn so spät noch auf der Straße tue, antwortete sie ganz verzweifelt: „Ich suche Herta, Herta ist nicht zu Hause."

Meine Schwägerin rief mich an und fragte: „Was sollen wir denn machen? Die Hausbewohner sind aufgebracht, jeder Polizist, der im Stadtteil Nachtdienst macht, kennt unsere Mutter."

„Jetzt ist Schluss", sagte ich. „Ruf Erich im Geschäft an, wir treffen uns in einer Stunde bei Mama."

So energisch wie ich klang, so sehr zitterten mir die Knie! Warum musste ich diese Entscheidung treffen? Warum musste immer ich die Starke sein? Mir war zum Heulen. Klein-Daniel, der gerade laufen lernte und die Welt entdeckte, beschäftigte mich voll und ganz.

Ausgerechnet jetzt, wo Du in Heidelberg in der Uniklinik lagst!

Ich war allein zu Hause mit einem Zwölfjährigen und einem zweijährigen blinden Kind und unserem Hund. Mit allen fuhr ich jeden zweiten Tag nach Heidelberg zu Dir.

Und jetzt kommt Oma!

Der Anfang war nicht viel versprechend.

Uns blutete das Herz. Mit dem Nudelholz in der Hand stand Mutter vor uns und drohte uns Schläge an. Natürlich waren wir nicht die Ruhe in Person, und Oma – ich nannte sie von dem Moment an nur noch Oma und nicht mehr Mama – spürte unsere Panik und fühlte sich bedroht. Erich hatte seinen großen Sohn mitgebracht, ein Bär von einem Mann.

Oma mit Gewalt zwingen, das konnten wir alle nicht. Wie auch! Aber das wenige Essen, das sie in letzter Zeit zu sich genommen hatte, forderte seinen Tribut. Endlich hatten wir sie am Auto. Sie weigerte sich einzusteigen und hielt sich am Wagendach fest, alles an ihr war auf Flucht eingestellt. Die Szene war filmreif. Schlussendlich saß sie hinten im Auto. Hoffentlich hatte ich die Kindersicherung drin? Sonst würde sie an der nächsten Ampel wieder aussteigen.

„Denk so was nicht, Elsbeth", ermahnte ich mich. Gedanken sind Kräfte.

Trauerspiel oder Komödie?

Mir war klar, meine Mutter kommt nie wieder zurück in diesen Stadtteil, in dem sie ihr ganzes Leben zubrachte. Es war ein Abschied für immer und wahrscheinlich wusste sie das auch. Mir war elend.

Mein Bruder fuhr wieder zur Arbeit, und ich wünschte mir, ich müsste eine große Strecke, mindestens bis München fahren, oder noch besser bis Salzburg. Wie würde ich mit meiner Mutter zurechtkommen?

Mein Herz raste. Was nun? Wie soll es weitergehen? Wer kann mir jetzt helfen? Außer Gott fiel mir niemand ein. Ich wusste, nur er kann mir helfen. Und er wird mir helfen, wie so oft vorher auch schon. Davon war ich fest überzeugt.

„Hilf mir“, flehte ich, „hilf uns, wie geht das alles? Sag es mir.“

Und wie immer, wenn ich mich ganz einsam fühlte und große Angst hatte, fing ich an zu singen.

„Jesus, geh' voran auf der Lebensbahn ...“

Mehr Text fiel mir in extremen Situationen nie ein, aber das reichte mir. Wenn Jesus vorangeht, wird alles gut. Das hatte ich wirklich oft genug erfahren. Vertraue und glaube! Es hilft, es heilt die göttliche Kraft. Das wurden die wichtigsten Sätze in meinem Leben.

Oma lief unruhig in unserer Wohnung umher, wie ein gefangener Tiger. Ich schloss nachts nie die Wohnungstüre ab, aber nun war es angebracht. Schlüssel ins Schloss und umdrehen – es ging nicht! Jetzt lebte ich schon so lange in der Wohnung und wusste immer noch nicht, dass man sie von innen nicht absperren konnte.

Aber wozu hat man Freunde, die man auch noch abends um 21.30 Uhr anrufen kann?

Edwin, der Mann der alles reparieren kann, stand fünf Minuten nach meinem Anruf da und meinte nur: „Das haben wir gleich.“

Kurze Zeit später war die Tür abgeschlossen. Die Kinder schliefen beide selig. Sie haben von allem nichts mitbekommen.

Eigentlich wohnte Edwin bei Ulm und war gerade zu Besuch in Stuttgart. War es Zufall, dass er gerade an diesem Abend da war? Ich glaube schon lange nicht mehr an Zufälle.

Oma hatte ihr eigenes Zimmer. Das Zimmer des Zivildienstleistenden war ja frei, er war mit Dir, Manfred, in Heidelberg.

Aber Oma wollte kein eigenes Zimmer und kein Bett. Nein, davon wollte sie nichts wissen!

„Herta, ich muss zu Herta."

Ein glücklicher Seufzer: „Mein Baby, mein Hertele."

Entsetzt schaute ich sie an. Was würde nun kommen? O Gott, nein!

Sie hatte Daniel entdeckt, der in einem Krankenhaus-Gitterbett selig schlief. Da sie das Gitter nicht aufbekam, zog sie einen Nachttisch zum Bettchen und wollte in das Kinderbett steigen. Nicht mit 1000 geflüsterten guten Worten ließ sie davon ab. So rettete ich meine beiden schlafenden Kinder, indem ich sie zu uns ins Schafzimmer trug und in Papas Bett legte und uns darin einschloss. Die Kinder schliefen, und ich heulte im Bad ins Handtuch, damit die Kinder nicht aufwachten. Mama stellte unterdessen die Wohnung um und auf den Kopf. Das war eine der schlimmsten Nächte in meinem Leben!

In Windeseile räumte ich am nächsten Tag mein Zimmer, das nun Omas Zimmer wurde.

Als Du, Manfred, nach Hause kamst, hatte sich Oma eingelebt, hatte einen Teil ihrer eigenen Möbel bekommen, und Du nahmst Deine Schwiegermutter genauso selbstverständlich in Dein Herz auf wie jedes andere Familienmitglied auch.

Du warst die tragende Säule unserer Familie, der ruhende Pol.

Warst Du in der Klinik, hatte ich die ganze Verantwortung für unsere häuslichen Angelegenheiten – die Kinder, Oma, den Hund. Jeden zweiten Tag fuhr ich mit oder ohne Familie in die Klinik nach Heidelberg. Wenn Du, Manfred, vom Krankenhaus wieder nach Hause kamst, kümmertest Du Dich um alles. Das ging manchmal so ins Detail, dass ich mich fragte, wie wir ohne Dich überlebt haben, und das machte mich manchmal ziemlich sauer.

Wir haben Omas Eskapaden nur dank unseres Humors überlebt

Und der Humor und die Liebe waren wohl ein Gottesgeschenk, obwohl ich zugeben muss, dass er mir ab und zu abhanden kam, der Humor. Du, Manfred, tatest Dich mit Oma leichter als ich. Sie war *meine* Mutter, und ich nahm vieles sehr persönlich, was eigentlich Unsinn war, denn schließlich war sie mit mir „per Sie“ und fragte mich zehnmal am Tag, wie ich heiße.

„Schwester!“, rief sie mich mal eine Zeitlang, „Schwester, wann darf ich wieder nach Hause zu meinen Kindern?“

Weißt Du noch, die Badewannen-Komödie mit Oma?

Oma verwechselte immer häufiger die Badewanne mit dem WC. Du, durch und durch praktisch wie immer, kauftest eine Spanplatte und decktest die Badewanne ab.

„So, Oma, jetzt stimmt es wieder“, sagtest Du freundlich zu ihr, und sie lächelte Dich an wie sonst niemanden. Obwohl sie keine Ahnung hatte, was „jetzt wieder stimmt“.

Nachts schlief Oma in der unteren Wohnung. Sie hatte dort ihr Zimmer und Badezimmer zur Verfügung, und zur übrigen Wohnung hatte sie keinen Zugang. Ouzo, unser treuer Hund, liebte Oma und schlief immer öfter bei ihr. Wir schliefen mit den Kindern in der Wohnung darüber. Oma geisterte auch nachts viel herum, sang und redete mit für uns unsichtbaren Personen. Von daher war die gefundene Lösung eigentlich perfekt. So konnte sie nachts „herumgeistern“, und wir und die Kinder konnten schlafen. Vor allem hatten wir so doch immer wieder unsere Ruhepausen.

Oma durchlebte ihr ganzes Leben noch einmal. Stundenlang konnte sie sich mit Unsichtbaren unterhalten, allein in ihrem Zimmer – und wehe, man störte sie!

Einmal bat ich unseren Hausmeister, die Neonröhre im Bad auszutauschen. Als er kam, fragte er, wo denn die Oma sei. Weil ihre Zimmertür zu und das Bad dunkel waren, nahmen wir an, dass sie in ihrem Zimmer war. Wie erschrak der junge Mann, als er das Licht anmachte und eine Stimme hinter der Türe ihn anfuhr: „Licht aus, sie kommen, sie werfen Bomben!“

Es war nicht möglich, sie aus der Vergangenheit in die Gegenwart holen. Die neue Röhre musste warten. Oma musste ihr Leben nochmals leben. Rückwärts.

Es war an einem Sonntagmorgen, als es an die Wohnungstür unseres Schlafbereichs klopfte. Es war halb acht, und wir hatten alle noch geschlafen. Schlaftrunken machte ich die Tür auf.

„Frau Schütze, wir waren in Ihrer Wohnung und haben das Wasser im Bad abgestellt. Ihre ganze Wohnung steht unter Wasser.“

„Wieso, ein Rohrbruch?"

Noch war die wahre Botschaft nicht zu meinen Gehirnzellen vorgedrungen.

„Nein, der Hahn der Badewanne war auf, es sieht schlimm aus."

Katastrophen, kleine und große, überlebe ich bis heute nur mit einer Tasse Kaffee. Aber dazu war wohl keine Zeit! Oma, was war mit Oma? Wo war sie? Was hatte sie jetzt wieder angestellt?

So schnell ich konnte, rannte ich in die untere Wohnung. Das Wasser kam mir unter der Wohnungstür entgegen und rauschte den Aufzugsschacht hinunter. Das Schlimmste, was ich je gesehen habe! Außer im Fernsehen. Vielleicht träumte ich doch noch? Aber Träume fühlen sich nicht so nass an.

Vorsichtig machte ich Omas Tür auf, ihr Zimmer war trocken. Oma kam zur Tür, machte einen Schritt nach draußen und fuhr mich an: „Da ist ja alles nass; da geh ich nicht raus."

Bums, schlug sie mir ihre Zimmertür vor der Nase zu.

Ich machte den Mund auf und wieder zu. Was sollte ich auch sagen? Auch Dein Büro, Manfred, war trocken. In den beiden trockenen Zimmern lag ein Teppichboden, der Rest der Wohnung war mit Bodenfliesen ausgelegt, und da stand das Wasser überall.

Die Möbel standen alle etwa zwei Zentimeter tief im Wasser. Wohnzimmer, Gang, Bad, Abstellkammer, Küche – alles unter Wasser!

Ich ging wieder nach oben und erstattete Dir Bericht. Wenn Du schnell aufstehen wolltest und einen flinken Zivi hattest, dauerte das im besten Fall fünfunddreißig Minuten. Du hattest schon den Telefonhörer zwischen Hand und Wange geklemmt, die ersten Freunde waren schon unterwegs.

„Elsbeth", sagtest Du energisch, „Du nimmst jetzt Daniel und gehst in die Kirche, und wenn Du wiederkommst, gibt's Frühstück."

Ich war so geschockt, dass ich ohne Widerrede ging. Daniel nahm ich im Kinderwagen mit, bewaffnet mit einer Trinkflasche. Als ich vom Gottesdienst zurückkam, deckte der Zivildienstleistende mit Michael gerade den Tisch. Es duftete nach Kaffee. Habe ich Dich, Manfred, schon mal mehr geliebt als in diesem Moment? Wir hatten Fußbodenheizung, und so waren auch die Möbel bald wieder trocken. Jetzt saß die sechsköpfige Familie erst mal am

Frühstückstisch, und Oma ließ es sich schmecken und schenkte uns ihr zufriedenes Lächeln. Ich dankte Gott für unsere Freunde.

„Keine Ahnung, die Polizei kommt ...“

Wochen später hatte ich eine Grippe, das hatte ich selten, aber diesmal hatte es mich richtig erwischt. Eine Freundin kam und versorgte am Wochenende Daniel. Ich wollte ihn nicht anstecken, zudem war ich nur schlapp. Ursel, meine Freundin aus der Schulzeit, war diesmal unser rettender Engel und half uns, Daniel zu versorgen, kochte für uns alle und war einfach da. Am zweiten Tag ihres Einsatzes machte sie nach dem Essen die Küche sauber. Ich hielt es im Bett nicht mehr aus, alle Knochen taten mir weh, und ich wusste nicht mehr, wie ich liegen sollte.

Meine Familie machte Mittagsschlaf, und so setzte ich mich in die Essecke und schloss mit mir selbst eine Wette ab, ob ich den Kaffee, den ich jetzt trinken würde, vertrage oder nicht. Du weißt, wie ich unseren Capuccino liebe, und er roch köstlich. Auch Oma sollte einen Kaffee bekommen, beschloss ich. So saßen wir eine Weile zu dritt um den Tisch. Bald merkte ich, dass es mich anstrengte, ich war wohl noch lange nicht gesund. Oma war wieder in ihr Zimmer gegangen, und die halbhohe Tür, die wir nur von außen aufmachen konnten, war angelehnt. Wenn ich nachher aufstehe, muss ich die Tür zumachen, dachte ich noch. Aber dann ging ich doch an der Türe vorbei, ohne diese zu schließen. Ursel war fertig mit der Küche und fuhr nach Hause, nachdem sie auch Daniel für den Abend versorgt hatte. Deshalb kam ich später nicht mehr in die untere Wohnung. Ich nahm ein starkes Medikament und schlief mich gesund. Am nächsten Tag wollte ich wieder fit sein. Du, Manfred, Michael und „Dein Mann“ waren noch unten im Büro, und Oma war ruhig, ihre Zimmertür war zu. Bevor Du zu Bett gingst, wolltet Ihr aber Oma noch zwei Brote zum Abendessen bringen.

Der Zivildienstleistende machte vorsichtig die Tür auf. Nichts rührte sich. Leise schlich er sich zum Tisch, darauf bedacht, Oma nicht zu wecken, und stellte ein Teller mit belegtem Brot und ein Glas Saft auf den Tisch. Er machte kein Licht, die Zwischentür machte er ordentlich zu, und bald lag alles im Tiefschlaf.

Ich hörte im Traum das Telefon klingeln. Du konntest es nicht abnehmen, Manfred, und „Deinen Mann“ wolltest Du nicht wecken, der brauchte seinen Schlaf, er übernahm schon einen Teil meiner Hausarbeit. Irgendwann hörte es nicht mehr auf zu klingeln, und ich wachte auf.

Die Rezeption unseres Hauses war am Telefon.

„Gut, dass Sie aufgewacht sind, Frau Schütze, die Polizei kommt gleich und bringt Ihre Mutter. Können Sie runterkommen?"

„Klar, aber Oma schläft. Das muss eine andere Frau sein. Wie viel Uhr ist es denn? Hab' ich verschlafen?"

„Es ist zwei Uhr in der Nacht", bekam ich freundlich mitgeteilt. Ich verstand überhaupt nichts! Wo war denn nur mein Kopf abgeblieben?

„Was ist denn?", fragtest Du leise.

„Keine Ahnung. Die Polizei kommt, wegen Oma, ich weiß auch nicht, sie liegt doch im Bett, oder?"

Ich zog meinen Parka über den Schlafanzug und ging hinunter zur Haustür. Da kam auch schon ein Polizeifahrzeug. Zuerst stieg ein Polizist aus und hinter ihm ... Oma!

„Wo kommst Du denn her?", war alles, was ich herausbrachte.

„In Cannstatt, im Autotunnel ist sie aufgefallen, und ein Mitbürger hat bei uns angerufen. Weil gerade Frühlingsfest ist, hatte sie Glück, dass nichts passiert ist", erklärte der Polizist.

Oma klammerte sich an den Arm des Polizisten und jammerte: „Mit der geh ich nicht, die ist bös, die kenne ich."

Die Polizisten mussten mit hoch in die Wohnung und Oma in ihr Zimmer begleiten. Erst als sie ihr Abendbrot sah, hatte sie mich und die netten Polizisten vergessen und machte sich über ihr Essen her. Reisen macht eben hungrig.

Weißt Du noch, Manfred, wie uns Oma einige Male entwischt ist? Sie wollte immer in ihre alte Wohnung. Einmal hat sie bei uns im Stadtteil ein Polizeiauto angehalten und ist hinten eingestiegen, sagte ihre alte Adresse und wartete, bis das vermeintliche „Taxi" losfuhr. Sie landete natürlich im nächsten Polizeirevier. Michael und ich fuhren schon die Straßen ab und suchten sie. Diesmal hatten wir gleich bemerkt, dass uns Oma entwischt war.

Als Du zehn Minuten später auf dem Polizeirevier anriefst, um Oma als vermisst zu melden, sagte der Wachmann. „Die Oma sitzt schon hier bei mir, Sie können sie abholen."

Nur einmal warst Du, mein Schatz, so richtig sauer auf Deine

Schwiegermutter. Weißt Du noch?

Wir, ich oder der Zivi, hatten vergessen, das Büro abzuschließen. Oma war dann wohl die ganze Nacht damit beschäftigt, mal ordentlich aufzuräumen. Der übervolle Papierkorb wurde geleert, und das Papier wurde in den mit geordneten Papierhäufchen übersäten Schreibtisch gemischt. Du hast mit Deinem Zivi tagelang wieder sortiert, aber auch mal wieder richtig aufgeräumt. Schimpf' nicht! Ich weiß, eigentlich wolltest Du unsere überfällige Steuererklärung endlich anfangen. Aber in unserem Haushalt kommt man nie zum Wesentlichen, ich weiß!

Im Sommer fuhren wir in den Urlaub. Das war schön – acht Tage nach Filzmoos ins Dachsteingebirge und 14 Tage an den Starnberger See. Das tat gut. Oma durfte so lange in eine „Kurzzeitpflege" ins Altenheim.

Wie oft hatte ich mir von Gott gewünscht, dass Oma nicht mehr so aggressiv wäre, dass sie nicht jedes Mal ausrastet, wenn man sie in die Badewanne setzen will. Sie auszuziehen war nicht möglich, das gab bei allen Beteiligen nur zerrissene Kleider, und den Zivildienstleistenden konnte ich dieses Theater auch nicht zumuten.

Einmal war ich so sauer und Oma reif für die Wanne, dass wir sie samt den Kleidern ins Wasser setzten – und siehe da: Alles war gut! Sie lächelte schon wieder, obwohl sie mir vor zwei Minuten noch die Haare ausreißen wollte. Also wurde Oma mit ihren Kleidern in die Badewanne gesetzt! Das Ausziehen war da zwar etwas schwieriger, weil die Kleidung nass war, aber dafür ging es wesentlich friedlicher zu. Die Kleider kamen gleich in die Waschmaschine, und Oma freute sich!

Manchmal machte mich ihre Unruhe verrückt. Jeder, der mich näher kennt, weiß, dass ich oft sehr emotional reagiere. Wie alles im Leben, haben meine emotionalen Reaktionen positive und negative Folgen. Zu den negativen Folgen gehört, dass ich oft sehr verletzend sein kann und es erst merke, wenn sich mein Gegenüber – meist Du – zurückzieht. Das tut mir heute sehr leid. Mit Oma war es mir nicht immer leicht gefallen, sie zu verstehen und sie so zu nehmen, wie sie war. Aber mit den Jahren konnte ich meine impulsive Art immer mehr ablegen.

Während unseres Urlaubs hatte sich Oma im Altenheim gleich

in den ersten Nächten das Bein gebrochen. Sie lernte nie wieder Gehen. Die motorische Unruhe war aber seit diesem Unfall wie weggeblasen. Im Krankenhaus saß sie im Bett und strahlte den jungen Zivildienstleistenden an, der ihr das Essen reichte. Sie hatte eine ganz neue Ausstrahlung. Ihre Aggressivität und die Unruhe waren wie weggewischt. Sie konnte so lange im Krankenhaus bleiben, bis wir aus dem Urlaub zurückkehrten.

Ein neues Leben mit Oma begann

An Omas Verträglichkeit gewöhnten wir uns schnell, denn nun war es schön mit ihr. Sie ließ sich helfen, ließ sich waschen, sie saß am Tisch und räumte ihn nicht in der doppelten Geschwindigkeit wieder ab, in der ich ihn deckte. Sie konnte wieder ins Familienleben einbezogen werden. Die Türen mussten nicht mehr abgeschlossen werden, das Fenster konnte geöffnet bleiben. In der Toilette konnte wieder eine Papierrolle liegen, ohne in Windeseile zerkleinert, zerrissen und in der Kleidung am Körper versteckt zu werden.

Man konnte Oma baden, ohne dass sie nach der Polizei rief und Todesängste ausstand. Es war ein Wunder! Und dieses Wunder haben wir gebraucht, denn wir waren am Ende mit unserer Geduld und Kraft. Aber wir wollten Oma nicht ins Heim geben. Gott hatte unsere Hilferufe erhört. Nun, da meine Mutter psychisch nicht mehr so anstrengend war, waren körperliche Kräfte gefordert, die ich nicht hatte. Denn Oma saß jetzt im Rollstuhl.

Sie belastete ihre Beine gar nicht mehr, musste also ins Bett und wieder herausgesetzt werden. Sie half nicht mit, wenn sie gedreht werden musste, und auch beim Windelwechsel war nun Muskelkraft meinerseits gefordert. So froh ich über die Wandlung von Oma war, kam ich nach Jahren der Pflege an meine körperlichen Grenzen.

Vorsicht war immer geboten- und nicht immer gelang es auf alles zu achten. Eines Tages blieb eine brennende Kerze auf dem Esstisch zurück. Ich liebte Kerzen und Du, Manfred, auch. Am Frühstückstisch, der abgeräumt wurde, blieben Oma und eine brennende Kerze zurück. Ich kam gerade dazu, wie Oma versuchte, aus der Kerze zu trinken. Gott sei Dank hatten ihre Haare kein Feuer gefangen! Weißt Du noch, wie unschuldig und nicht verstehend sie mich angesehen hatte, als ich ihr die Kerze einfach wegnahm?

„Ich will doch nur trinken“, sagte sie und sah mich lieb an.

„Ich weiß, Oma, Du bekommst etwas Besseres. Wie wär’s mit einem Traubensaft?“

Ich werde nie den Tag vergessen, an dem ich nicht mehr konnte. Ich hatte es niemandem gesagt, dass die Schmerzen in meinem linken Arm immer schlimmer wurden. Auch Dir versuchte ich es zu verheimlichen, was natürlich nicht ging. Durch meine eigene körperliche Belastung arbeite ich fast alles mit der linken Hand und dem linken Arm. Meinen rechten Arm nehme ich nur zur Unterstützung, und meine rechte Hand taugt nicht viel. In meinem Leben hatte ich immer wieder einen Punkt erreicht, wo ein Körperteil von mir streikte, weil er überfordert war, und ich meinem Körper zu wenig Beachtung schenken konnte. So auch jetzt. Seit Wochen spürte ich Schmerzen in meinem linken Arm. Es fühlte sich an wie eine beginnende Sehnenscheidenentzündung. Dieser kann man nur entgegenwirken, wenn man sich absolut schont. Das wusste ich wohl.

Aber wer wechselt der Oma die Windeln, wer wäscht sie, wer zieht sie an und aus? Wer, wenn nicht ich? Die Zivildienstleistenden halfen mir schon, Oma in das Bett und aus dem Bett zu hieven, wofür ich dankbar war. Aber mehr konnte ich nicht verlangen. Sie waren „Deine Männer“, Manfred. Die meisten halfen mir gern, und einige hatten Oma richtig lieb. Das alles erzählte ich in einem stummen Gebet Jesus, als ich alleine zum Einkaufen ging. Ich brauchte etwas Hilfe von jemandem, den Oma annimmt und der in unsere Familie passt. Dieser Wunsch kam von ganzem Herzen.

Der erste Querweg in der Fußgängerzone führt zum Kindergarten. Dort begegnete ich Eva. Wir kannten uns schon lange, ich hatte sie als junges Mädchen in der „Kurzzeit“ eingestellt, aber wir hatten inzwischen keinen Kontakt mehr. Wenn wir uns sahen, grüßten wir uns normalerweise freundlich und gingen weiter. Nicht so an diesem Tag.

„Gehst Du heute Abend auch zu dem Vortrag bei Euch im Haus?“, fragte Eva mich.

„Vortrag? Welcher Vortrag?“ Ich schüttelte den Kopf.

„Weißt Du, ich würde gerne jemandem etwas zur Hand gehen, beide Kinder gehen jetzt vormittags in den Kindergarten. So ein bisschen irgendwo helfen, aber wenn eines der Kinder krank wird, muss ich halt zu Hause bleiben. Ich möchte ja nicht richtig arbeiten gehen, aber jemandem helfen, das wäre schön."

Sie schaute mich an und wunderte sich wohl.

Ich glaube, mir blieb der Mund offen stehen! Ich schluckte und kämpfte mit den Tränen.

„Du musst zu keinem Vortrag, Du kannst mir helfen. Ich habe seit einigen Jahren meine Mutter zur Pflege, und seit dem Sommer sitzt sie im Rollstuhl und ich bräuchte dringend Hilfe. Da wir zwei Minuten auseinanderwohnen, wäre es ideal, ich brauche Dich nie lange am Stück, aber immer wieder. Überlege es Dir und rufe mich an."

Ich konnte es nicht fassen, ich wusste zwar, dass ich mich in meinem Leben schon oft über Gebetserhörungen gefreut habe, aber so prompt! Ich war sprachlos und weinte nun doch vor Freude und Dankbarkeit. Evas Schwägerin kam noch dazu. Uns war geholfen, mein Arm war nach ein paar Wochen wieder ganz schmerzfrei.

Alles, was zwischen uns stand, war weg

Drei Jahre lang durften wir unsere Oma noch friedlich und lieb erleben. Sie konnte ins Familienleben einbezogen werden, und wir hatten noch viel Freude an ihr.

Dass wir es geschafft haben, Oma insgesamt neun Jahre im Haushalt zu betreuen mit minimaler ambulanter Hilfe und ohne Medikamente, dass sie immer wieder von der Polizei gefunden wurde und dass sie bei uns und mit uns an ihrer Seite zu Hause sterben durfte, das empfanden wir schon als etwas Besonderes.

Mein Vater, meine Schwester Herta, Dein Vater, sie starben so plötzlich, dass wir keine Gelegenheit hatten, sie zu begleiten. Als Deine Mutter starb, Manfred, warst Du im Krankenhaus, kurz nachdem wir zusammen waren.

Nun bekam unsere Oma einen Schlaganfall. Ich bemerkte es morgens, als ich sie begrüßte. Tags zuvor war sie wie immer. Nun riefen wir beim Roten Kreuz an. Zwei Sanitäter kamen, schüttelten den Kopf und sagten, sie dürften Oma nicht transportieren. Sie riefen die Rettungsleitstelle an. Kollegen kamen, sahen Oma an, schüttelten den Kopf und fragten, ob sie telefonieren dürften.

Kurze Zeit später kam mit Sirene und Blaulicht der große Notarztwagen.

„Nein, nein", schrie ich in meinem Herzen, „jetzt nicht in die Klinik, lasst doch die Frau sterben."

Eine liebevolle Ärztin schaute Oma an und dann mich.

„Ich weiß", sagte ich, „sie wird gehen, ich möchte nur, dass sie alles hat, was sie braucht, dass sie keine Schmerzen hat, und ich möchte sie auf jeden Fall hierbehalten, bis zum Schluss."

Mein Herz schlug bis zum Hals. Alle Blicke waren auf mich gerichtet. Dann kamst Du zur Tür. Ins Zimmer konntest Du nicht, da standen schon sechs Menschen, fünf Rettungssanitäter und eine Ärztin. Weißt Du noch, Manfred? Im Zimmer wurde es plötzlich ganz still.

„Okay", sagte die Ärztin, „wir legen eine Infusion, und wir brauchen einen Urologen, um einen Katheter zu legen."

Der Urologe hatte „zufällig Nachtdienst" und kam bei Dienstbeginn gleich zu uns. Ein Herzenswunsch war in Erfüllung gegangen, unsere Oma durfte zu Hause in ihrem Bett sterben. Warum dürfen das heute nur noch so wenig Menschen?

Seit sie den Schlaganfall hatte, schlief ich nachts in einem Sessel bei ihr. Wir wussten alle: Jetzt darf Oma bald in ihre geistige Heimat. Wir sangen ihr all die Lieder aus dem Kirchengesangbuch, die wir kannten, und immer wieder ihr Lieblingslied: „Ich bete an die Macht der Liebe, die sich in Jesus offenbart."

Angelika und Alwine, die Nachbarinnen und Freundinnen so vieler guten Jahre, sie waren uns in diesen Stunden eine große Stütze. In der letzten Nacht ihres Lebens wachte Oma auf, im gleichen Moment wie ich. Wir schauten uns an. Ihr Blick war völlig klar. Sie lächelte mich liebevoll an. All ihre Liebe lag in diesem Blick. Alles, was jemals zwischen uns stand, war weg.

Ich war geboren, um zu lernen: Geduld, Liebe, Ausdauer, Großzügigkeit, einen festen Glauben, anderen Menschen von meinem Glauben zu erzählen. Ich war geboren, um fünf Kindern eine Mutter zu sein, um mit Dir, Manfred, einen steinigen und steilen Weg zu gehen, unser Ziel zu suchen und dem Ziel entgegenzugehen. Ich durfte und darf lernen, mich und andere so anzunehmen, wie wir sind. Wir, Du und ich, Manfred, nicht wahr, wir danken meiner Mutter, dass sie die Aufgabe doch noch angenommen hat, mich großzuziehen, dass sie mir all ihre Liebe schenkte, die ich später weitergeben durfte und darf.

Die Lebensaufgabe, die meine Mutter hatte, ist ihr nicht leicht gefallen. Ein zweites behindertes Kind auf die Welt bringen zu müssen, diese Aufgabe konnte sie nicht als Auszeichnung von Gott verstehen. Sie hat sich gewehrt, hatte Angst gehabt, sie hat es nicht verstanden, dass ich ein Geschenk sein sollte, daran hat sie bestimmt nie gedacht.

Sie hat Schuld gesucht, wo keine Schuld war. Niemand hatte Schuld.

Wir lächelten uns an, und ich wusste, das ist ein Geschenk. In den neun Jahren ihrer Belastung hat meine Mutter mich nie so angesehen. Aber ich kannte diesen liebevollen Blick von früher. Dann war der Moment vorbei. Stunden später, am Totensonntag, hörte sie plötzlich auf zu atmen. Sie war gegangen, sie strahlte Frieden und Ruhe aus. Wir wussten, ihr geht es jetzt gut. Die ganze Familie war bei ihr.

Manfred, Du, der seither dem Tod ausgewichen bist, wo Du nur konntest, sagtest, nachdem es vorbei war: „Jetzt habe ich keine Angst mehr vor dem Sterben, wenn man so gehen darf und kann."

Alwine, die in all den Jahren unserer Nachbarschaft immer zur Stelle war, wenn ich dringend Hilfe benötigte, bot mir an, Oma umzuziehen, sie zu richten, sie zu betten. Das hat mich tief berührt. Der Tod ist so anonym geworden in unserer Gesellschaft, wovor haben wir Angst? Wir alle müssen diesen Weg gehen.

14 Tage später folgte unser treuer Hund Ouzo Oma nach.

Später, am Abend, fragte mich Daniel: „Mama wo ist die Oma jetzt?"

„Die Oma ist jetzt bei ihrer Tochter Herta, bei ihrem Mann, dem Adel, bei meiner Oma Emmi. Sie feiern bestimmt ein Fest zur Begrüßung von Oma und freuen sich, dass sie nun bei ihnen ist."

Nach dem Zähneputzen sagte Daniel plötzlich: „Mama, ich möchte auch tot sein."

„Warum denn?", fragte ich erschrocken.

„Ich will auch zum Fest, da gibt es bestimmt Kuchen."

Schnell versprach ich meinem Jüngsten ein großes Stück Kuchen – hier, auf dieser Erde.

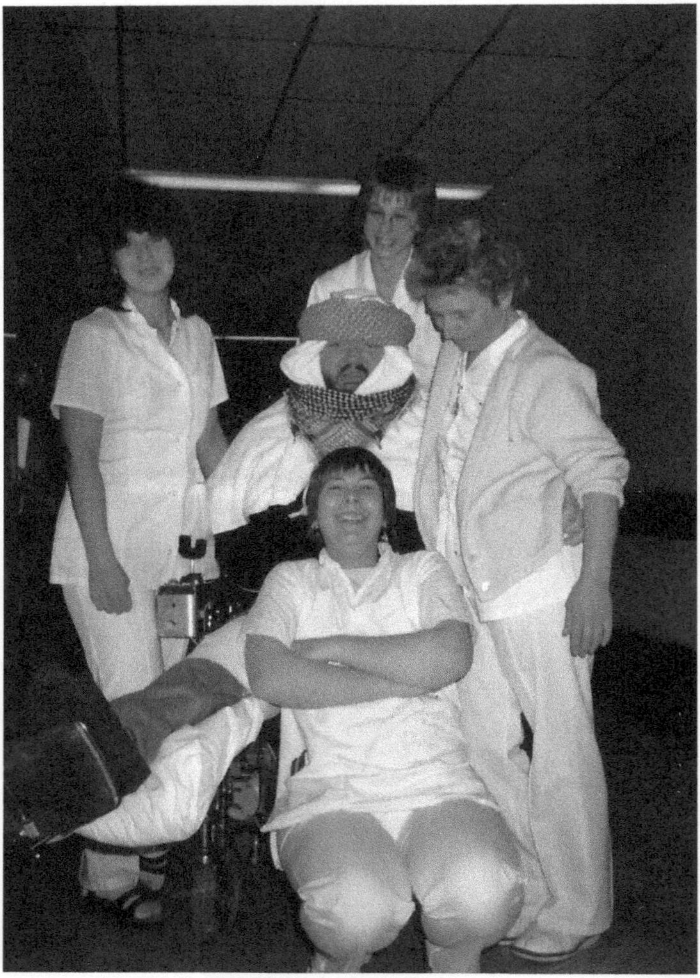

Liebevolle Hilfe in schwierigen Zeiten

12. Du fielst rückwärts samt Rollstuhl aus dem Bus

Es war ein tiefes, dunkles Tal, durch das wir gingen, nachdem Du, Manfred, festgebunden in Deinen Rollstuhl, aus dem Bus gefallen bist. Du warst mit Deinem Helfer allein, als es geschah. Wir wollten uns bei der Ladenstraße in unserem Stadtteil treffen.

Es gab ein genaues Ritual, mit dem das Aussteigen aus dem Bus vonstatten ging. An den Geräuschen hast Du Dich orientiert, was Dein Helfer gerade macht, denn Du konntest – im Rollstuhl sitzend – nur nach vorne sehen. Dein Rollstuhl hatte keinen Rückspiegel. Du warst wohl mit Deinen Gedanken schon beim Mittagessen, denn Du registriertest nicht die genaue Reihenfolge der Geräusche. Und vielleicht war Dein Helfer mit seinen Gedanken schon beim Nachtisch, denn er schwenkte zuerst die Hebebühne nach außen und wollte gerade seinen Fehler beheben, als es einen riesigen Schlag tat. Du fielst rückwärts samt Rollstuhl aus dem Bus.

Der Zivi, zu Tode erschrocken, überzeugte sich zuerst, ob Du noch atmest und bei Bewusstsein bist. Dann suchte er mich.

Du lagst in der Zwischenzeit allein auf dem Asphalt und wusstest, dass wir Hilfe brauchen, denn wir würden Dich nicht vom Boden in den Rollstuhl bekommen. Und Du machtest Dir natürlich auch Gedanken, wie Dein Körper auf den Schock reagieren würde. Du drehtest vorsichtig Deinen Kopf von einer Seite zur anderen und sahst aus den Augenwinkeln einen jungen Mann, der gerade um die Ecke kam. Dein Radius, den Kopf hin und her zu wenden war nicht groß, aber er reichte, dass Du den jungen Mann sehen konntest, der gerade um die Hausecke kam. Du riefst um Hilfe, und er hatte ein Handy. Als wir drei Minuten später zur Unfallstelle zurückkamen, hattest Du schon das Rote Kreuz benachrichtigt.

Nie nachvollziehen konnten wir, wieso Du lang gestreckt auf der Erde lagst und Dein Rollstuhl zwei Meter neben Dir stand. Manfred, Du warst *immer* mit einem breiten Gurt in den Rollstuhl festgebunden. Der Sturz aus dem Bus geschah aus einer Höhe von sechzig Zentimetern.

Normalerweise hätte Dich der elektrische Rollstuhl, rund hundert Kilogramm schwer, Dich unter sich begraben müssen, weil Du ja festgebunden warst.

Aber Du lagst lang gestreckt auf der Erde, der Rollstuhl stand – lag nicht – zwei Meter weiter rechts. Wieso?

Er hatte nur einen schmalen Kratzer im Lack. Tagelang bemühte ich mich um eine Logik des Hergangs. Es gab keine. Der Rollstuhl hätte nicht so stehen und Du, Manfred, hättest nicht so liegen dürfen. Du wurdest nicht unter dem Rollstuhl begraben, Du lagst nicht zusammengerollt unter ihm. Wieso nicht? Wohl, weil Deine Schutzengel ganz schön stark sind.

Ich weiß noch genau, wie ich reagiert habe. Noch heute spüre ich beim Schreiben, wie mein Herz schneller schlägt, mein Puls rast. Und dies nach so vielen Jahren! Mit Freunden war ich zusammen und wartete auf Dich. Nur selten gingen wir getrennte Wege. Wäre ich dabei gewesen, hätte ich gesehen, dass die Hebebühne am Bus schon weggeschwenkt war, und ich hätte Dich gewarnt.

Du lagst lang ausgestreckt auf dem Boden

Die Menschen, mit denen ich zusammen war, bat ich, sie sollten schnell zu Dir laufen, ich käme nach. Dieter, ein Freund, reichte mir seinen Arm. Ich ging immer langsamer. Eigentlich wollte ich nie an der Unfallstelle ankommen. Zu entsetzlich stellte ich mir vor, was mich erwartete. Ich sagte mir: „Er kann das nicht überleben, mein Gott, er wird sterben."

Alle standen um Dich und redeten mit Dir. Du lagst lang ausgestreckt auf dem Boden und sahst mich an.

Er lebt, er lebt!

Tränen rannen mir über das Gesicht. Es gab nur noch uns. Wir mussten nichts sagen, unsere Seelen waren eins. Wie litt ich mit Dir!

Mit Blaulicht und Sirene kam das Rettungsfahrzeug des DRK. Gott sei Dank kamen zwei erfahrene, starke Männer, die es schafften, Dich, Manfred, vorsichtig und umsichtig in den Krankenwagen hineinzulegen.

Ab ins Krankenhaus. Du wurdest gründlich von Kopf bis Fuß geröntgt. Es wurde nichts festgestellt.

Aber auch noch nach Tagen wurde Dir beim Drehen im Bett schwindlig, und beim Schuhe-Anziehen wurde Dir schlecht.

„Irgendwas stimmt nicht", sagtest Du immer wieder.

Ich bemühte mich, Dich zu beruhigen: „Das wird der Schock sein."

Du hast Dich nochmals röntgen lassen. Es konnte aber nichts festgestellt werden.

In dieser Zeit hast Du Dich sehr verändert

Wochenlang wurde es Dir schwindlig und schlecht. Unser eingespieltes Leben wurde auf den Kopf gestellt. Brauchtest Du bisher schon Hilfe beim Stuhlgang – jetzt hatten wir massive Probleme. Seither hatten wir jeden zweiten Tag zwei Stunden eingeplant, um abzuführen. Du hast das im Bett erledigt, und ich half Dir dabei all die Jahre, die wir ein Paar waren. Aber nun ging nichts mehr. Du hattest einen Druck im Bauch, Dir war schlecht, aber es kam kein Stuhlgang.

In dieser Zeit hast Du Dich sehr verändert. Der ruhige, durch nichts aus der Ruhe zu bringende Mann, den ich kannte und liebte, wurde unruhig, verlor sein inneres Gleichgewicht. Erst ein dreiviertel Jahr später, bei einer Untersuchung in der Heidelberger Uniklinik, wurde festgestellt, dass Du bei dem Sturz zum zweiten Mal „Querschnitt wurdest". Auch Dein Fuß war damals gebrochen. Dass die Brüche auf dem Röntgenbild nicht zu sehen waren, sei durchaus möglich, meinte der Arzt. Nun war auch das Rätsel um die massiven Darmprobleme gelöst. Denn bei einem frischen Querschnitt sind die inneren Organe ja immer mit betroffen.

Du wolltest es nicht wahrhaben, dass Du nicht mehr über so viel Power verfügst, und gingst eine Zeitlang ständig an die Grenzen Deiner Belastbarkeit.

Deshalb zogen wir uns immer mehr zurück, und viele unserer Freunde verstanden das nicht. Wir konnten auch nicht darüber sprechen, weil wir selbst nicht wussten, was da mit uns geschah. Du, der Gemütsmensch, wurdest von einer inneren Unruhe befallen. Menschen die Dich besuchten, hast Du sitzenlassen und Dich in Dein Büro zurückgezogen.

„Was war denn das?", konnte ich Dich fragen, nachdem ich den Besuch unterhalten hatte und Du, anstatt bei uns im Wohnzimmer zu sitzen, in Deinem Büro verschwunden warst. Das Verhalten hattest du nun auch, wenn wir mit Freunden und Verwandten Essen gingen. Du fuhrst spazieren, erschienst wieder, wenn das Essen aufgetragen wurde und verschwandest wieder nach dem Essen. Ich war schon froh, wenn Du am Tisch geblieben bist, bis der Kaffee serviert wurde.

Eine Zeitlang war es auch schwierig zwischen uns. Du bist mir ausgewichen und wir konnten uns über unsere Probleme nicht aussprechen. Du blocktest total ab.

Manfred, Du wolltest in keine Klinik mehr, Du hattest genug, und so lernten wir wieder einmal, das Leben so zu nehmen, wie es ist, vor allem, das Beste daraus zu machen. Wir lernten, es anzunehmen, wie es war.

Unser Leben veränderte sich. Du, der Du die Geselligkeit, Menschen um Dich herum liebtest, Du warst nun gerne allein. Nun wurde es ruhiger um uns.

Viele unserer Freude und Bekannten zogen sich zurück, Gott sei Dank nicht böse. Nur verstand keiner so richtig, was geschehen war. Aber wir verstanden es auch nicht.

Es gab auch Menschen, die meinten, Du, Manfred, hättest Dich so verändert, weil Du in eine Sekte geraten wärst, aber das stimmte nicht. Die Lehre Bruno Grönings hat nichts mit einer Sekte zu tun. Seine Lehre hat uns Mut gemacht, unser Schicksal selbst in die Hand zu nehmen und Gott zu vertrauen – nicht Gott die Schuld zu geben, zu fragen, warum er das zuließ, sondern uns zu fragen, was haben wir gemacht, dass es so weit gekommen ist.

Und wenn wir ganz, ganz ehrlich sind, fällt uns schon manchmal eine Antwort ein.

Diese Situation war eine schwere Prüfung. Warum durfte das geschehen?

Fing nun alles wieder von vorne an, das Leben in der Klinik?

Nein, das Leben ging weiter, nach vorne.

Was erwartete Gott von uns? Wie müssen wir unser Leben ändern, damit wir gesund und glücklich sein können hier auf diesem Erden-Planeten?

Manfred, Du wolltest einfach nicht mehr krank sein. Du wolltest Dein Leben nicht mehr in Krankenhäusern verbringen. Du wolltest das Deine dazu tun, dies zu vermeiden und dementsprechend zu leben. Du lerntest, auf Deinen Körper zu hören, Dich nicht mehr auszupowern. Das war kein leichter Weg.

Der Verzicht auf gutes Essen fiel Dir schwer

Im Sommer, wenn Daniel in der Schule war und Michael bei der Arbeit, fuhren wir mit unseren Rollstühlen oft 20 Kilometer weit. Wir konnten so große Strecken zwischen Feldern, Wiesen und Wald zurücklegen. Es war wieder ein trautes Schweigen zwischen uns. Da Du viel liegen musstest, meist am Nachmittag, schautest Du oft im Fernsehen die Kochsendungen an. Am Sonntag kamen wir dann in den Genuss erlesener Speisen. Vincent Klink und Johann Lafer gaben Dir die Anregungen, die Du dann kombiniertest, verfeinertest und ergänztest.

Da Vincent Klinks Restaurant ja ganz in unserer Nähe war, wollten wir wenigstens einmal bei ihm Essen gehen. Du bestelltest einen Tisch, und wir schafften es auch bis vor die Tür. Da merkten wir beim Aussteigen, dass Du nass warst. Das Kondom hatte sich gelöst. Also nach Hause ins Bett, Dich waschen, den Rollstuhl auswaschen, den Bus saubermachen. Wir hatten Hunger. In der Tiefkühltruhe müssten noch Maultaschen sein! Zwei Stunden später saßen wir etwas traurig zu Hause am Tisch und aßen unsere Suppe. Eigentlich schmeckte sie uns immer, aber heute?

Dein großer heimlicher Traum war, einmal zu Gast bei einem der Fernsehköche zu sein, um zusammen mit Vincent Klink oder Johann Lafer im Studio zu kochen. Das, denke ich, hast Du Dir gewünscht, gelle? Aber es muss auch Träume im Leben geben, die Träume bleiben.

Dafür kamen die Familie, die Freunde und Nachbarinnen und Nachbarn in den Genuss, kulinarische Schmankerln zu genießen. Mancher junge Mann lernte bei Dir kochen. Alwine half Dir, und es duftete im ganzen Haus. Ich deckte den Tisch und lief in den Keller, um zu holen, was noch fehlte.

Beim Kochen fandest Du die Ruhe wieder. Voller Konzentration standest Du neben dem Herd und erklärtest jeden Handgriff, wie man es von Dir kannte.

Einmal klingelte das Telefon, und ich hob Dir den Hörer ans Ohr. Du standest vor dem Backofen an Deinem angestammten Platz in der Küche, und in der Bratpfanne war siedend heißes Öl. Dein Helfer wollte weitermachen und warf die noch gefrorenen Fritten in das Öl. Das Öl spritzte über den Rand, und es gab eine gigantische Stichflamme bis zur Decke.

„Es brennt, ich ruf' zurück!", war Dein Kommentar ins Telefon. Mit einem Handtuch konnten wir schnell die Flammen ausschlagen.

Immer wieder gab es kleinere und größere Katastrophen in unserem Alltag, über die wir zu lachen lernten. So, als wir einmal in unserem Stammlokal auf das Essen warteten – hungrig und voller Vorfreude. Plötzlich fing es aus Deinem Rollstuhl unten an zu qualmen. Der Wirt stand schon mit dem Feuerlöscher vor Dir! Wann sollte er loslegen? Wenn er die ersten Flammen sah? Kann es brennen? Schmoren? Brauchen wir die Feuerwehr? Was, um Himmels willen, war geschehen?

Dein Kondom hatte sich gelöst, und der Urin war auf die Batterie geflossen! Das Sonntagessen fand im Bett statt. Aufgewärmt. Zwei Stunden später.

Der Verzicht auf „gutes Essen" fiel Dir schwer. Aber nach dem Unfall nahmst Du langsam Abschied von dem reichlichen Essen. Dies war nicht leicht für dich. Aber wir haben gemeinsam daran gearbeitet. Und Du fandest Dein Lächeln wieder.

13. Aus meinem Kind Michael ist ein junger Mann geworden

Wir wurden immer häuslicher, und es wurde in der Familie immer ruhiger. Oma war nicht mehr da, keiner musste mehr mit dem Hund raus.

Michael war für drei Jahre zur Berufsausbildung auswärts im Internat. Dort tat er sich sehr schwer. Er war noch nie so richtig mit der Ungerechtigkeit des Lebens konfrontiert worden. Er wurde erwachsen. Er stand für sich ein. Michael stellte sich vor Schwächere, klein und mager, wie er war, zeigte er, was in ihm steckte. Er war ein Kämpfer und ist es bis heute. Er registriert Ungerechtigkeit nicht nur, sondern er macht mutig seinen Mund auf und klagt an.

Michael kam aus dem Internat zurück und wir waren stolz auf ihn. Auch, wenn er die Prüfung nicht geschafft hatte - er war erwachsen geworden!

Wo sind die Jahre geblieben? Aus meinem Kind Michael ist ein junger Mann geworden. Vernünftig, hilfsbereit, liebevoll. Wie hatten wir ihn vermisst!

Er bekam in unserem Haus ein eigenes Zimmer. So konnte er am Familienleben teilnehmen und mit uns essen. Und Mutter wäscht bis heute seine Wäsche. Er beteiligt sich dafür an den Hausarbeiten, die ihm liegen. Getränke und Flaschenversorgung, Müllentsorgung. Damit konnte er besser umgehen als mit Wäsche-Sortieren. Mit dieser Regelung ist mir geholfen, und ihm auch.

Michael konnte seine Ausbildung als Gartenfachwerker in Stetten im Remstal abschließen. Er bekam einen gerechten und sehr liebevollen Ausbilder, der streng und konsequent war zu allen, die ihm anvertraut waren. Damit konnte Michael umgehen. Diesmal schaffte er die Prüfung. Aber wie soll ein junger Mann, der gerade mal etwas über fünfzig Kilo wiegt, den ganzen Tag Kisten mit Gemüse tragen? Gemüsegärtner hat etwas mit Bücken, mit gesunden Knochen und Sehnen, mit körperlicher Kraft zu tun. Das war nicht unser Michael. Aber das war die einzige Ausbildung, die das Arbeitsamt für ihn fand.

Aber der Himmel wusste ja, wie es weitergeht. Und wir vertrauten fest darauf, dass es weitergeht. Aber wie? Das stand in den Sternen.

Wo war das schwache, kränkliche zweijährige Kind, das ich damals nach Hause nahm?

Wie Du, Manfred, besuchte Michael die Waldorfschule. In den ersten Jahren tat er sich dort sehr schwer. Flöten in der ersten Klasse war wohl das wichtigste Unterrichtsfach der Lehrerin. Michael konnte nicht flöten!

Seine rechte Hand war dagegen.

Er auch.

Ich konnte ihm nicht helfen, weil auch ich keine zwei gesunden Hände zur Verfügung hatte. Du hattest früher Trompete gespielt, als Du noch Hände hattest, die Dir gehorchten. Aber auch Du konntest Michael jetzt nicht helfen.

Die Lehrerin wurde bockig, würde Michael jetzt sagen.

„Hier wird geflötet. Alles Übungssache."

Die leichte spastische Lähmung seiner Hand nahm sie wohl gar nicht wahr. Also sprangen Mütter aus der Klasse ein und gaben Michael „Nachhilfe". Auch meine Freundin Ursula gab ihm Flötenunterricht. Es half alles nichts.

Aber Theater konnte er spielen: Die Hauptrolle im „Zar Wasserwirbel". Das war schön! Weißt Du das noch: Unser Sohn in der Hauptrolle des Wanjas?

Michael wuchs mit den Anforderungen und ist heute ein selbstbewusster, liebenswerter junger Mann.

Nur Flöte spielen kann er bis heute nicht.

Er hatte einen weiten Schulweg und war eine Stunde mit öffentlichen Verkehrsmitteln unterwegs. Ab der zweiten Klasse meisterte er den Schulweg allein. Dreimal umsteigen und pünktlich um acht Uhr in der Klasse sein, das war schon eine Leistung für den kleinen Mann!

Er fing an, die Fahrpläne zu studieren. Bald kannte er jede Strecke der Straßenbahnen und kannte einige Fahrpläne auswendig.

„Mama, darf ich heute Mittag kreuz und quer?"

Das bedeutete, dass er von einer Straßenbahnlinie in die andere Straßenbahnlinie umsteigen wollte, um sich einen Weg durch die Stadt zu suchen, kreuz und quer. Am Anfang war uns dabei schon mulmig zumute. Aber er hatte immer Kleingeld dabei, um anzurufen, falls er nicht mehr heimfinden würde. Das ist aber nie passiert.

Eine schnelle Taufe, sozusagen

Michael besuchte regelmäßig den Kindergottesdienst und freundete sich mit Gottfried Hartenstein an, unserem damaligen Gemeindepfarrer und Freund bis heute. Mit zwölf oder dreizehn wurde er Kinderkirchhelfer. Eines Sonntagmorgens saß er mit den Kindern in der Kirche, keiner der Erwachsenen war gekommen. Es war Zeit, mit dem Kindergottesdienst zu beginnen, und die Kinder wurden unruhig. Also fing Michael in dem festen Vertrauen an, er würde bald abgelöst. Als die Kinderkirche zu Ende war und ein stolzer Michael die Kinder entließ, kamen der Pfarrer und die restlichen Helfer. Was war geschehen? Die Uhr war an diesem Sonntag umgestellt worden, aber nicht alle hatten es mitbekommen.

Diese Begebenheit erfuhren wir aber erst, als Gottfried Hartenstein unseren Michael taufte. „Eine schnelle Taufe, sozusagen."

Dass Michael getauft war, als er mit zwei Jahren und vier Wochen zu mir kam, daran hatten wir nie gezweifelt und auch nie nachgefragt, oder – um ehrlich zu sein – überhaupt nie daran gedacht, dass es anders sein könnte. Nicht, als wir unseren Daniel taufen ließen. Und auch nicht, als vier Wochen vor der Konfirmation die Kinder getauft wurden, die mit ihm konfirmiert werden sollten. Er brachte eines Tages ein Schriftstück aus dem Konfirmandenunterricht mit nach Hause, in dem man das Taufdatum eintragen sollte. Viel zu spät. Ich fing an, die Taufurkunde zu suchen.

Nachdem ich sie nicht fand, rief ich auf dem Jugendamt an. Aber auch dort war keine Taufurkunde. Kirche und Standesamt in Michaels Geburtsstadt fanden auch nichts. So wurde Michael am Sonntag vor der Konfirmation getauft, mit Taufpaten an seiner Seite und einem anschließenden Tauffest, um acht Tage später konfirmiert zu werden. Er hat es genossen.

Nach drei Jahren kam er nach Hause zurück und bezog gerne und froh ein eigenes Zimmer. Nicht lange, bevor er zurückkam, wurde das frühere Hotel im siebten Stock unseres Hauses in Zimmer für junge, alleinstehende Menschen mit Behinderung umfunktioniert.

Gerade so weit weg, dass man zum Essen und zum Wäschebringen schnell zu Hause bei den Eltern vorbeischauen kann.

Gerade so weit weg, dass die Eltern nicht von der Musik gestört wurden, die er laufen ließ.

Er kam nicht dazu, seinen verdienten Urlaub nach dem Umzug zu genießen, denn er hatte schneller, als ihm lieb war, einen neuen Ausbildungsplatz.

Bestandene Prüfung vor der IHK als Verkäufer

Vier Wochen nach Beendigung der Gärtnerlehre hatte er einen neuen Ausbildungsplatz. Meine Schwägerin hatte im Fernsehen einen Beitrag gesehen, in dem die Idee der CAP-Märkte vorgestellt wurde. CAP kommt von Handycap. Das Arbeitsamt prüfte Michael und sprach die Empfehlung aus: Behindertenwerkstatt. Michael wollte alles, nur nicht in eine Behindertenwerkstatt. Das war nicht sein Weg. Trotz des abschlägigen Bescheides wurde er eingestellt und besuchte zwei Jahre lang die Berufsschule und war mit Feuereifer dabei.

Es war nicht so, dass er nicht hin und wieder an seine Grenzen stieß. Er arbeitete hart an diesen Grenzen. Das wurde gesehen und geachtet, und nach zwei Jahren kam der Erfolg: Bestandene Prüfung vor der IHK als Verkäufer mit der Note 2,0.

Seinen täglichen Arbeitsweg von mindestens einer Stunde zum CAP-Markt nimmt er bis heute gerne auf sich und stellt sich den großen und kleinen Ärgernissen des Lebens.

Er baute sich seinen eigenen Freundeskreis auf und pflegt seine Hobbys.

Was ist seine Aufgabe in dieser Welt?

Michael ist immer für mich da

Was Dich, lieber Manfred, besonders freuen wird: Michael kümmert sich rührend um Daniel und mich. Er ist mir eine wirkliche Stütze. Er hat viele Aufgaben im Haushalt übernommen und ist auch für seinen kleinen Bruder da. Besonders liebt er die Katzen, die kurz nach Deinem Heimgang bei uns eingezogen sind. Daniel wollte ja einen Hund. Die Verantwortung konnte ich aber nicht übernehmen. Und Michael sagte ganz klar: „Ohne mich."

„Ich will keine Katze", brummte Daniel, als ich mit ihm zum Tierarzt fuhr, um Minz und Maunz abzuholen. Später hatte ich begriffen, warum. Er hatte noch nie eine Katze im Arm gehabt.

Blinde können nicht beobachten. Sie müssen tasten und fühlen. Deshalb reicht es nicht, zu sagen: „Eine Katze ist kleiner als ein Hund, sagt ‚miau' statt ‚wau, wau'." Saublöd.

Es gibt viele Dinge, die man einem blinden Kind nur schwer oder nicht erklären kann. Stofftiere ersetzen keine echten Tiere.

Jetzt weiß Daniel, was eine Katze ist und respektiert, wie sie sind. Maunz lässt sich von ihm fangen und kuschelt ab und zu mit ihm. Minz will ihre Ruhe vor ihm haben.

Michael liebt seine Katzen über alles. Wenn er abends von der Arbeit kommt, begrüßt er zuerst Maunz und Minz. Sie laufen ihm entgegen und freuen sich. Minz läuft zu ihrer Schale mit Trockenfutter und miaut, bis Michael eine Handvoll davon nimmt. Genüsslich frisst sie aus seiner Hand. Maunz wird auf die Schulter gelegt, springt über Michaels Rücken und wieder auf den Boden. Dann springt sie in eine kleine Wäschewanne oder in den Einkaufskorb und wartet, bis Michael sie durch die Wohnung trägt. Die drei überlegen, ob sie nicht doch zum Zirkus wollen.

Auf unseren Michael bin ich stolz. Im Zusammenleben mit Dir hat er gelernt, für sich einzustehen und vor niemandem Angst zu haben. Er ist ein selbstbewusster junger Mann, und es ist eine Freude, dass wir uns haben dürfen.

14. Hätte es einen anderen Weg gegeben?

Ach, Manfred, hätte es einen anderen Weg gegeben? Einen, den wir hätten gemeinsam weitergehen können? Ich verbiete mir Gedanken, wie: „hätten wir ..." – „wären wir ..."

Ab und zu haben wir kurz darüber gesprochen, ganz kurz.

Ende Februar 2003 bekamst Du eine Bronchitis. Weil Du wegen Deiner Lähmung nicht abhusten konntest, hatte weder der Zivi, noch ein anderer Helfer, noch Du selbst nachts etwas Schlaf. Tagsüber musstest Du im Rollstuhl schon immer sehr weit nach vorne gebeugt werden, um Abhusten zu können. Diesen Dienst hätte ich gerne übernommen, damit Dein Helfer etwas schlafen konnte. Aber ich hatte nicht die Kraft, Manfred, Dich im Rollstuhl so weit nach vorne zu beugen und Dich zu halten. Nur wenn man Dich ganz weit nach vorne beugte, konntest Du abhusten.

Nach 14 Tagen gingst Du einen Tag ins Krankenhaus, um Deine Lunge überprüfen zu lassen. Sie war ohne Befund.

Am Ende Deiner Kräfte, bekamst Du einen Harnweginfekt. Den hattest Du im Laufe der letzten Jahre in immer kürzeren Abständen. Dadurch bist Du gegen sämtliche Antibiotika resistent geworden. Der Urologe wies Dich ins Krankenhaus ein, um Dir über den Tropf ein Medikament zu geben, das bei Dir noch anschlagen und mit dem Harnweginfekt fertig werden konnte.

Daniel brachte ich kurzfristig im Internat seiner Schule unter. Der Helfer und ich konnten deshalb mit Dir in das Krankenhaus.

Das Krankenhaus hatte eine Abteilung für Querschnittsgelähmte. Trotzdem – oder gerade deswegen – kostete es einige Überredung, dem Personal klarzumachen, dass entweder ich oder einer Deiner Männer Tag und Nacht an Deinem Bett sitzen muss. Ich hätte das gerne mit einem Arzt besprochen, aber es war keiner anwesend. Wir konnten dann doch noch ein Zimmer mieten, in dem wir uns duschen, umziehen und stundenweise schlafen konnten.

Kurz nachdem Du endlich am Tropf hingst, 20 Stunden nach der Einweisung, kam eine Schwester ins Krankenzimmer und verkündete: „Der Krankenwagen ist schon bestellt, Sie müssen auf die Intensivstadion in ein anderes Krankenhaus."

Du fragtest: „Intensivstation, warum?"

Zehn Minuten zuvor hattest Du Deinen Helfer weggehen lassen, weil er einen Zahnarzttermin hatte. Du warst nun am Ende Deiner Nervenkraft und brachst beinahe in Panik aus.

Keiner wusste, dass dieses Medikament Dir den Tod bringen würde.

„Manfred – langsam – das wird gut. Du hast nichts am Herzen – wenn etwas bei Dir noch in Ordnung ist, dann Dein Herz – und ohne Deinen Helfer gehst Du nirgends hin."

Ich bemühte mich, Dich zu beruhigen – und auch mich selbst.

Hatten wir bis zu diesem Zeitpunkt schon einen Arzt gesehen? Hatten wir nicht! Einfühlsames Umgehen mit einem kranken Menschen!?

Keiner konnte verstehen, weshalb Du keinen Tag ohne „Deinen Mann" oder Deine Frau sein konntest. Dazu muss man wissen, dass Deine panische Angst ihren Ursprung vor vielen Jahren hatte, als Du ganz vertrauensvoll in ein Stuttgarter Krankenhaus gingst, um Dir ein paar Nierensteine entfernen zu lassen.

„Vierzehn Tage", sagte Dein Arzt damals, „in vierzehn Tagen können Sie wieder nach Hause."

Deine Mutter kam zu Besuch, Deine Brüder, ihre Frauen, Deine Freunde, aber keiner schaute unter die Decke nach roten oder sonstigen Stellen. Warum auch?

Du bekamst eine Druckstelle am Oberschenkel, die Du nicht spürtest. Da sich keiner darum kümmerte, wurde die Stelle rot, blau, offen tief, tiefer.

Du bekamst eine Blutvergiftung, lagst monatelang im Koma, verlorst Dein Bein, und nur durch ein Wunder hast Du diese Zeit überlebt.

Deshalb wolltest Du nirgends sein ohne Deinen Helfer, der, gerade was die Lagerung anging, sehr sorgfältig eingearbeitet war.

Du lagst seit Wochen nur im Bett

Weil Dir ein Bein fehlte und am anderen Bein der Oberschenkelhalsknochen, musste man darauf achten, dass Dein Becken nicht verdreht lag. Das Liegen – und vor allem das Lagern auf einer Krankenwagenliege – war für Dich schlimm.

Es kamen die falschen Fahrer, das falsche Fahrzeug, und bis die richtigen Fahrer mit dem richtigen Fahrzeug kamen, war auch der Zivi wieder vom Zahnarzt zurück.

Wohin würdest Du nun kommen? Was für eine Klinik wird es sein? Wie werden wir aufgenommen? Liebevoll, wie wir es uns so sehr wünschten? Oder gleichgültig, nach dem Motto: Dienst nach Vorschrift? Was ist mit Deinem Herz?

Ein kleines Krankenhaus. Die Intensivstation war ein Raum mit fünf Betten. Vorhänge konnten um jedes Bett gezogen werden, um die einzelnen Patienten vor den Blicken anderer Personen zu schützen. Liebevolle Schwestern, die sich nicht aufregten, weil der Helfer und ich da waren und da bleiben wollten. Im Gegenteil. Sie waren froh, dass Alltagspflege sowie Essen und Trinken von uns übernommen wurden.

Die Ärzte, waren bemüht, freundlich und einfühlsam.

„Einer von Euch kann immer da bleiben, das ist o.k."

Ein Bett stand neben Dir, für Deinen Mann.

„Wo bist Du, in der Intensivstation?"

Die ungläubige Stimme meiner Freundin Gabriele klang durchs Telefon an mein Ohr. „Genau da, liebe Gabriele, bei Dir im Ort, auf der Intensivstation."

Sie konnte es nicht glauben, dass wir in diesem kleinen Ort gelandet waren, wo wir doch in der Großstadt zu Hause waren.

Zwanzig Minuten später war sie da, mit Kaffee und Kuchen, belegten Brötchen und Salaten! Essen und Trinken hält Leib und Seele zusammen – und Freundschaften auch. Ja, auch Freundschaften halten Leib und Seele zusammen.

Gabriele meinte: „Weißt du was? Ich habe mit meiner Familie gesprochen, Du kannst bei uns wohnen. Wir schaffen das schon."

So unkompliziert war sie.

Vier Tage später waren wir wieder im alten Krankenhaus. Das Herz war in Ordnung. Aber das Medikament, das die Heilung für den Harnweginfekt bringen sollte, brachte Dir den Durchfall und den Tod.

Nach 10 Tagen wurdest Du entlassen. Zu Hause dachten wir, mit dem leichten Durchfall, der sich inzwischen eingestellt hatte, würden wir mit Diät und eigenen Mittelchen schon fertig werden.

Mit Verachtung hast Du tapfer geriebene Karotten gegessen! Jede Diät, die uns gegen Durchfall einfiel: Du hast alles gegessen, was stopfen sollte. Aber es wurde immer schlimmer. Deine Schwester Gisela, die Apothekerin ist, beriet uns. Unsere Heilpraktikerin zerbrach sich den Kopf.

Du hattest Durchfall – und es wurde immer schlimmer.

Der Hausarzt kam, verschrieb etwas. Du hast alles geschluckt, genug getrunken, damit Du nicht austrocknest. Du konntest gar nicht mehr aufstehen.

Am Sonntag, den 27. April wurdest Du wieder in ein Stuttgarter Krankenhaus eingeliefert. Ein kleines Krankenhaus. Der Helfer durfte im Zweibettzimmer dabei sein. Vierzehn Tage lang gaben sich die Ärzte reichlich Mühe. Der Durchfall wurde besser. Wir hatten ihn fast im Griff – fast!

Wieder zu Hause, machten wir uns Gedanken ans Auftrainieren. Du lagst seit Wochen nur im Bett, wenn es auch viele verschiedene waren. Du hattest viel von Deiner Kraft verloren – Kraft, die in Dir steckte, die Dich antrieb. Aber das hatten wir ja alles schon mitgemacht, es war nur schon lange her.

Als erstes freuten wir uns, dass *„unser Manne"* wieder in *„seinem"* Bett lag, und zudem feierten wir unseren Hochzeitstag. Wir hatten uns, und wir waren glücklich!

Zwei Tage lang ...

Ich begriff nicht, warum es Krankenhäuser gab, die Dich nicht aufnahmen

„Die Atmung, es muss die Atmung sein, weil es Manfred so schlecht geht."

Krisensitzung im Wohnzimmer, damit Du es nicht mitbekommst. Es war das erste Mal in unserem Zusammensein, dass ich mit anderen Menschen, die Dir nahestanden, beschloss, was zu tun ist und es Dir erst anschließend mitteilte.

„Manfred muss ins Schlaflabor in die Schillerhöhe. Nur eine Nacht, um zu kontrollieren, was mit der Atmung los ist."

Ich war verzweifelt. Dein Bruder Horst, Deine Krankengymnastin Ingrid und ich schauten uns ratlos an. Dir ging es schlecht, so schlecht! Aber warum? Wir wussten es nicht. Deine Atmung war irgendwie komisch. Wir brauchten Hilfe. Du warst doch erst vor 55 Stunden aus dem Krankenhaus entlassen worden ...

In der Klinik Schillerhöhe einen Platz zu bekommen, auch nur für eine Nacht, war nicht einfach. Aber die Klinik gab sich alle Mühe und rief zurück.

„Eine Nacht im Schlaflabor, das geht."

Um 17 Uhr sollten wir dort sein.

Weil ein neuer Zivi Dienst hatte, der gerade erst angefangen hatte und noch gar nicht so recht wusste, wie Deine Pflege funktioniert, riefen wir unseren treuen Stephan an, der schon lange bei uns war und wusste, was Du brauchst. Wir fragten ihn, ob er eine Nacht Dienst macht. Nur eine Nacht für das Schlaflabor.

Er arbeitete gerne bei uns, war nie schlechter Laune, nichts war ihm zuviel. Ohne lange Erklärungen dachte er mit, dachte voraus und war in schwierigen Zeiten immer für Dich da. Stephan wartete auf seinen Studienplatz, arbeitete bei uns, und wenn er genügend Geld beisammen hatte, nahm er zwei Monate frei und flog in die Welt hinaus, um als Tauchlehrer zu arbeiten. Dann kam er wieder zurück, um bei uns zu arbeiten, sich zu überlegen, wo es noch schönere Strände auf der Welt gibt.

Diesmal hatte ihn ein Telegramm seiner Familie zurückgeholt. Sein Vater, Anfang fünfzig, war plötzlich an einem Herzinfarkt verstorben, und so kam es, dass Stefan nicht in der Südsee, sondern zu Hause erreichbar war. Ruhig packte er die Sachen, die für eine Nacht gebraucht wurden. Er strahlte Ruhe und Zuversicht aus, und wir waren ihm dankbar, dass er Dir beistand, obwohl er ja auch zu Hause gebraucht wurde.

Du warst schon des Öfteren in einem Schlaflabor gewesen. Du hattest nachts ein Gerät, das Dir half, genug Sauerstoff in Dein Blut zu transportieren. Deshalb meinten wir zu wissen, was in der Nacht auf Dich wartet. Du würdest „verkabelt", und Dein Schlaf würde von feinen Geräten aufgezeichnet werden. Am nächsten Morgen sollten die Werte ausgewertet werden. Und dann würde man weiter sehen.

Ich konnte kaum in Deine Augen sehen. Die stumme Frage: „Was ist los mit mir?", schrie mir entgegen.

Mit dem Krankenwagen seid Ihr in die Klinik gefahren.

Du schliefst ein, Stefan im Bett neben Dir.

Mitten in der Nacht bekamst Du einen epileptischen Anfall. Die Nadeln des hochempfindlichen Gerätes spielten verrückt.

Am anderen Morgen trafen sich Deine Brüder und ich im Krankenhaus. Deine Schwester aus Essen reiste einen Tag später an.

Die Ärzte suchten nach der Ursache des Anfalls und fanden sie: Entgleisung des Elektrolythaushaltes aufgrund des Durchfalls.

Du kamst auf die Intensivstation, und es wurde alles getan, was man tun konnte. Vor allem wurde ein Krankenhaus gesucht, das Dich, Manfred, aufnehmen konnte – wollte – sollte.

Da konntest Du noch reden. Deine Schwester, Deine Brüder wahrnehmen.

Ich begriff nicht, warum es Krankenhäuser gab, die Dich nicht aufnahmen, nicht aufnehmen konnten.

Bis ich es begriff: Der Kreis musste sich schließen

Im Katharinenhospital, wo vor siebenunddreißig Jahren, nach dem Unfall, Dein neues Leben angefangen hatte, wurdest Du auf der Intensivstation aufgenommen. Der Chefarzt der Intensivstation Schillerhöhe fuhr im Krankenwagen mit, was mir den Ernst der Lage vor Augen führte. Aber ich hatte schon so oft mit dem Schlimmsten rechnen müssen. Auch diesmal würde alles gutgehen.

Ich dachte nur: „Manfred, ich brauche Dich, komm zu mir zurück!“

Im Krankenhaus angekommen, konntest Du nicht mehr reden. Man versetzte Dich in ein künstliches Koma. Heute bin ich überzeugt, dass Du in diesen Stunden hättest sterben können. Aber Du nahmst noch eine letzte große Aufgabe wahr: Deine Familie darauf vorzubereiten, dass Du gehst. Allein.

Hundertdreiundzwanzig Tage Intensivstation. Künstliches Koma, um dem Körper die Möglichkeit zu geben, sich auf das Wesentliche zu konzentrieren. Der Elektrolythaushalt musste so schnell wie möglich wieder normalisiert werden. Er war total aus den Fugen geraten. Aber die Medikamente, die den Heilschlaf bringen sollten, konnten erst nach vielen Tagen abgesetzt werden.

Manfred, Du solltest wieder aufwachen: Dein Körper sollte zur Ruhe kommen, Deine Organe sollten sich beruhigen. Dann solltest Du wieder aufwachen wie der junge Mann im Bett nebenan, der nach drei Tagen Tiefschlaf wieder aufwachte. Dein Körper wollte nicht mehr.

Du wachtest aus dem Koma nicht mehr auf. Das heißt nicht, dass Du nicht mitbekommen hast, was um Dich herum geschehen ist. Freunde, die geistliche Lieder sangen, die am Bett standen, die beteten, die erzählten und lachten, mit Tränen in den Augen. Unser Gemeindepfarrer Leibbrand, der Dich schon im letzten Krankenhaus besuchte, betete mit uns an Deinem Bett.

Daniel, Dein jüngster Sohn, kam mit seinem Kassettenrecorder und spielte Dir sämtliche Kassetten vor, auf denen Deine Stimme zu hören war.

Dein blindes Kind, das auf Deine Stimme angewiesen ist, was macht es, wenn Du nicht mehr mit ihm reden kannst? Es zieht seine Schuhe aus und schlüpft zu Papa in Bett! Was werden die Schwestern und Pfleger dazu sagen? Sie holten tief Luft und überprüften die Geräte, ob alles in Ordnung war. Die Werte hatten den ganzen Morgen geschwankt, jetzt stabilisierten sie sich. So wurde akzeptiert, dass Vater und Sohn die Gelegenheit nutzten, sich die Liebe zu schenken, die sie brauchten. Beide konnten nur noch über den Körperkontakt miteinander kommunizieren. Unser hyperaktives Kind lag an Deinen Körper gepresst und rührte sich nicht. Daniel hatte wohl begriffen, dass Du nur noch mit der Maschine atmen konntest und man nirgends hinkommen durfte.

Krankenhausbetten sind für einen 120 Kilo schweren Mann schmal, sehr schmal. Beim Betten, Lagern, Waschen, Drehen habe ich mir immer wieder gewünscht, ich könnte hexen wie Bibi Blocksberg: Zehn Zentimeter mehr Bett für Manfred und seine Pfleger.

Aber unser Daniel passte doch noch ins Bett rein. Oft genug bekam er zu hören, er sei ein „Hering“ – lang, zu dünn, immer in Bewegung. Aber jetzt, an seinen Papa gekuschelt, rührte er sich nicht, ab und zu schlief er sogar ein.

Die Veeh-Harfe war ein Geschenk in dieser Zeit. Ich bin ja der unmusikalischste Mensch, den Gott je erschaffen hat. Aber die Veeh-Harfe kann sogar ich spielen. Ein relativ leises Instrument, mit dem wir die Bettnachbarn nicht störten.

Gute Tage, schlechte Tage zwischen Leben und Sterben. Je mehr Tage vergingen, desto geringer war die Chance, dass Du wieder aufwachst.

Ab dem zweiten Juli wurde Deine Entlassung vorbereitet. Beatmungspatient im Koma.

Nach Hause. Es geht alles.

Auf einmal warst Du nicht mehr da …

Die Voraussetzungen zu Hause waren optimal.

Ein Pflegedienst, der auf Beatmungspatienten spezialisiert war, wollte die Pflege übernehmen.

Nun fing die Krankenkasse an zu rechnen. Von Mitte Juli bis Mitte September. Natürlich sind die Kosten unheimlich hoch, aber im Krankenhaus noch höher. Also, warum dauert es solange? Keiner verstand es.

Zehnter September, Mittwoch, Dein siebenundfünfzigster Geburtstag. Seit siebenunddreißig Jahren querschnittsgelähmt. Dein Geburtstag wurde so gefeiert, wie Du es gerne gehabt hättest, wenn Du es mir hättest sagen können.

„Den Schwestern und Pflegern der Station bringst Du ein Vesper und Kuchen“, hättest Du mir aufgetragen. Freundinnen backten Kuchen, beim Metzger bestellte ich Wurst- und Käseplatten. Auf der Station arbeiteten in vierundzwanzig Stunden dreißig Pfleger und Pflegerinnen.

Als ich Dir erzählte, was ich besorgt habe, wer gebacken hat, wer geholfen hat, liefen Dir Tränen über die Wangen. Du hattest mich verstanden! Es war zum ersten und letzen Mal, seit Du im Koma lagst, dass Du so aktiv reagiert hast.

Freudentränen? Tränen des Abschieds?
Wir feierten Deinen Geburtstag.

Am Montag darauf sollte es endlich losgehen. Die Intensivpfleger, die Dich zu Hause versorgen sollten, standen alle bereit. Das Atemgerät, das zu Hause benutzt werden sollte, sollte in der Klinik ab Montag in Betrieb genommen werden.

Zu Hause wurde Großputz veranstaltet. Ich dachte: „Nächste Woche geht's los. Wieder zu Hause, wird alles irgendwie gut werden. Gut, gut, gut …“

Am Samstagmorgen klingelte das Telefon sehr früh.

„Frau Schütze, Sie sollten gleich in die Klinik kommen. Ihr Mann …“

Loslassen? Festhalten? Was jetzt?

Dein Wille geschehe! Warum – warum jetzt?

„Innere Blutungen – wir können nichts für ihn tun, außer wenn Sie, Frau Schütze, das Gefühl haben, dass er Schmerzen hat ..."

Liebevolle Worte, liebevolle Blicke, ein Kaffee. Mehr konnten sie nicht für mich tun, nicht für Dich, Manfred.

Jetzt hieß es, Abschied nehmen.

„Manfred, geh', ich pack das schon, das weißt Du doch. Es ist alles gut. Wir werden uns wiedersehen."

Das waren meine Abschiedsworte.

Dann saß ich an Deinem Bett und wartete, wartete bis Du gingst.

Am Sonntag, den vierzehnten September, um genau sechzehn Uhr gingst Du in eine andere Welt. Gerade in dem Moment, als wir zwei alleine waren. Du und ich und unsere Liebe.

Auf einmal warst du nicht mehr da.

Dein Körper, der so lange Deine Seele umhüllt hatte, der so viel leiden musste, durfte nun seinen Dienst einstellen. Das Beatmungsgerät wurde abgestellt.

Der Pfleger, der das tat, sagte nichts. Er schaute mich nur an, nahm mich in den Arm und hielt mich fest. Es war mehr als alle Worte.

Der Kreis war geschlossen.

An dieser Stelle möchte ich mich bei allen Pflegern und Schwestern, bei allen Ärzten und vor allem bei Herrn Dr. May von der Intensivstation des Katharinenhospitals Stuttgart für die liebevolle Begleitung bedanken!

Dein Abschiedsfest

Vor vielen Jahren hast Du einmal gesagt, dass bei Deiner Beerdigung eine Jazzkapelle auf dem Friedhof spielen soll. Und ein großes Fest soll es geben, und alle sollen sich freuen, keiner darf Schwarz tragen. Ein Fest der Freude soll Deine Beerdigung werden, weil Du Deinen Körper abgeben darfst und Du frei bist.

Damals dachte ich, ich weiß es noch genau: „Der hat sie wohl nicht mehr alle ..."

Das mit der Jazzkappelle hast Du Gott sei Dank wieder zurückgenommen. Aber das Fest, das Du Dir gewünscht hast, das hast Du bekommen.

Die Tage bis dahin waren gefüllt mit Arbeit, Organisation und Freunden.

Rituale haben sehr wohl ihre Bedeutung, sie bewahren einen davor, durchzudrehen.

Das erste, womit ich mich ernsthaft auseinandersetzen musste, war: Was ziehst Du an? Ich stellte mir vor, wie Du in Deiner geistigen Heimat ankommst und was Du auf so einer Reise anziehen würdest. Kleidung: Landhausstil.

Und in Deiner Hand Deinen Hut, was sonst!

Richtig schick lagst Du in dem weißen Sarg. Und die Lachfalten, die Du um Deine Augen hattest, die ich so sehr liebte, haben sogar Deinen großen Sohn davon überzeugt, dass es Dir jetzt gut geht. Auch Daniel durfte Dich ein paar Mal besuchen und Dich streicheln.

Ich erzählte ihm, dass Du in Deinem Geistkörper jetzt ganz gesund bist und wieder zwei Beine hast und keinen Rollstuhl mehr brauchst. Worauf er beim nächsten Besuch Dich abtastete und meinte „Mama, das Bein ist noch nicht gewachsen."

Einige Male war ich bei Dir, um Abschied zu nehmen. Abschied von Deinem Körper, nicht von Dir. Jedes Mal begleiteten mich gute Freundinnen. Ich war dankbar dafür. Nachdem klar war, wie die Beerdigung ablaufen sollte, schrieben wir zu Hause für die Trauerkarten Berge von Adressen auf Briefumschläge. Gottfried Hartenstein, Pfarrer i.R., wollte gerne Orgel spielen. Normalerweise finden bei uns die Trauergottesdienste auf dem Friedhof statt. Bei uns im Stadtteil gibt es aber keinen Friedhof. Und auf dem für uns zuständigen Friedhof gab es keine Orgel.

„Wir gehen halt in die Kirche", meinte Gottfried.

„Ja, geht das denn?" Ich konnte mir das noch nicht so recht vorstellen.

„Frag halt den Pfarrer Leibbrand." Das tat ich natürlich.

Um 10.30 Uhr war der Gottesdienst in der Kirche. Dann alle in die Autos, auf den Friedhof. Dann ist es 12.30 Uhr, und alle haben Hunger.

„Ich kann doch keine hundert Leute zum Essen einladen in eine Gastwirtschaft, was machen wir nur?"

Ganz ruhig bleiben und langsam atmen. Immer wieder wollte mich die Panik überrollen. Zu Hause saßen wir am Esstisch vor Bergen von geschriebenen Briefumschlägen, Briefmarken und Namens- und Adressenlisten.

Aber einer meiner Freundinnen, die mich in den schwersten Stunden meines Lebens immer umgaben, fiel immer was ein: „Maultaschensuppe!" Das war Ursel, praktisch wie immer.

„Da ist aber das Wohnzimmer zu klein." Ich schaute mich seufzend um.

Ursel nickte: „Wir gehen in Euren Gemeindesaal, da haben wir eine Küche und alles was wir brauchen."

„Für 300 Menschen? Wenn's sein muss!" Fast musste ich schon wieder lachen.

Ich wusste, das würde Dir, Manfred, gefallen: Ein Gottesdienst in unserer Gemeinde, in der Kirche, in der wir geheiratet haben, unsere Kinder getauft und konfirmiert wurden – und Dein Freund Pfarrer Gottfried Hartenstein spielt auf der Orgel für Dich.

„Ja, das wird Manfred gefallen", nickte ich.

Und von da an organisierte ich „Dein Abschiedsfest".

„Hundert, wir rechnen mal hundert Personen ..." Ich seufzte. Wir, Du, Manfred und ich, hatten schon öfter für ungefähr hundert Menschen ein Fest organisiert, aber nie mit so vielen Helfern und so wenig Aufwand für den Einzelnen – und vor allem nicht in so kurzer Zeit.

„Kuchen, Elsbeth, wen kannst du fragen, wer kommt und kann Kuchen backen?"

„Warte, ich schreib die Namen auf."

Ja, mein lieber Mann, so hat sich eins zum anderen gefügt, und zum Schluss sprach man von „Mannes Abschiedsfest".

Weißt Du noch, Manne? Hundertvierzig Maultaschen wurden gegessen und zehn Kuchen verdrückt. Hundert Stühle waren gestellt, und es standen noch Grüppchen von Freunden herum.

In der Kirche waren es dreihundert Menschen, die sich von Dir verabschieden wollten, und es wurde gelacht. Jawohl, es wurde gelacht, in der Kirche bei Deiner Beerdigung! So hättest Du es Dir gewünscht, Du warst bei mir und hast Dich über Dein Abschiedsfest, das wir Dir zu Ehren gaben, gefreut! Ich habe es genau gespürt.

Ich bin so glücklich, dass ich Deine Frau sein durfte, und ich danke Dir für die zwanzig Jahre unseres Zusammenlebens. Die Teilnahme, die Trauer der Menschen, denen Du in Deinem Leben nahegekommen bist – alles hat mich tief berührt.

Zwei Briefe

Zwei Briefe möchte ich an dieser Stelle stellvertretend für all die lieben und anteilnehmenden Briefe, die mich erreicht haben, zitieren.

Der erste stammt vom Verlag der Mundmaler, von Florian Stegmann, Wilma Waag und Ingeborg Gussenberger:

„Liebe Frau Schütze,

wir möchten Ihnen und Ihren Kindern unsere tief empfundene Anteilnahme zum Tod des Ehemanns und Vaters aussprechen.

In gewisser Weise tröstet es, dass Sie daran glauben dürfen, dass er dort, wo er jetzt ist, wieder heil ist. Er wird fehlen, trotzdem, Ihnen und auch uns. Wir hätten uns öfter treffen sollen, wird uns jetzt bewusst, wo es für ihn zu spät ist. Wir möchten den Kontakt zu Ihnen nicht abreißen lassen …"

Und von Frau Dipl.-Psych. Sabine Eller, vom Schlaflabor der Klinik Schillerhöhe, bekam ich folgenden Brief, der mich heute noch tief bewegt:

„Liebe Frau Schütze,

viele Briefe werden Sie in diesen Tagen erreichen. Die wenigsten von jenen, die Ihren Lebensweg nur so kurz berührten, wie das bei unserer Begegnung in der Schillerhöhe der Fall war.

Dennoch ist mir Ihr besonders liebevoller und zarter Umgang und das Ernstnehmen Ihres kranken Mannes vor Augen.

Nicht selten beobachte ich eher durchaus verständliche Gereiztheit und die Enttäuschung der Partner über die Zumutung des Schicksals. Auch das wäre erlaubt. Aber es trat bei Ihnen nicht in den Vordergrund.

Sie vermittelten mir den Eindruck, dass Sie die Person Ihres Mannes wie durch die Krankheit hindurch wahrnehmen konnten. Die Krankheit, die sich in ihrer rigorosen Übernahme des Körpers wie vor das Wesen stellen, ja es gewaltsam verdrängen möchte. Ihnen gelang es, dieses Eigentliche immer wieder transparent zu machen, dass das Zärtliche noch durchschien.

Ich kann nur ahnen, dass Sie noch viel Machtlosigkeit erfahren mussten.

Trotz des Einsatzes Ihrer ganzen Familie war menschlicher Kunst deutliche Beschränkung auferlegt.

Ich selbst habe nur bruchstückweise das Krankheitsbild Ihres Mannes erfassen und meine mögliche Erkenntnis beitragen können.

Auch alle anderen Behandelnden werden bei allem Lehrbuchwissen vor den Grenzen des Machbaren gestanden haben.

So bitte ich unseren Gott, er möge Ihnen – wie uns allen – das Offenbleibende und den Mangel noch in der hiesigen oder der jenseitigen Welt ergänzen.“

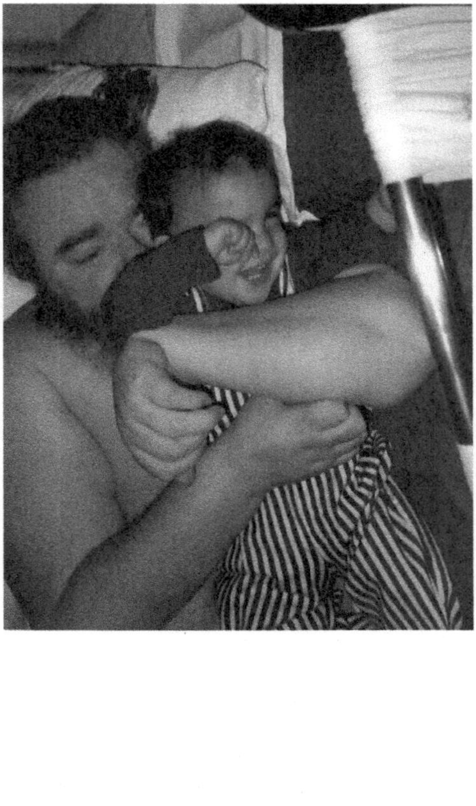

MEYRA

15. Du bist uns heute noch eine tragende Säule!

Morgens aufzuwachen und zu wissen, ich kann nachher zu Dir ins Krankenhaus fahren, ich kann bei Dir sein, ich kann Dich streicheln, kann in Dein geliebtes Gesicht sehen, ich kann Deine Hand zwischen meine legen, kann mir Kraft bei Dir holen, auch wenn Du im Koma liegst, auch wenn Du seit einem halben Jahr nicht mehr mit mir reden und mir nicht mehr in die Augen schauen konntest – vorbei ...

Dein Herz war bei mir, und wenn ich meinen Kopf auf Deine Schulter legte, war eine Vertrautheit zwischen uns, die uns beiden Kraft gab.

Ich wusste immer, Du bist bei mir, Du bist meine Säule, mein Halt. Egal, was die Ärzte im Krankenhaus sagten, Du warst immer bei mir und ich bei Dir. Dein Gehirn war nicht zerstört, Du hast alles mitbekommen, gleich was die Maschinen für Ergebnisse zustandebrachten. Die Pfleger und Ärzte haben sich an Deinem Bett auch immer so verhalten, als wenn sie gleich damit rechneten, dass Du etwas sagst. Sie haben mit Dir gesprochen, Dir gesagt, was sie tun und warum, sie waren liebevoll und freundlich zu Dir, haben Dich angesprochen und mit Dir geredet.

Vorbei ...

„Du darfst nicht traurig sein, wenn ich einmal in meine geistige Heimat gehe. Stell' Dir vor, ich bin dann wieder gesund“, hast Du einmal zu mir gesagt.

Welche Sehnsucht lag in Deiner Stimme! Gesund sein!

Nun bist Du fort, fort in ein anderes Land, weit, weit weg, ohne mich, ohne Deine Kinder. Du hast es geschafft, aber ich weiß, Du kannst dort nur glücklich sein, wenn Du Dir sicher bist, dass wir ohne Dich zurechtkommen, wenn wir Dich loslassen.

Wir mussten alle zuerst lernen, uns mit dem Gedanken auseinanderzusetzen, ohne Dich zu leben.

Ein Freund von Dir sagte zu mir „Elsbeth, halt' ihn fest, solange er lebt und lass ihn los, wenn er geht.“

Wie soll ich ohne Dich leben, denken, planen, ohne Dich mit einzubeziehen? Weit weg schob ich diese Gedanken – weit, weit weg.

Nun bist Du fort. Ich stehe an Deinem Bett und fühle eine große Leere in mir.

Ich stürzte mich in Arbeit. Noch im Krankenhaus telefonierte ich mit dem Bestattungsunternehmen, das uns auch bei Oma geholfen hat. Wenn er dort liegt, dachte ich, kann ich bei ihm sein. Aber ich wurde enttäuscht.

„Heute, am Sonntag, holen wir ihn nicht, aber gleich am Montagmorgen. Wenn Ihr Mann morgen bei uns ist, dann kommt jemand von uns bei Ihnen vorbei."

Im Zimmer auf der Intensivstation konntest Du nicht bleiben. Du musstest bis zum Montagmorgen in den Keller. Mein Herz ließ ich bei Dir – wie gerne wäre ich noch bei Dir gesessen.

Loslassen.

Das erste Mal, seit wir uns kennen, ging ich, ohne mich zu überzeugen, ob Du bequem gelagert bist – nie wieder. So vieles *Nie wieder!*

Zwanzig Jahre waren wir Tag und Nacht zusammen. Nie wieder.

Nun hast Du Deinen Körper abgelegt. Du brauchst ihn nicht mehr.

Gesund, mit zwei Beinen, mit beweglichen Armen, Händen und Fingern, so hatte ich Dich nie kennengelernt. Keine Narben mehr an Hals und Schulter, Bauch, Hüfte und Po, glatte gesunde Haut, nun bist Du gesund.

In Gedanken besuche ich Dich manchmal. Das gelingt mir nicht immer. Aber ich denke, wenn es mir gelingt, ist es real. Zumindest für mich. Ouzo ist bei Dir. Und es geht Dir gut.

Manchmal in unserer Kirche, bei Ankes Hochzeit oder hier am PC, habe ich auf einmal das Gefühl, dass Du hinter mir stehst und mir Deine Hand auf meine Schulter legst. Dann spüre ich, dass Du da bist. Dass es Dir gut geht.

Du musst Dich zurechtfinden in der neuen Welt, zu der Du jetzt gehörst. Ich darf Dich nicht festhalten, ich muss Dich loslassen.

„Mein Gott hilf mir, wie soll das gehen?!"

Zeit und Arbeit heilen Wunden

Mit Deinem endgültigen Weggehen kam unverhofft ein ganzer Schwung Arbeit auf mich zu. Plötzlich waren keine Zivildienstleistenden mehr da, die ich um Hilfe bitten konnte.

„Wir werden von unseren zwei Dreizimmerwohnungen eine hergeben müssen“, erklärte ich unseren Kindern.

Innerhalb von sechs Wochen mussten wir eine der Wohnungen geräumt haben. An den Auszugstermin musste ich mich halten, da ein neuer Nachmieter schnell gefunden war.

Wir hatten immer Freunde gehabt – in guten und in schlechten Zeiten. Jetzt waren sie alle da und packten mit an. Zuerst sollte aus jener Wohnung, die wir behalten wollten, das raus, auf was wir in Zukunft verzichten mussten. Am schlimmsten war es, Dein Büro zu leeren.

Auch hatten wir zwei Keller. Einer musste aufgelöst werden.

Mir graute davor, aber es musste getan werden. Es musste jetzt gemacht werden. Und alle haben geholfen, alle unsere Freunde. Deine Brüder waren da und haben mit angepackt.

Noch nie in meinem Leben habe ich mich in so kurzer Zeit von so vielem getrennt. Beide Augen zu— und weg damit! Ich war dankbar, wenn ich Sachen weitergeben und verschenken konnte. Immer wieder dachte ich: Wenn ich jetzt auch gestorben wäre, hätte ich mich von *allem* trennen müssen. Also, stell dich nicht an, raus, weg damit!

Ich stand unter Schock, anders kann ich mir meinen Zustand nicht erklären. Aber Deine Brüder und unsere Freunde standen mir zur Seite, und alles fügte sich. Wenn mir das jemand vor einem Jahr vorausgesagt hätte, hätte ich nur stumm den Kopf geschüttelt! Aber es ging tatsächlich, und ich lebe noch. Was nicht verschenkt werden konnte, wurde zusammengeschlagen und auf den Sperrmüll gebracht. Wochenlang hörte ich immer wieder in meinem Kopf das Geräusch, wie im Hof Holzteile zerkleinert wurden.

Michael und Daniel, Deine Söhne, waren einfach nur tapfer. Daniel verlor sein nicht mehr altersgerechtes kindliches Wesen. Seine Weigerung, sich seinem Alter entsprechend zu verhalten, verlor sich. Unser Kleiner wurde zum Jugendlichen.

Bis Weihnachten war es schon recht wohnlich, und irgendwann fand alles seinen Platz. Dass ich den Kindern zu Weihnachten die Katzen geschenkt hatte, stellte sich nun als Glücksfall heraus. Ich hatte die Kinder nicht gefragt und ihnen auch nichts davon gesagt. Beide hätten nein gesagt. Und heute, Jahre später? Wer könnte es sich von uns dreien noch vorstellen, dass wir keine Minz und Maunz mehr hätten?

Die Katzen haben das erste Weihnachtsfest ohne Papa gerettet. Wir hatten alle drei Angst, wie das Fest ohne unseren Manne verlaufen könnte. Wir machten es wie immer, wir waren tapfer, Dir zuliebe. Wir saßen auf dem Boden und spielten mit den Katzen Murmeln fangen. Die zwei kleinen Lebewesen haben uns geholfen – nicht, zu vergessen oder zu verdrängen, nein, sie haben es uns leichter gemacht.

Daniel war im Sommer 2004 in der Kinder- und Jugendpsychiatrie in Mariaberg. Dort wurde er medikamentös neu eingestellt. Vor dieser Trennung hatte ich besonders Angst. Da Michael zur Arbeit ging, war ich alleine in der Wohnung. Endlich konnte ich all das tun, was ich schon immer tun wollte. Was wollte ich denn tun? Warum will man immer Dinge tun, wenn es nicht geht? Und wenn es dann geht, sind sie auf einmal nicht mehr wichtig.

Ruhe, Ruhe, Ruhe. Bisher hatte ich oft gedacht, mir würde die Decke auf den Kopf fallen, wenn ich allein wäre. Nun genoss ich es! Und jetzt bin ich gerne allein. Ich kann mit mir allein sein, ich kann mich aushalten. Das ist eine neue Erfahrung für mich. Und ich schreibe an diesem Buch. Es wird bestimmt kein Bestseller, obwohl sich Michael dies wünscht. Aber das Schreiben hilft mir, unser Leben anzuschauen.

Dankbar bin ich für all das, was sich in meinem Leben tut, für die Menschen, die mich mögen und es mir zeigen, und ich bin sicher, dass Du uns mit Deiner Liebe im Herzen begleitest.

Freunde, die immer wieder vor der Tür standen

Lieber Manfred, heute Nacht fängt wieder ein neues Jahr an. Und wieder frag' ich mich, wie so oft schon: Was mag es bringen?

Seit meinem Geburtstag vor drei Wochen ist etwas anders geworden zwischen Dir und mir. In mir ist etwas aufgebrochen. Bis zu dem Zeitpunkt, in dem Du ins Koma gefallen bist, bis zum

12.12.2004, nahm ich alles wie durch dicken Nebel wahr. Du weißt, wie emotional ich bin, wie spontan und auch ehrlich bis zur Verletzlichkeit. Damit habe ich schon viele Menschen erschreckt. In diesen letzten zwei Jahren lebte ich im Nebel der Gefühle. Du weißt, wie gerne ich Auto gefahren bin. Nun bekam ich Angstzustände und nasse Handflächen, wenn ich irgendwohin fahren musste. Ich zog mich immer mehr zurück und fühlte mich zum ersten Mal wohl, wenn ich allein war. Viele meiner Bekannten verstanden das nicht, dachten, ich könnte Dich nicht loslassen.

Aber es gab auch Freunde, die immer wieder vor der Tür standen, die sich durch den dicken Nebel gearbeitet haben und sich nicht abweisen ließen.

An unserem Hochzeitstag fing ich an, den Brief an Dich – dieses Buch – zu schreiben, ein Hochzeitstag, den ich allein ohne Dich verbrachte.

Der Nebel, der so schützend um mich lag, verzieht sich, und Gefühle, Wünsche, Hoffnungen, Traurigkeit und Fröhlichkeit ziehen wieder durch mein Herz. Es erschreckt mich, und ich neige dazu, mir den Nebel wieder zurückzuwünschen. Aber ich werde mich meinen Gefühlen stellen.

Der Erste, der mich zu schreiben motivierte und dem das Herz dabei aufging, weil es ja auch seine Geschichte ist, war unser Michael. Er strahlte immer wieder, wenn ich ihm abends nach seinem Arbeitstag noch vorlas, was ich geschrieben hatte. Daniel genoss die Kapitel, die er verstand, als Gute-Nacht-Geschichte. Dann suchte ich mir kritischere Menschen. Ich bat meinen früheren Lehrer Prof. Martin Hahn und seine Frau, ob sie einen Blick drauf werfen könnten. Nachdem sie die ersten Kapitel gelesen hatten, rieten sie lächelnd: „Elsbeth, weiterschreiben!“ Dies sagten auch Gottfried und Benita Hartenstein, Freunde, die erkannten, dass das Schreiben für mich Therapie war. Und so glaubte ich es schließlich selbst und schrieb Dir den längsten Brief, den Du je erhalten hast. Manches Mal habe ich gespürt, wie Du hinter dem PC standst und mir über die Schulter geschaut hast. Aber meine Gedanken waren oft schneller als meine Finger, und ich brauchte jemanden, der mir half, Korrektur zu lesen.

Gisela Reisch steht mir mit ihrer Freundschaft und ihrem Wissen über Querschnittslähmungen zur Verfügung. Sie bekommt lange Briefe von mir, und sie antwortet mit langen Telefongesprächen.

Margarete nahm sich tageweise Zeit und sogar Urlaub, um mit mir daran zu arbeiten. Gabriele hat mich immer wieder motiviert.

Michael, Daniel und ich danken unseren Freundinnen und Freunden Stephan, Alwine und Siegfried, Beate und Gottfried, Margarete und Jürgen, Ursel, Ute und Anton, Beate und Michael, Klothilde, Gisela, Angelika, und Deinen Geschwistern Gisela, Horst, Deinen Klassenkameradinnen aus der Schulzeit Ute und Vicki.

Wir danken Kurt für seinen Einsatz bei der Erstkorrektur dieses Buches. Wir danken Deinem Helfer Stephan, der mich immer wieder besucht, um sich davon zu überzeugen, dass es mir gut geht.

Alle unsere Freunde haben uns geholfen, ein Leben ohne Dich, Manfred, aufzubauen, mich nicht gedrängt, mich so genommen, wie ich bin, und ich darf ihre Liebe und Freundschaft spüren.

Auch für die finanzielle Unterstützung bei der Veröffentlichung dieses Buches darf ich mich bei Felizitas Koss und Herrn Stegmann bedanken.

Auch Herrn Wellhöfer, dem Verleger dieses Buches, darf ich an dieser Stelle meinen Dank zum Ausdruck bringen.

Werner Bitz, der mich einen Tag vor seinem Heimgang anrief, und mir Herrn Dr. Kleinau als Lektor empfahl. Dieser wiederum empfahl mir, Herrn Wellhöfer vom Wellhöfer Verlag zu kontaktieren. Das Leben geht weiter. Wir haben neue Aufgaben, neue Ziele, neue Träume.

Deine Liebe, Manfred, begleitet mich und die Kinder. Danke!

Danke allen Menschen, denen wir in unserem Leben begegnen durften und noch dürfen.